I0698209

prometeo
libros

La encrucijada global
Nuevas fronteras en la agenda sindical

Rubén Cortina
Marita González
Sofía Scasserra
Alberto "Pepe" Robles

La encrucijada global
Nuevas fronteras en la agenda sindical

prometeo
libros

©De esta edición, Prometeo Libros, 2010
Pringles 521 (C11183AEJ), Ciudad de Buenos Aires, Argentina
Tel.: (54-11) 4862-6794 / Fax: (54-11) 4864-3297
info@prometeolibros.com
www.prometeoeditorial.com

Índice

Introducción

Hace ya varios años que, en cualquiera de los ámbitos en los que se tratan temas teóricos o cuestiones prácticas relacionadas con el mundo del trabajo, se visualizan notorios cambios que tienen que ver con nuevas tendencias, instrumentos, sujetos, instituciones y políticas que afloran y se expanden, se articulan e interactúan y que influyen y perfilan a los actores del mundo del trabajo, entendiendo por tales sindicatos, empleadores, asociaciones de empleadores, instituciones de innovación tecnológica y estados. A este lote se agregan, ya como producto de transformaciones en la política, la economía y el propio escenario de tratamiento de las relaciones laborales, ONG's, ámbitos supranacionales con sus respectivas instituciones sociolaborales, procesos de integración subregional, instituciones del sistema de Naciones Unidas y organizaciones económicas internacionales, hemisféricas, regionales y subregionales.

Una mención aparte merece la Organización Internacional del Trabajo (OIT). Habiendo nacido en 1919, con el Tratado de Versailles, que puso fin a la Primera Guerra Mundial, esta organización se ha mantenido en el tiempo, a partir de su capacidad de adaptación y también de respuesta a los distintos escenarios de transformación del mundo del trabajo de los últimos 92 años, convirtiéndose en la institución más democrática del sistema de Naciones Unidas en virtud de su estructura de funcionamiento en la que los actores del sistema de relaciones laborales, esto es sindicatos, empleadores y Estados, conviven en un delicado equilibrio y marcan el ritmo y rumbo de las negociaciones laborales globales de tipo genérico, generando una particular jurisprudencia sobre cuestiones específicas, emanada de sus órganos de control, generando convenios y recomendaciones, propagando ejemplos de buenas prácticas laborales, desplegando tendencias y proponiendo ámbitos institucionales de diálogo y debate laboral, así como también de cooperación técnica.

Las consecuencias de la globalización, en sus distintas facetas le han impreso nuevas características al mundo laboral. Al ritmo de los cambios en la economía del mundo, las empresas y los mercados de trabajo se han reestructurado a tal punto de afectar también el objeto y el sujeto social del trabajo, esto es, las herramientas y ámbitos materiales y físicos de trabajo, así como también al trabajador, su bagaje cultural, sus necesidades de formación, las características de sus relaciones en y con el trabajo y, naturalmente, su percepción, signo distintivo por excelencia de las etapas preglobales, de lo solidario y lo colectivo en su emergencia como actor social organizado.

En este marco, como la OIT en el campo de las instituciones, existen instrumentos de antigua data, de regulación de las relaciones laborales que tienen y seguirán teniendo vigencia en cuanto a su uso. La ley y la negociación colectiva, expresión de la voluntad del Estado de regular su mercado de trabajo la primera y el convenio colectivo de trabajo como la expresión práctica específica y autónoma del diálogo social genérico, la segunda, seguirán siendo referencias al hablar sobre la regulación de las relaciones laborales. Sin embargo, al tiempo que la globalización diluye las fronteras de los estados en materia económica al globalizarse los mercados nacionales, el trabajo se ve impactado, mucho más visiblemente, por aspectos sobre los que antes los estados y actores nacionales tenían más injerencia. Las problemáticas del empleo y el subempleo son un ejemplo de este nuevo mundo laboral. Si bien los índices de desempleo tienen que ver con componentes de la política económica nacional, las estrategias de inversión de las empresas multinacionales, con sus facilidades para deslocalizarse y relocalizarse, las características de la composición orgánica de sus capitales, la mayoría de ellos constituidos por fondos de inversión diseminados por el mercado global, las consecuencias de un comercio internacional desregulado y abarcativo de una serie de temáticas que contemplan servicios que claramente se encuentran fuera del comercio de bienes privados y las cada vez más fuertes consecuencias de las crisis recurrentes de modelos económicos que recalan todavía en la cultura de la economía neoclásica, influyen decisivamente en las variables del empleo, hoy día. Antes también, pero hoy, la fragmentación de la cadena productiva a escala global y la tecnología microelectrónica aplicada a las telecomunicaciones y más aún, a los procesos productivos, potencia esos impactos sobre las realidades nacionales y locales.

Las organizaciones de los actores sociales, aunque de distinta naturaleza política, también reacomodan lentamente sus estructuras, su accionar, sus relaciones con la política y sus plataformas y agendas.

Los sindicatos son compelidos a tener una actitud de revisión de sus políticas sindicales de contención de sus colectivos. Los sujetos a los que intentan representar ya no son los mismos. Su uniformidad y homogeneidad, características de trabajos precisamente uniformes y homogéneos, se van diluyendo para dar paso a un trabajador/a que no visualiza fácilmente su pertenencia a un colectivo integrado por otros individuos, "iguales a él", que laboran incluso al interior del mismo lugar de trabajo, pero con diversidad de demandas de capacidades y saberes obreros, con tecnologías disímiles o sin ellas, obedeciendo a pautas organizacionales del trabajo de características distintas (trabajadores nucleares y trabajadores periféricos) al interior de las empresas. Frente a este panorama, la solidaridad se percibe como problema y no como construcción mecánica y valor natural e indiscutido (Rosanvallón). Las organizaciones sindicales, independientemente del país, región o continente, se encuentran en este debate: como reconstruir solidaridades en un tejido cada vez más heterogéneo que en el campo de lo estrictamente concreto se expresa en cómo frenar el estancamiento y/o la caída en las tasas de sindicalización, en esta etapa.

A este debate se le yuxtapone el hecho de que todo lo que el sindicalismo deconstruya, reconstruya o diseñe deberá ahora hacerlo en un escenario múltiple. Es decir, si es verdad que gran parte de las decisiones económicas han sido desplazadas de los centros de gravedad tradicionales, o lo que en términos más académicos se menciona como la crisis del Estado-nación, es evidente que las organizaciones sindicales, a la par que reacomodan sus estructuras, herramientas y agendas localmente consideradas, deben desplegar una intensa presencia en el campo global para poseer injerencia directa en las grandes decisiones estructurales de la política mundial y para incidir desde lo global en los mercados de trabajo locales. De allí, el cada vez mayor protagonismo en la escena global y regional de la Confederación Sindical Internacional y de los Sindicatos Globales Sectoriales, que han debido preparar sus estructuras para funcionar en un mundo que no existía cuando nacieron, hace años. En el campo internacional, el movimiento sindical percibió que la unidad organizativa era un requisito sustancial para pararse con autoridad en el nuevo escenario. Aun en este reconocimiento se notaban las disímiles miradas sobre la realidad: hubo quienes planteaban que antes de producir la unidad entre las centrales mundiales (CIOSL y CMT) había que discutir contenidos y quienes al hablar de contenidos y orientaciones argumentaban que el nuevo escenario requería de un perfil fuertemente confrontativo del movimiento sindical mundial. Así las cosas, nace en el 2006 la Confederación Sindical Internacional, el más abarcativo proceso unitario en la historia del movimiento sindical internacional. Para ese entonces había quedado en claro las consecuencias nefastas de una economía global orientada hacia la ausencia generalizada de regulaciones, hacia el crecimiento económico sin empleo y hacia la ausencia del rol del Estado que permitiera contener a los millones de trabajadores y trabajadoras que quedaban irremediablemente fuera del mundo laboral. La crisis del 2008 se constituyó en la "frutilla en el postre" de la seguidilla de crisis de este modelo especulativo y basado en la financiarización de la economía, esta vez afectando a las economías centrales, las que ingresaron en situaciones de recesión, desempleo y aumento de la pobreza.

Habiendo transcurrido entonces cerca de dos décadas desde el inicio arrollador del sistema global, las organizaciones sindicales han atravesado, en este tiempo, diversos "estados de ánimo", frente al nuevo escenario internacional. En cierta medida producidos por las miradas en relación con el mundo del trabajo y los seguros cambios que la globalización iba a producir en ese escenario. Estas miradas tenían y en alguna medida tienen que ver con las historias, estructuras e inserciones que los sindicatos tienen en los estados-nación que los vieron nacer y desarrollarse. No se debe olvidar que, al compás del entramado neoliberal que cobijó el despliegue inicial de la globalización, voces intemperantes, emanadas de las usinas que presagiaban el fin de la historia, incluían en ese fin a los sindicatos.

Los "estados de ánimo" se percibían en cuanta reunión sindical internacional se organizaba. ¿Y ahora qué?, ¿cómo convivir y pararse frente al auge del desempleo estructural y las amenazas al Estado de bienestar europeo que los mismos sindicatos de Europa ayudaron a levantar? ¿Cómo afrontar en América Latina la ausencia o debilidad de los principios de libertad sindical y negociación colectiva, que ya se arrastraban desde antes de la globalización? ¿Cómo resolver estos y tantos otros interrogantes en la nueva etapa?

¿Qué respuestas sindicales crear y poner en práctica frente a las políticas de las empresas multinacionales que otrora los sindicatos encaraban principalmente en los espacios nacionales? ¿Qué hacer con un comercio internacional que impacta cada vez mas en el empleo y que, parapetado en la OMC, se niega a discutir siquiera standards laborales mínimos en los acuerdos y tratados? ¿Cómo responder a la demanda de mayor competitividad de las empresas y al mismo tiempo evitar desregulaciones y flexibilizaciones en el mercado y el derecho del trabajo? ¿Cómo responder a fenómenos nuevos y otros no tan nuevos pero agravados, como el trabajo informal, las migraciones laborales, las consecuencias de la fragmentación de la cadena de producción y suministros, la subcontratación y las terciarizaciones?

El sindicalismo, nacional como internacional, debía iniciar un proceso de reconstrucción de su rol como sujeto social y encontrar las herramientas adecuadas para responder a estos y tantos otros interrogantes al tiempo que continuaba, en las distintas geografías, enfrentando las consecuencias sociales y laborales del modelo neoliberal de globalización con su apertura irracional a los mercados.

Por su parte, el sector genéricamente denominado "empresario", lógicamente representativo de intereses sustancialmente distintos al sector trabajador, no sólo por su diferente ubicación frente al proceso productivo, sino porque incluye diversas modalidades, denominaciones, categorías y roles, también está siendo motivo de transformaciones productivas y tecnológicas al interior de la también denominada genéricamente "empresa" y mutaciones en el entorno económico en la que la misma opera.

Por un lado, el cambio tecnológico profundo fundado en la incorporación de la informática computarizada y la microelectrónica a las comunicaciones, al proceso productivo y a la cadena global de abastecimiento. Las transformaciones en el transporte y las comunicaciones, derivadas del cambio tecnológico, constituyen elementos centrales a la hora de evaluar la estructura y los comportamientos de las empresas.

Al mismo tiempo, y también como consecuencia del impacto tecnológico, las formas y metodologías organizacionales del trabajo se han ido transformando desordenadamente impulsadas por la potenciación de la movilidad del capital. Se ha instalado el concepto de empresa en red para, al mismo tiempo, explicar las características del funcionamiento de las cadenas de valor globalmente consideradas y la extraordinaria pelea por los mercados aprovechando los bajos costos de los países periféricos o en desarrollo. Aunque esto se ha generalizado, el ejemplo paradigmático lo constituye Wal Mart, el gigante de la industria del retail.

Volviendo al movimiento sindical, el argentino siempre ha tenido una participación en las organizaciones y actividades internacionales. Sin embargo la nueva realidad planteada demandaba nuevas actitudes y herramientas de los sindicalismos nacionales frente al nuevo escenario establecido.

Una nueva lectura del mapa global, regional y subregional se imponía. Al tiempo que se desplegaba la globalización iban también creándose espacios de integración regional y subregional. En nuestra región, el nacimiento del Mercosur determinaría el surgimiento, a instancias de las centrales sindicales del Cono Sur de América latina, de la Coordinadora de Centrales Sindicales del Cono Sur.

En el espacio hemisférico, la CGT, integrando desde hacía años el Ejecutivo Continental de la Organización Regional Interamericana de Trabajadores (ORIT), regional americana de la Confederación Internacional de Organizaciones Sindicales Libre (CIOSL), integra por primera vez el Secretariado de la ORIT haciéndose cargo de la Dirección de Gabinete del Secretariado. Al producirse la unificación en el 2007 la CGT integra el Ejecutivo Continental de la Confederación Sindical de las Américas (CSA). Lo mismo acontece en el nivel global con la Confederación Sindical Internacional espacio en el que la CGT, a partir del Congreso de Vancouver de 2010, pasa a integrar el grupo de 25 organizaciones que componen el Bureau global. También la CTA se integra a ambas organizaciones.

Las organizaciones sindicales de la Argentina, asimismo, participan activamente en las Federaciones Sindicales Internacionales, verdaderos sindicatos globales sectoriales que han asumido la responsabilidad de convertirse en sujetos globales, contrapartes de las empresas multinacionales y en soportes de una nueva matriz en formación en materia de relaciones laborales globales.

Estas responsabilidades han traído aparejado al mismo tiempo un fuerte incremento de las actividades internacionales. En el campo global, regional, subregional y nacional se visualiza una agenda sindical compleja y activa. Los sindicatos se encuentran asimilando la presencia de un escenario internacional de acción y gestión sindical que se suma y yuxtapone a los lugares comunes y tradicionales de representación y acción sindical. Existe una cada vez mayor demanda de los jóvenes cuadros y representantes sindicales de una capacitación y conocimiento de temas internacionales relacionados con el mundo del trabajo. No con el mundo del trabajo lejano y ajeno a sus realidades, sino con el mundo del trabajo que se despliega en el horizonte internacional y que impacta sobre sus realidades laborales cotidianas.

Los diversos "estados de ánimo" del movimiento sindical siguen aún existiendo. Sin embargo, ya se visualizan algunas luces al final del túnel. Una de ellas es, precisamente, la cada vez mayor dedicación y presencia de los sindicatos locales y nacionales en las actividades, delegaciones sindicales internacionales y en los organismos del sindicalismo internacional. El concepto de pensar y actuar local y globalmente, al mismo tiempo, se va abriendo camino lenta pero firmemente. Como todo, esto también forma parte de un proceso, no uniforme, que hay que fomentar.

Los autores del presente trabajo, dedicados al estudio, en sus distintas disciplinas, del mundo del trabajo, hemos querido entregar este libro, sistematizando una recopilación y actualización de trabajos realizados a lo largo de los últimos tres años de participación y aprendizaje en el entorno del sindicalismo nacional y global. Como integrantes del equipo internacional de la Federación Argentina de Empleados de Comercio y Servicios, los autores participan en el Departamento Internacional de la Confederación General del Trabajo (CGT), en la Coordinadora de Centrales Sindicales del Cono Sur, en la Confederación Sindical de las Américas y en UNI Sindicato Global del sector servicios.

Los contenidos del presente trabajo bibliográfico forman parte del programa de Capacitación Sindical llevado adelante por la Secretaría Internacional de la FAECYS con la colaboración y el auspicio del Ministerio de Trabajo, Empleo y Seguridad Social de la Nación, al cabo del cual cerca de trescientos dirigentes y delegados gremiales de todo el país habrán recorrido una gama de temas que permitirá ayudar a comprender la globalización y sus impactos y consecuencias en las relaciones laborales y el sindicalismo, así como también del rol que la FAECYS juega en el seno de la UNI-Sindicato Global y cómo y por qué lo que allí se hace puede influir en la gestión sindical cotidiana.

No queremos finalizar esta presentación sin agradecer al Ministerio de Trabajo, Empleo y Seguridad Social de la Nación y al Secretariado Nacional de la FAECYS por su apoyo a esta iniciativa y, por supuesto, al incansable equipo de la Secretaría de Asuntos Internacionales de la FAECYS, en particular a Eduardo San Román, director de Estrategias Globales de la Secretaría e integrante del Comité Ejecutivo de UNI-Américas; a Betty Varela, asistente de Secretaría y la licenciada Agostina Giardini, asesora de la Secretaría e integrante de la Red de Jóvenes del Consejo de Enlace de UNI-Argentina.

Capítulo 1. "Aspectos centrales de la política internacional"

A) El orden internacional en el período de la globalización

Una lectura restropectiva de la evolución del orden mundial en los últimos treinta años da cuenta de los espectaculares cambios que suelen atribuirse comunmente al fenómeno de la globalización. Es indudable que la globalización ha pasado a ser uno de los principales factores condicionantes de la vida económica y social con expresiones profundas en todas y cada una de sus manifestaciones. La globalización emerge de la mano de una profunda revolución del capital que determinó una reorganización de la composición productiva-comercial, pero muy especialmente del andamiaje social y cultural que se erigió durante la segunda mitad del siglo xx. Sus consecuencias económico-sociales se expresan casi paradojalmente como una combinación de enormes avances en la condiciones de producción e intercambio de las sociedades y, simultáneamente, una mayor incertidumbre para las personas y un crecimiento exponencial de la desigualdad entre los países desarrollados y no desarrollados, así como también una ampliación de la brecha en el interior de todos los países, incluso en las naciones desarrolladas.

La literatura existente suele destacar múltiples determinaciones respecto de la globalización, ya que es un fenómeno sumamente complejo: el papel de la revolución informática y comunicacional, la mundialización de la producción y de los intercambios —que determinaron la reorganización de la estructura económica mundial—, un sistema financiero escindido de la producción de bienes que se retroalimenta independientemente del desarrollo de la economía real, la supremacía de los negocios financieros y especulativos, así como el predominio ideológico del neoliberalismo. Bajo estas premisas, parece imposible disociar la nueva organización del espacio económico y social del mundo, de su forma sociopolítica neoliberal. De esa forma, esta nueva fase histórica del desarrollo capitalista está invariablemente ligada al neoliberalismo radical que sobredeterminó el proceso y condicionó su gestión a través de las organizaciones multilaterales.

Efectivamente, si se realiza un rastreo sobre la expansión del comercio multilateral, la primera conclusión a la que se puede arribar es que la globalización ha despojado las formas tradicionales de intercambio, generando una ampliación del comercio multilateral, bajo un formato de apertura continua de los mercados nacionales. Esta premisa era un pilar básico del mundo construido luego de la Segunda Guerra Mundial, expresado en las instituciones financieras internacionales y en los acuerdos multilaterales expresados en el GATT (Acuerdo de Aranceles y Preferencias). Si los países occidentales concertaron a partir de los acuerdos de Bretton Woods un sistema supranacional financiero, no se pusieron de acuerdo a la hora de establecer un sistema tendiente a la liberalización del comercio y la producción. Esta discrepancia era lógica desde el punto de vista geopolítico en un escenario internacional signado por la guerra fría, y la necesidad de reconstrucción de las economías nacionales desvastadas, particularmente las de Europa occidental. Además, los estados de bienestar eran una plataforma idónea para frenar el avance del comunismo. Cuando estos condicionamientos comenzaron a perder su sentido, la globalización emergió como si fuera un proceso natural, el cual sólo había sido postergado en el tiempo, pero nunca eliminado de la agenda.

El origen del sistema económico moderno

La búsqueda de un sistema económico internacional equilibrado, que promueva el comercio multilateral, constituye uno de los componentes centrales de la economía moderna. El período de entreguerras muestra que la ausencia de cooperación internacional y de un acuerdo mínimo de un sistema de intercambios y pagos conllevó a la peor crisis capitalista de la historia y un letargo temporal muy prolongado de recuperación del crecimiento sostenido. El período que comprende entre la Conferencia Internacional Monetaria y Financiera de Bretton Woods en 1944 y la actual crisis económica internacional conforma el período de mayor crecimiento del PBI mundial, las transformaciones productivas más importantes y el incremento más espectacular en la productividad del trabajo[1]. No obstante, y como contrapartida de este proceso, se observan las mayores inestabilidades cíclicas de capitalismo, sobre todo, luego del período de los años dorados y plateados (1945-1973).

El fundamento central para la creación del Fondo Monetario Internacional y los organismos crediticios se basó en la premisa según la cual el crecimiento económico medido en PBI de las economías nacionales constituye la variable fundamental de bienestar, y el comercio multilateral conforma el instrumento ineludible para dicho crecimiento. En efecto, las tasas de crecimiento durante la primeras dos décadas fueron en promedio las más altas de la historia, cercanas al 5% anual en la década del '50 y al 4% en la subsiguiente. Sin embargo, a partir de 1973 comienza un ciclo irregular con caídas muy pronunciadas de contracción de la economía mundial y ciclos cortos de expansión, tal como se manifiesta en el gráfico 1.

Gráfico 1. Evolución del PBI 1961-2007
Evolución anual en porcentajes

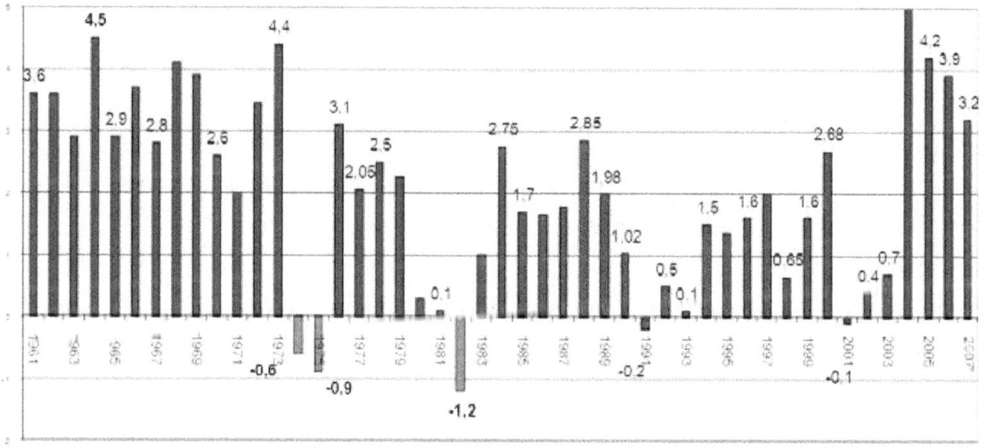

Fuente: Elaboración propia en base a datos de Banco Mundial, Indicadores del Desarrollo Mundial y Banco Mundial.

---

[1] En julio de 1944 se celebró en Bretton Woods (New Hampshire, EE.UU.) la *Conferencia Internacional Monetaria y Financiera*, en la que se aprobó la creación de dos de las futuras agencias especializadas en las Naciones Unidas: el Fondo Monetario Internacional (FMI) y el Banco Internacional de Reconstrucción y Fomento (BIRF), también conocido como Banco Mundial. El objetivo de ambos organismos era reconstruir el sistema internacional de intercambios y pagos, y facilitar recursos crediticios para la reconstrucción de la posguerra, respectivamente.

Los primeros síntomas de crisis sistémica del orden mundial comenzaron tempranamente a observarse en Estados Unidos, que venía registrando desde la segunda mitad de los sesenta problemas para sostener equilibrada su balanza de pagos; los gobiernos de otros países percibían que el dólar ya no representaba una moneda sólida y reclamaban el pago en oro. La tasa de inflación se duplicó en relación con la primera mitad de la década, y se incrementó el déficit fiscal. El diagnóstico de entonces definió que el crecimiento del producto como resultado de la aplicación de políticas expansivas se había tornado inelástico, la tasa de retorno se resintió y el período se caracterizó por una caída sistemática de la productividad del trabajo. La crisis que afectó las economías centrales y se propagó por los países en desarrollo mostró características diferenciadas respecto de las anteriores crisis capitalistas, donde prevalecieron períodos deflacionarios.

El gobierno de Estados Unidos diagnosticaba, por su parte, que la crisis a principios de los setenta provenía de los problemas monetarios de la segunda mitad de los sesenta, como expresión de un sobrecalentamiento de la economía, impulsados por la activa participación del Estado con una política fiscal expansiva que, finalmente, llevó a una recesión con altas tasas de inflación en 1970. En efecto, en diciembre de 1969 concluyó la expansión cíclica del capitalismo estadounidense más larga de la historia con una duración de 106 meses. En el pasado, las crisis se habían presentado como recesiones o depresiones con deflación de precios, mientras que la crisis de los setenta en Estados Unidos y en los demás países se manifestó como recesión productiva, desempleo, pero a la vez inflación; esta nueva situación económica fue llamada *estanflación*.

Gráfico 2. Estanflación. Grupo e los 7. Comparación índice de precios, desempleo y PBI

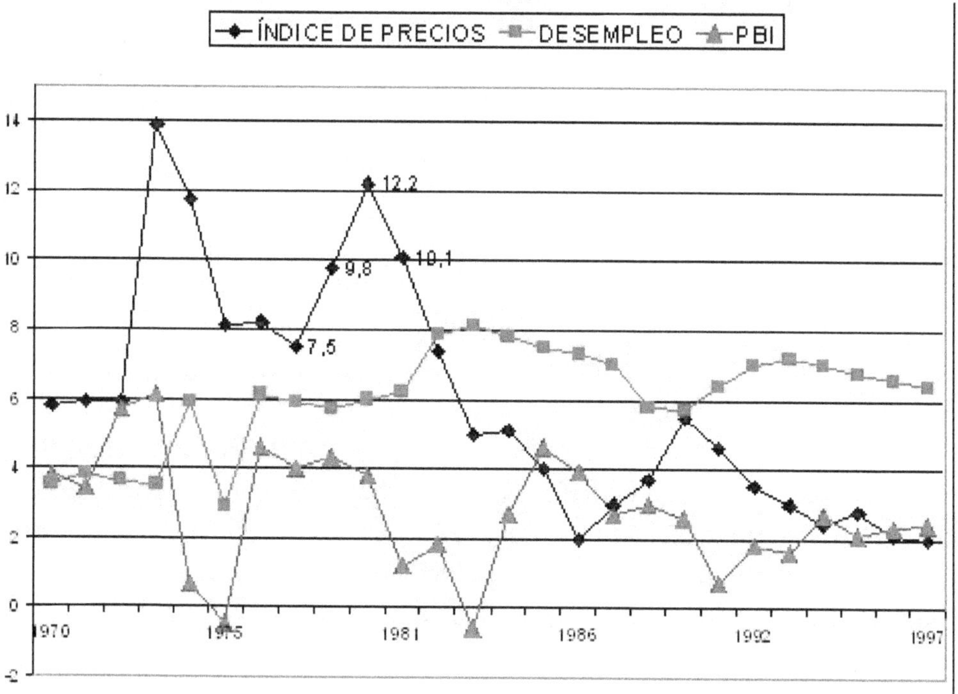

Fuente: OCDE. Reporte económico Años 1970-1997.

La persistente crisis económica de dicha década determinaría una reformulación de los modelos económicos, transformando de raíz los sustentos ideológicos del sistema económico internacional. La incapacidad de los organismos económicos internacionales obligó a la coordinación de los principales países industrializados (G7), para enfrentar la crisis. Se decidió, finalmente, tomar medidas firmes para acabar con el principal problema del capitalismo de la década de los setenta, la estanflación. El primer paso para la adscripción a la teoría monetarista fue el Consenso de Tokio de 1979, donde los países industriales capitalistas más avanzados firmaron un compromiso de lucha contra la inflación. En consecuencia, esta nueva política se empezó a plasmar en la cosmovisión de los organismos multilaterales de crédito, particularmente el Fondo Monetario Internacional, el Banco Mundial y los bancos regionales de desarrollo.

El Consenso de Washington

Desde algunas décadas atrás el socialismo real como sistema económico iba siendo progresivamente cuestionado. Pero es tras la caída del muro de Berlín cuando ciertos círculos económicos intentaron formular un listado de medidas de política económica que constituían un "paradigma" único para la economía capitalista. Este conjunto de medidas tuvo como objetivo orientar a los gobiernos de países en desarrollo y a los organismos internacionales a la hora de valorar los avances de éstos en materia de ortodoxia económica como base de su viabilidad crediticia. El economista norteamericano John Williamson sintetiza en 1990 estas ideas a partir del llamado Consenso de Washington: "Lo que Washington quiere decir cuando se refiere a reformas de las políticas económicas" es que irá mucho más lejos que el Consenso de Tokio, conllevando una mutación fundamental en el rol del Estado en la economía. El escrito se refiere a diez temas de política económica en los cuales habría, según el autor, "acuerdo en Washington", denominando así al complejo político-económico-intelectual integrado por los organismos internacionales (FMI, Banco Mundial), el Congreso de los EE.UU., la Reserva Federal, los altos cargos de la Administración Federal y grupos de expertos.

Las coincidencias programáticas enumeradas son:

- Disciplina presupuestaria.
- Cambio en las prioridades del gasto público.
- Reforma fiscal encaminada a buscar bases imponibles amplias.
- Apertura financiera y liberalización de los tipos de interés.
- Búsqueda y mantenimiento de tipos de cambio competitivos.
- Liberalización comercial.
- Apertura a la entrada de inversiones extranjeras directas.
- Privatizaciones.
- Desregulación de los mercados.
- Garantía de los derechos de propiedad.

Siguiendo las teorías de la escuela monetarista, la transformación más profunda se realizó en las funciones desempeñadas por el Estado, modificando su incidencia en las relaciones de poder económico al cambiar el balance preexistente entre los sectores público y privado en los mercados de bienes. En otras palabras, se abandonaba la modalidad de "economía mixta".

Las razones proporcionadas para justificar este cambio, desde el punto de vista económico, fueron: 1) aumentar la productividad media del trabajo en la economía; 2) lograr la estabilidad de precios y un crecimiento sostenido de la producción per cápita de mercancías y servicios; 3) lograr el equilibrio constante de la balanza de pagos; 4) fomentar la consolidación de un mercado de capitales y permitir el libre acceso de las empresas a los mercados internacionales, tanto de bienes como financieros; 5) restablecer el pleno funcionamiento del sistema de precios, eliminando las distorsiones que generaba el proteccionismo y la regulación del salario.

El aumento de la productividad media del trabajo se habría de conseguir excluyendo al Estado en la producción de bienes y, en una cierta medida, también, de la acumulación de capital. Otro elemento central consistía en la apertura de la economía, reduciendo los aranceles de importación y eliminando los impuestos a las exportaciones, los controles a los movimientos financieros y la intervención en el mercado de cambios.

Asimismo, este modelo propiciaba la remoción de las regulaciones existentes sobre algunas áreas de la producción y, también, transfería al sector privado ciertas actividades cuya gestión económica no se basan en el principio de la obtención del máximo beneficio. Éste es el caso donde existen monopolios naturales o bien sistemas de retiro y pensiones, servicios de salud y educativos. También se pueden enmarcar en dichas actividades susceptibles de privatización las áreas vinculadas con el transporte público o con las comunicaciones. Es decir, todos aquellos sectores donde la economía clásica entendía que no existía competencia perfecta.

En el caso particular de los salarios, el "libre juego entre demanda y oferta" debía lograrse mediante la anulación de la negociación de convenios colectivos de trabajo por rama o actividad.

En dicho contexto, la globalización es acompañada por una profunda revolución del capital que tuvo como consecuencia fundamental la reorganización de la composición productiva-comercial, pero muy especialmente la erosión de todo el andamiaje social y cultural que estructuró al mundo occidental en la segunda mitad del siglo xx.

El nuevo modelo económico occidental se enmarca en la especialización productiva definida por una nueva división internacional del trabajo. Así, los perfiles de especialización que prevalecen para América latina pueden ser sintetizados como: a) el de las industrias procesadoras de recursos naturales, en los países del Cono Sur de la región, y b) el de la "maquila" —electrónica y del vestuario— en México y América Central. Dicho cambio en el patrón de especialización productiva y competitividad internacional se encuentra asociado con fenómenos de entrada y salida de firmas en los mercados, de absorción y expulsión de grandes contingentes de trabajadores y trabajadoras, y finalmente, de sustentabilidad de las cuentas externas de cada economía[2].

En dicho marco, los organismos financieros adquirieron una mayor preponderancia y fueron modificando sus mandatos fundacionales. En efecto, a partir de la década del '70, se observaron fenómenos simultáneos y complejos tales como la transnacionalización de la economía, la revolución informática y comunicacional, la mundialización de la producción y de los intercambios, la reorganización de los procesos de producción y de gestión empresarial; pero muy especialmente la ampliación y desregulación de un sistema financiero cada vez más escindido de la producción de bienes que se realimenta en forma independiente de la economía real, la supremacía de los negocios financieros y especulativos.

La vuelta a un mundo multilateral

La década del '90 se caracterizó por el impulso de la globalización, que se expresa en la creciente participación de los flujos de intercambios comerciales, financieros y de las inversiones extranjeras (IED) en el producto mundial, la deslocalización de empresas asociado con la consolidación del proceso previo de transnacionalización de la economía. Tal como se puede apreciar en el gráfico 3, la participación del comercio en el producto total de las regiones luego de una importante retracción durante la década de los '80, cobra un importante envión en la década siguiente, siendo muy importante en Asia, región donde las políticas económicas destinadas al acceso a mercados ha ganado un espacio espectacular; de esa forma se observa que, si en la década del '70, el comercio internacional representaba para Asia el 10% de su PBI, actualmente más de la mitad de su producción se destina al mercado externo.

---

[2] Para un análisis sistemático de este proceso véase Jara Antonio, González Marita, Molina Alicia y Zintmeyer Katrina (2003) *Los organismos multilaterales de crédito*. Solidarity Center. Washington, USA.

Gráfico 3. Evolución del comercio distribuido por regiones

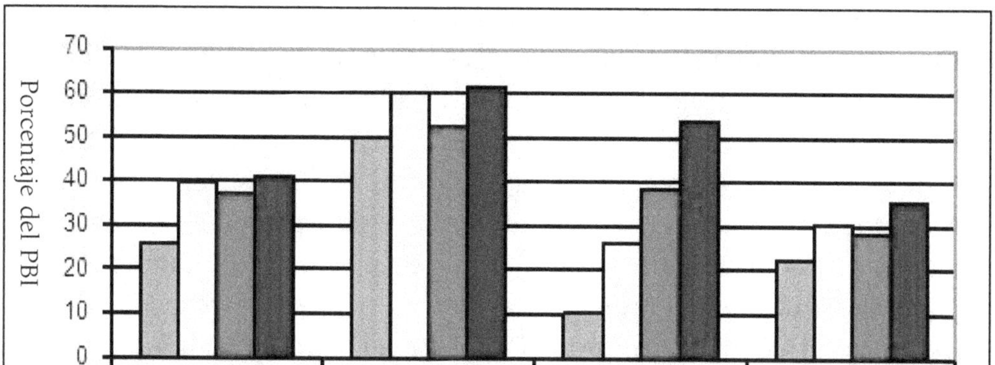

	OCDE	África	Asia	América Latina y Caribe
1970	25.6	49.9	10.2	22.3
1980	39.5	60.1	26.2	30.2
1990	37.1	52.6	38.3	28.4
2000	41.1	61.3	53.5	35.6

Fuente: Elaboración propia en base a datos del Banco Interamericano de Desarrollo, Progreso Económico y Social en América Latina. Informe 2002.

El grado de liberalización económica particularmente en el Sudeste Asiático y las economías del Pacífico se plasmaron en la adopción de políticas económicas destinadas a facilitar la exportación de bienes de capital y de bienes intermedios. El resultado ha sido un avance muy relevante en su participación en la economía globalizada. Como contrapartida, África ha liberalizado en gran medida su economía, pero bajo el viejo estigma de la división internacional del trabajo bajo la concepción de ventajas comparativas. Por ello, su participación se reduce a materias primas de nula o escasa elaboración, cuyo comportamiento de los precios tiende a la baja, aún cuando en los últimos años han mostrado una tendencia a estabilizarse. Lo mismo ocurre para el caso de América Latina y el Caribe. La primera conclusión sobre este fenómeno, es que bajo el slogan de la apertura de mercado, el resultado es una profundización de la segmentación de la producción agravada por la transnacionalización de capitales que suelen operar como verdaderos monopolios y oligopolios hegemónicos en los mercados más débiles.

Por otra parte, si analizamos la resistencia de los países desarrollados a desestimar las políticas proteccionistas en que se asienta su desarrollo económico, podemos ver que es en los países de la OCDE donde el coeficiente de apertura ha sido más bajo. Desde los núcleos promotores de la liberalización, acusan también a América Latina y el Caribe de no haber avanzado profundamente en las aperturas de sus economías. Efectivamente, si se toma esta región en su conjunto, aún subsisten medidas de salvaguardias productivas. No obstante, la región presenta mucha heterogeneidad, mientras países como la Argentina han adoptado políticas neoliberales que conllevaron a una gran dependencia respecto de los vaivenes de la economía internacional, Brasil mantuvo algunos rasgos propios de una economía semicerrada.

Un análisis del nuevo escenario internacional no puede dejar de lado el ascenso de China como unidad estatal más importante en las mutaciones del comercio mundial. La irrupción de Asia en el comercio internacional merece un análisis más que minucioso, en particular por el ingreso de China en el escenario productivo, financiero y comercial. En efecto, la economía China viene transformándose desde los años 70, descartando su antigua especialización en exportaciones primarias y de baja calidad y estableciendo políticas dirigidas a la exportación de alta tecnología. Entre 1990 y 2003 sus exportaciones generales crecieron 8 veces (380.000 millones de dólares), y hoy ocupan el segundo lugar en importancia en el comercio mundial. Su PBI creció de 106.000 millones de dólares en los '70 a 1.300 billones, en la actualidad. El sector privado produce cerca del 45% de la producción, en contraste con la participación de empresas estatales, que registra un 37%. Pero este crecimiento implica también riesgos, ya que si sigue aumentando su capacidad de producir puede hacer que la rentabilidad de las empresas se resienta en el mediano plazo.

China se convirtió en un eslabón esencial en la cadena de producción global, para los productos con capital y trabajo intensivo. A partir de la liberalización económica el crecimiento de la Inversión Extranjera Directa (IED) creció aceleradamente. Hoy representa más del 40% de su PBI. Su crecimiento tecnológico ha hecho caer en el ranking de productores a países como: Singapur, Malasia, Taiwán y Tailandia. China pertenece a un grupo de países de Asia del Este que tiene 1,7 billones de dólares en divisas, o sea 70% del total mundial[3]. Los cambios económicos

---

[3] Hale, David y Lyric, Hughes Hale (2004) "China Levanta vuelo" en *Foreign Affairs* (en español) Vol. 4, N° 1.

que experimenta China pudieron realizarse, sin demasiada oposición, por las características de su organización política, con un partido único altamente centralizado –el Partido Comunista Chino (PCC)–. De todos modos los cambios económicos están siendo acompañados por cambios al interior del PCC, el cual ha generado una liberalización política gradual pero constante.

Las repercusiones de su crecimiento van más allá de lo meramente regional. Así por ejemplo, México, a pesar del Tratado de Libre Comercio de América del Norte (TLCAN), fue desplazado como socio comercial de EE.UU., ya que la economía china resulta más competitiva. Su fuerza de trabajo es cuatro veces más barata que la mexicana, y su electricidad alcanza la mitad del valor que la de México. La continua industrialización china aumentará su demanda de materias primas, lo que impulsará el comercio con África, Australia, América Latina y Canadá. El ingreso de China a la OMC y particularmente la liberalización en algunos sectores productivos muy sensibles en el mundo occidental, como el textil y de confecciones, es uno de los vectores de mayor conflicto en el mundo del comercio internacional, donde el resto del mundo reconoce su propia incapacidad de competir con una economía de escala y de alta tecnología como la de China.

El motor de la globalización: la Organización Mundial del Comercio

Las fuerzas centrífugas de la globalización parecen ser opuestas a las fuerzas centrípetas de los procesos de integración regional. Desde ese ángulo, la decisión de los países de generar espacios de convergencia institucional estableciendo un mercado integrado, o los acuerdos de libre comercio, obedecen a una reacción contra los desajustes provocados por la globalización. Los países recurren a la integración regional formal para atemperar las fuerzas del comercio internacional en una economía mundial que tiene como fundamento de crecimiento al mercado externo. Entonces, el elemento central no es la voluntad de asociacionismo sino crear un mercado productor y consumidor más amplio que seduzca a las inversiones y renueve el dinamismo que antaño se lograba a través del mercado doméstico. Desde otra perspectiva los procesos de integración regional son proactivos al proceso de globalización regional, inducidos por los propios avances del multilateralismo que no se contrapone a los acuerdos regionales. En esa línea, la integración de regiones y subregiones tendería a generar una economía de aglomeración que alienta la regionalización de la producción y atrae a las transnacionales en sus estrategias empresariales globales[4]. Bajo el paraguas de la OMC, los acuerdos de integración y los Tratados de Libre Comercio no suplantan o revelan el paradigma de liberalización y apertura, sino que la refuerza y legitima. Tanto es así, que todos estos tipos de acuerdos tienen como parámetro de acción las resoluciones de la OMC.

La OMC

La Organización Mundial del Comercio se puso en marcha a partir del 1° de enero del 1995. Sucesora del GATT (Acuerdo General sobre Aranceles Aduaneros y Comercio) cuenta en la actualidad con 148 países miembros y tiene su sede en Ginebra, Suiza. Como piedra angular del Sistema de Comercio Multilateral, sus líneas de acción se dirigen a regular principalmente en tres áreas: Comercio de Mercancías, Comercio de Servicios, Protección de derechos de propiedad intelectual. En sus objetivos primigenios se traslucía la necesidad de mejorar los niveles de vida, velar por el logro del pleno empleo, aumentar los ingresos de los sectores populares y con ello elevar la demanda efectiva, el aumento de la producción y del comercio de mercancías y servicios, generar las condiciones para el desarrollo sostenible y la protección del medio ambiente, diseñar políticas comerciales tendientes a contrarrestar las asimetrías entre los países desarrollados, los países en desarrollo (PED) y los países menos adelantados (PMA). En su organización se establecieron prerrogativas sobre la aplicación, administración y funcionamiento de los acuerdos comerciales, el atributo como Foro de Negociación, solución de controversias, el examen de políticas comerciales y la cooperación con organismos internacionales. En la práctica, la OMC no logró los objetivos de carácter social y laboral, muy por el contrario; desde la perspectiva de los actores sociales, esta institución es responsable del agravamiento de la condiciones de vida, sobre todo en los países de escaso desarrollo.

---

[4] Para un análisis desde esta perspectiva véase Humphrey, J. y H. Schmitz. (2000) *Governance and Upgrading: Linking Industrial Cluster and Global Value Chain Research.* Institute of Development Studies, Documento de Trabajo N° 120. Noviembre. También véase: Oman, C. (1998) "The Policy Challenges of Globalization and Regularization". En Ian Joost Teunissen (ed.) *Regional Integration and Multilateral Cooperation in the Global Economy.* La Haya. FONDAD.

Organigrama institucional de la OMC

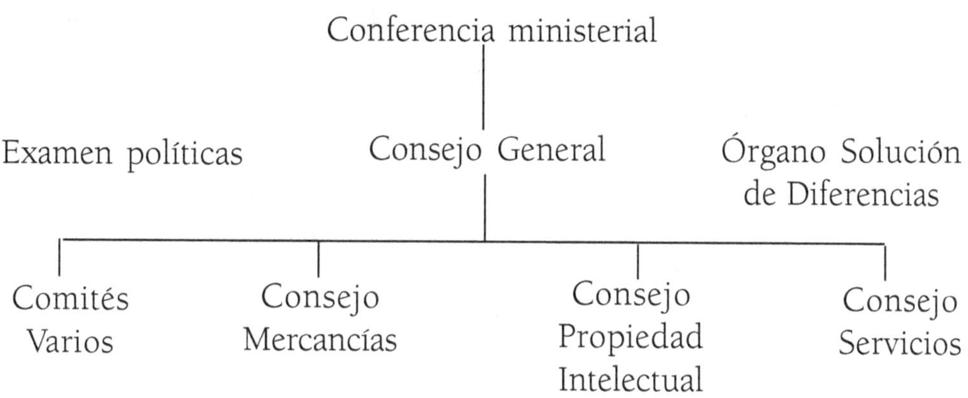

Sistema del comercio mundial a través de la OMC

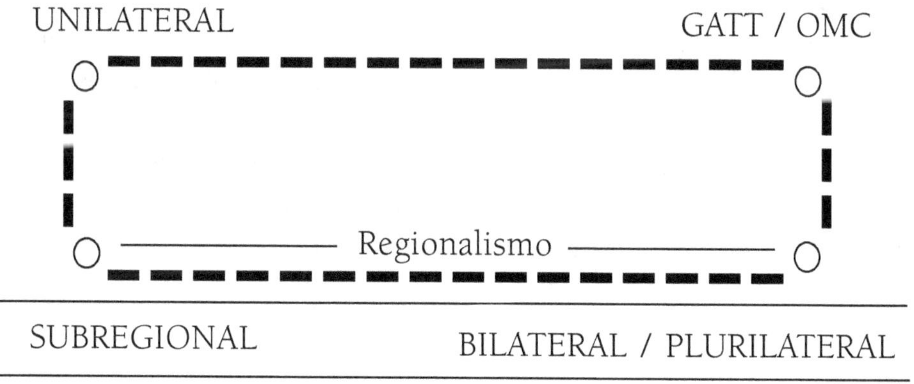

La Ronda Doha o Ronda de Desarrollo, iniciada a partir de noviembre de 2001, tenía como finalidad originaria promover oportunidades para las naciones en desarrollo tendientes a lograr una mayor participación de los beneficios del sistema mundial del comercio. Sin embargo, en todo el transcurso de las negociaciones de la Ronda se observa un desigual compromiso entre lo que están dispuestos a aceptar los países industrializados y aquello que requieren de los demás países que forman el acuerdo multilateral. El hecho de que las negociaciones refieran meramente a cuestiones arancelarias y flexibilidades demuestra que estamos lejos de definir un comercio justo que permita el desarrollo sostenible para los países periféricos. En esta Ronda, los estados se han propuesto recortes arancelarios muy ambiciosos, muy superiores a los fijados en la Ronda Uruguay. Los sucesivos fracasos de las Ministeriales y Mini-Ministeriales, sumada la crisis, prefiguran un posible debilitamiento del sistema de la Organización Mundial de Comercio. La crisis actual coadyuva a todos los prorrateos que ha tenido esta Ronda, o incluso a un factible fracaso. Sin embargo, puede haber un resultado peor: que se alcance un mal acuerdo o que la búsqueda de proteccionismos de los países centrales, hoy en crisis, desconozca sus resultados y apelen a contradecir en sus políticas domésticas lo que firman en los escenarios internacionales; y como sabemos, la OMC no funciona como un verdadero tribunal internacional de "represalias cruzadas", sino que son nuestros países los más castigados por los órganos internacionales cuando orientamos nuestras políticas a la protección de productos manufacturados de mayor valor agregado. El argumento por el cual Inglaterra combatió la competencia industrial entre 1750 y 1847, o Estados Unidos que aplicó tarifas arancelarias a los bienes industriales entre 1820 y 1931 para proteger sus manufacturas, por trillado que parezca, no deja de ser veraz. Y es legítimo que nuestros países persigan la diversificación de su producción y la creación de una red productiva con mayor valor agregado[5].

---

[5] Para un análisis más completo sobre la Ronda de Doha, véase Martinez Gerardo (coordinador) Giardini, A. Jara, A. González, M. (2009) *El movimiento sindical en las negociaciones de la Ronda de Doha 2008: La CGTRA*. En La OMC y los Trabajadores. ITUC- CSA. En prensa.

Alineación de los países en la OMC

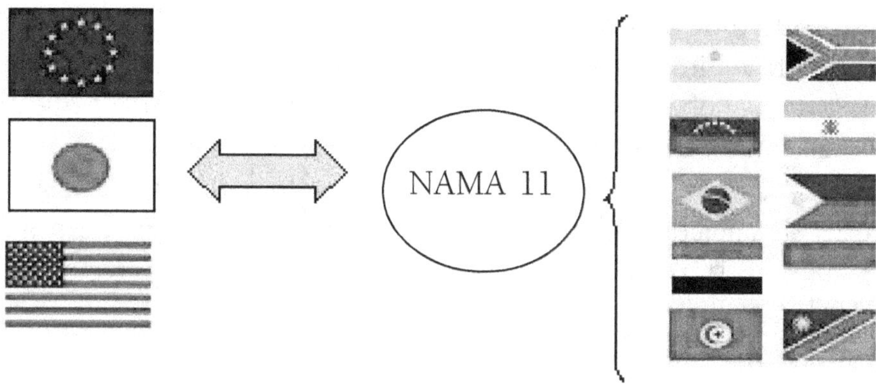

Los temas más importantes en negociación hoy

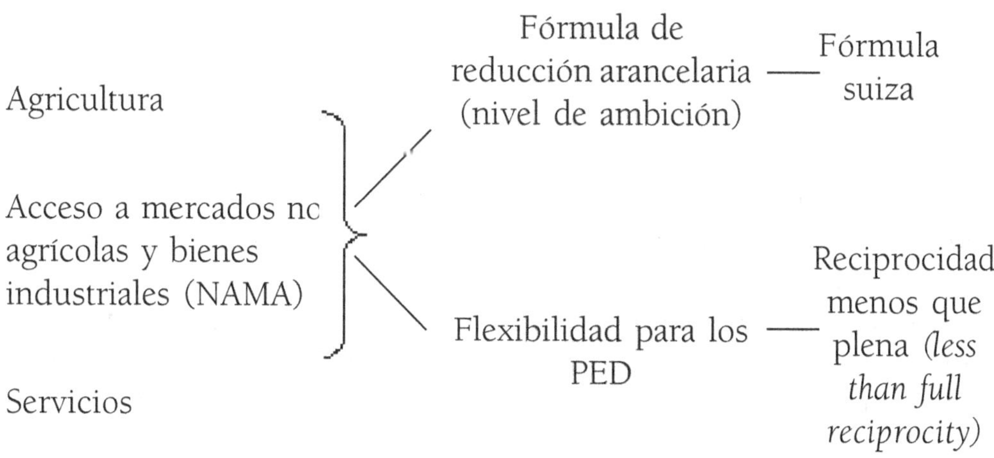

Regionalismo y Libre Comercio: ¿tendencia reactiva o proactiva a la globalización?

Numerosos trabajos analizan la integración regional como el instrumento más adecuado para compatibilizar los desafíos de la globalización con el objetivo de asegurar a los ciudadanos un nivel de vida adecuado. Esta primera definición se enmarca en el conocimiento según el cual el actual avance globalizador no ha generado justicia en la distribución de la riqueza, muy por el contrario se ha observado que el último cuarto de siglo muestra una mayor pauperización y empobrecimiento de vastos sectores de las sociedades que, si bien es común al interior de todas las economías nacionales, resulta particularmente agudo en los países en vías de desarrollo.

Asimismo, se ha estudiado el recorrido transitado por un conjunto de estados nacionales para establecer acuerdos de libre comercio, entendiendo a la integración como fases progresivas que comienzan con el establecimiento de áreas de preferencias económicas hasta la constitución de una Unión Política[6]. De acuerdo con esta perspectiva, definida por la OMC, la integración regional comenzaría por el establecimiento de ciertas áreas o zonas de preferencias comerciales, para, recién en una segunda instancia constituir una Zona de Libre Comercio caracterizado por la exención de derechos. Una tercera etapa se iniciaría a partir de la constitución de una Unión Aduanera, donde todos los estados-partes del tratado de integración imponen los mismos derechos de aduana a las importaciones procedentes de países no miembros.

Como se podrá observar, las tres primeras fases excluyen en su definición toda dimensión social del proceso de integración. Esto no quiere decir que los procesos reseñados no impacten en el tejido social de cada uno de los estados componentes, sólo se sugiere que de acuerdo con estas definiciones los aspectos sociales, en particular, su soporte –el hombre– no constituye el protagonista central del proceso de integración. Sería entonces, recién en una cuarta etapa, donde los estados miembros de la Unión Aduanera establecen la conformación de un Mercado Común, cuando aparece por vez primera la dimensión social de la integración; definiéndose esta etapa como la libre circulación de factores

---

[6] Van Liemt G. The Social Dimension of Regional Integration. A "Think Piece" prepared for the ILO's Policy Integration Department. OIT. Ginebra, 2002.

productivos (capital-trabajo) estableciéndose reglas comunes para este fin. Finalmente, y siguiendo esta construcción escalonada, las fases siguientes establecerían una unión monetaria y económica, para finalmente constituir una Unión Política, siendo esta última fase la instancia donde se adoptarían políticas "medioambientales, sociales, laborales y culturales comunes; y se crearían así las instituciones encargadas de regular y administrar el proceso de integración, su política exterior común, etcétera[7].

Sin embargo, la enumeración de estas fases sólo da cuenta de los pasos seguidos por el proceso de integración regional más avanzado, o sea, la Unión Europea, pero este proceso lineal no se corresponde con la evolución de otros acuerdos de libre comercio en otras regiones, donde se observan superposiciones de etapas, ausencia de algunos elementos constitutivos y presencia de otras dimensiones no contempladas en el modelo "base". Estas supuestas asimetrías desde el modelo ideal de integración introduce la necesidad de considerar los diferentes procesos históricos y los patrones culturales y socioeconómico que condicionan y moldean los distintos proyectos de integración regional.

El paradigma de la integración: La Unión Europea

La Unión Europea tiene su génesis en el período inmediato posterior a la finalización de la Segunda Guerra Mundial. Ante una Europa devastada y la inminente primacía de Estados Unidos como vector de su reconstrucción, Europa comenzó a pergeñar la idea de una comunidad continental. Como ha señalado Pierre Gerbet: *"Uno de los móviles más importantes para la realización de la unificación europea fue la toma de conciencia de la debilidad frente al mundo exterior"*[8]. *En dicho contexto EE.UU. presiona a los gobiernos europeos hacia la unidad a la vez que brinda ayuda financiera a los movimientos de promoción de la idea europea*[9].

---

[7] Martínez, Daniel. *El mundo del trabajo en la integración económica y la liberalización comercial. Una mirada desde los países americanos.* Versión preliminar en revisión. Septiembre de 2003. Fases extraídas del nomenclador elaborado por la Organización Mundial de Comercio.

[8] Gerbet, Pierre (1999), *La construction de l'Europe,* Paris, Imprimerie Nationale, segunda parte, pág. 31.

[9] Para un análisis más exhaustivo de este proceso véase Vázquez Mariana (2004). El proceso de integración de la Unión Europea. Ministerio de Relaciones Exteriores, Comercio Internacional y Culto de la República Argentina.

El disparador no podía ser otro que la construcción de un proyecto común sobre la base de los insumos energéticos que más controversias había causado en el continente europeo desde el inicio de la revolución industrial. Como afirma Pierre Gerbet (1999): *"Parecía imposible construir una Europa unida desde arriba, como preconizaban los 'institucionalistas', comenzando por elaborar una constitución federal para establecer un Parlamento Europeo y un gobierno europeo. Era un proceso lógico, pero entonces irrealizable. De allí la idea, que se expandía, de comenzar por lo bajo, desarrollando la cooperación en ciertos sectores limitados, en sectores claves"*[10]. De esa forma, el acuerdo firmado entre Francia y Alemania que diera origen a la Comunidad Económica del Carbón y del Acero, es la causa inicial de lo que hoy se conoce como Unión Europea. El tratado denominado CECA se firma el 18 de abril de 1951 y desde sus principios se preveía una alta autoridad independiente con poderes reales en las áreas del carbón y el acero.

Un segundo impulso a la conformación de la Europa unida es la firma de los Tratados de Roma en 1957, de la Comunidad Europea para la Energía Atómica (EURATOM) y de la Comunidad Económica Europea (CEE), que luego se convertirá en Comunidad Europea. Estos acuerdos tenían como objetivo geopolítico restablecer la importancia de Europa en el escenario internacional así como limitar la tutela que Estados Unidos ejercía desde la finalización del conflicto bélico. El Tratado de Europa dio vida a instituciones de carácter supranacional tales como el Consejo de la Unión Europea, la Comisión Europea, el Parlamento Europeo, el Tribunal de Justicia y el Comité Económico y Social Europeo. Las resistencias provinieron de Gran Bretaña, la cual recién se integró en 1973, simultáneamente al ingreso de Dinamarca y Finlandia.

Con la finalización de la guerra fría y la reestructuración geográfica de Europa, se generaron las condiciones inherentes a la concreción de una unidad económica y social. De esta forma, la firma del Acta Única Europea, el Tratado de Maastricht y el Tratado de Amsterdam aumentan considerablemente el poder legislativo en relación con otras instituciones de carácter ejecutivo, lo cual ha llevado a algunos autores a hablar de bicameralismo casi perfecto[11]. La firma del Tratado de Maastricht o de la Unión

---

[10] Gerbet, Pierre, *op. cit.*, tercera parte, pág. 91.

[11] Véase Quermonne, Jean-Louis, (1998) *Le système politique de l'Union Européenne*, Paris, Montchrestien. Sidjanski, Dusan, (1998) État européen ou Union européenne à vocation fédérales, en *Swiss Political Science Review*, Issue 4, Winter. Hix, Simon, (1999) *The political system of the European Union*, London, MacMillan Press.

Europea (TUE), en febrero de 1992, el cual entra en vigor en noviembre de 1993, se da en un escenario mundial de conmoción y transformación vertiginosa: la caída del Muro de Berlín, el 9 de noviembre de 1989, la unificación alemana, el 30 de octubre de 1990, y la explosión de la URSS, en 1991.

La UE es un proyecto de integración económica y política gradual basada en el principio comunitario, una política exterior y de seguridad común y la cooperación entre los miembros en cuestiones judiciales y de interior. Si bien existen resabios institucionales donde conviven espacios supranacionales e intergubernamentales, los miembros de la Unión Europea fueron rescindiendo atribuciones soberanas tradicionales en aras de la comunidad. Asimismo fue ampliándose el número de miembros con la incorporación de Austria, España, Finlandia, Grecia, Portugal y Suecia.

A finales de la década del '90, la evolución de la Unión Europea comenzó a mostrar fisuras, en particular en lo referente al vínculo entre los países grandes y pequeños, acentuado por los roces diplomáticos entre Alemania y Francia. No obstante, esta situación comenzó a mejorar a partir del 2001, con la estrategia mancomunada de estos países para oponerse en el Consejo de Seguridad de las Naciones Unidas respecto de la situación que derivó en la invasión a Irak, iniciativa desplegada por el antiguo protector de posguerra: Estados Unidos. Esta decisión unilateral, si bien no fue compartida por otros miembros de la Unión Europea, como Gran Bretaña y España –la cual se retiró de la guerra recién en el 2004 y luego de un ataque terrorista en su capital y del cambio de signo político– constituyó un elemento de nuevo acercamiento en el eje franco-alemán.

A diferencia de otros procesos de integración regional, la Unión Europea ha alcanzado importantes avances en materia de creación de instituciones políticas supranacionales. Además los principios fundamentales de la Unión no se limitan a cuestiones económicas sino que avanzan sobre la dimensión social y política. Así, el Tratado de la Unión Europea establece que el respeto de los derechos humanos, los principios de la democracia, la libertad, la igualdad y la no-discriminación constituyen una precondición para la adhesión a la Unión. Se prevén sanciones para los estados miembros que no los respeten, pero su aplicación es muy poco probable en tanto requiere decidirse por unanimidad, con excepción del voto del Estado en cuestión, y no implica tampoco la exclusión, lo que limita su alcance. Por último, se refuerzan las políticas comunitarias en materia de medio ambiente, salud, defensa del consumidor, y se incluye un capítulo sobre empleo, si bien es meramente declarativo. A partir del 2004, la Unión Europea incorporó a Bulgaria, Eslovaquia, Eslovenia, Estonia, Hungría, Letonia, Lituania, Malta, Polonia, República Checa y Rumania. En materia extrarregional, la Unión Europea tiene su mirada en América Latina, particularmente con el Mercosur, donde las negociaciones han recibido algunos traspiés, aunque el proceso se reinició a partir de 2009.

El Mercado Común del Sur –Mercosur–

Podemos encontrar antecedentes del Mercado Común del Sur (Mercosur) en el siglo xx en las frustradas, si bien sumamente importantes, experiencias de la Asociación Latinoamericana de Libre Comercio (ALALC) y de la Asociación Latinoamericana de Integración (ALADI). Ambos proyectos se apoyan en la idea de que la integración regional constituye la mejor estrategia para promover un desarrollo sustentable de los países de la región, frente al agotamiento de la primera etapa del proceso de industrialización sustitutiva de importaciones que éstos habían puesto en marcha a partir de la década del '30.

La ALALC, creada el 18 de febrero de 1960 por el Tratado de Montevideo, constituye el primer acuerdo de su tipo en América Latina: en 1967 ya formaban parte de ella toda Sudamérica y México; no así las Guyanas. Los primeros países firmantes fueron: Argentina, Brasil, Chile, México, Paraguay, Perú y Uruguay, adhiriéndose poco tiempo después Colombia, Ecuador y Venezuela. El acuerdo tenía como objetivo la construcción de un área de libre comercio con un horizonte temporal de doce años para su concreción, con la idea de avanzar posteriormente hacia la conformación de un mercado común. Dadas las dificultades prácticas con las que se iba encontrando la puesta en marcha de los acuerdos, el Protocolo de Caracas, de diciembre de 1969, amplió a veinte años el período de transición. El ALADI fue creado en 1980 y suscrito por Argentina, Bolivia, Brasil, Chile, Colombia, Cuba, Ecuador, México, Paraguay, Perú Uruguay y Venezuela. El ALADI aún sigue vigente y es a través de él que se ha firmado más de 40 acuerdos de alcance subregional o entre dos o más países. El Mercosur se encuadra en este tratado original.

El Mercado Común del Sur (Mercosur) ha sido creado a partir de la firma por parte de la Argentina, Brasil, Paraguay y Uruguay, del Tratado de Asunción en 1991. Ha tomado la forma de una Unión Aduanera imperfecta, pero tiene como objetivo convertirse en un mercado común. Ha estado orientado desde sus orígenes alrededor de un eje centrado en objetivos fundamentalmente económicos. Sin embargo se ha dado, en un proceso de construcción tan breve como reciente, un particular diseño institucional, de carácter intergubernamental. En este sentido, el proyecto se presentó como un proceso reactivo a la globalización. A partir de 1994, el Mercosur comenzó a institucionalizarse a través del denominado Protocolo de Ouro Preto

El órgano superior del Mercosur es el Consejo del Mercado Común (CMC) y a éste le corresponde "la conducción política del mismo y la toma de decisiones para asegurar el cumplimiento de los objetivos y plazos establecidos para la constitución definitiva del Mercado Común". Está integrado por los ministros de Relaciones Exteriores y de Economía de los estados parte. El CMC toma sus decisiones, obligatorias para los estados parte, por consenso y con la presencia de todos ellos. El Grupo Mercado Común (GMC) es el órgano ejecutivo. Está coordinado por los ministerios de Relaciones Exteriores e integrado por cuatro miembros titulares y cuatro alternos por país, que representan a los ministerios de Relaciones Exteriores, los ministerios de Economía o equivalentes, y los bancos centrales. También en este caso las decisiones se toman por consenso y con la presencia de todos los estados parte. La Comisión de Comercio (CCM) es el órgano de apoyo del GMC y debe velar por la aplicación de los instrumentos de política comercial común, acordados por los Estados miembros para el funcionamiento de la Unión Aduanera. Asimismo el Mercosur creó el Parlamento del Mercosur. Finalmente, el Foro Consultivo Económico y Social es " el órgano de representación de los sectores económicos y sociales ". Está integrado por igual número de representantes de cada estado parte, y el tratado le atribuye una función consultiva, que se concreta a través de recomendaciones al GMC, tomadas por consenso[12].

No obstante, su carácter intergubernamental y excesivamente presidencialista fue criticado desde sus inicios y por ello durante el año 2004, y luego del denominado Consenso de Buenos Aires y Acta de Copacabana, firmada inicialmente por la Argentina y Brasil, los estados miembros se comprometieron a una reforma institucional que diera mayor grado de

---

[12] Vásquez, Mariana. (2004) *Notas sobre el rol de la Comisión Parlamentaria Conjunta del Mercosur en el proceso de integración regional*. Ministerio de Relaciones Exteriores y Culto. Argentina.

supranacionalidad y de involucramiento de los actores sociales de la región. Este desafío tenía lugar y fecha, diciembre de 2004, en lo que se denominó Ouro Preto II. Sin embargo, en dicha oportunidad, los estados no avanzaron en todo lo esperado, pero sí dieron origen a un fenómeno inédito de integración regional, aceptando la incorporación como estados asociados a Venezuela, Colombia y Perú. Si a ello sumamos los países ya asociados de antaño, Chile y Bolivia, se da un grado extremo de fragilidad institucional donde los países asociados son más numerosos que los miembros plenos –Argentina, Brasil, Uruguay y Paraguay–. Si bien no existe una ley universal de regionalización, y la asociación se enmarca en el ALADI, el Mercosur deberá elaborar un estatuto jurídico novedoso, sobre todo, cuando los miembros plenos han concebido a la integración como un objetivo estratégico tanto en los aspectos económicos como en los sociales y políticos. En otras palabras, Mercosur se autodefine como una experiencia que comenzó como estrategia defensiva a la globalización y hoy se expresa como forma proactiva de desarrollo regional, pero que permite generar instrumentos reactivos a ciertos proyectos de libre comercio que acarrearía perjuicios para la región. En dicho marco, es indudable, la influencia que ejerce este bloque para contrarrestar el otro proyecto continental, el ALCA.

Se ha afirmado incluso que los rasgos centrales del proceso de integración en el marco del Mercosur dan cuenta de un tipo extremo de intergubernamentalismo, denominado *interpresidencialismo*. No se trata solamente de un sistema institucional intergubernamental, sino que se concentra la toma de decisiones en los poderes ejecutivos, reforzando los rasgos centrales de la forma de gobierno en la región.

El análisis en el Mercado Común del Sur (Mercosur) permite inferir que su construcción expresó desde su normativa primigenia un carácter intergubernamental cuyo objetivo parecía estar asociado con la liberalización comercial, subestimando la dimensión productiva y social de la integración. Evidentemente, los objetivos fijados para la etapa de transición incluso al día de hoy no han sido alcanzados plenamente. El Mercosur continúa siendo una zona de libre comercio incompleta, aunque la libre circulación de bienes contemple la casi totalidad de la pauta aduanera. Luego de más de una década, el Mercosur ha avanzado en otros aspectos, en gran parte como mérito de los actores sociales involucrados en los órganos consultivos del Mercosur, sobre todo del sector sindical.

Tratado de Libre Comercio de América del Norte (TLCAN)

El acuerdo se firmó en 1992 entre Estados Unidos, Canadá y México en diciembre de 1992 y entró en vigencia a partir de 1994. Tiene por finalidad eliminar las barreras al comercio, facilitar el movimiento transfronterizo de bienes y servicios entre países, promover la competencia, la inversión y asegurar los derechos de propiedad intelectual. A partir de 1998 se derogaron los aranceles de 600 bienes, mucho antes de lo previsto originalmente, y actualmente casi la totalidad de los productos carece de aranceles intrabloque. El TLCAN fue complementado por dos acuerdos paralelos adicionales referidos al medio ambiente y a las normas laborales. Esto incita a considerar que, si bien no fue concebido inicialmente en su dimensión social, éste vino de suyo, y a través de la presión ejercida especialmente por las organizaciones sociales y sindicales de la región, los gobiernos debieron atender y legislar al respecto. No obstante, es de destacar que los estándares mínimos laborales en México y en Estados Unidos resultan insuficientes si se los compara, por ejemplo, con América del Sur, inclusive en el último país es un caso atípico de no ratificación de los derechos del trabajo mínimos establecidos en la Organización Internacional del Trabajo (OIT). Lo antedicho genera una gran incertidumbre respecto de los pisos alcanzados en materia de empleo y trabajo y amenaza una flexibilización mayor en el resto del continente, si este tipo de cláusulas tienden a homogeneizar a la baja la normativa existente.

La Comunidad Andina de Naciones (CAN)

El acuerdo original contemplaba una unión aduanera andina como primer paso hacia la creación de un mercado común latinoamericano. El Grupo Andino, antigua denominación del bloque regional, fue creado en 1969 y tenía como miembros fundadores a Bolivia, Chile, Colombia, Ecuador y Perú y tuvo la incorporación posterior de Venezuela; sin embargo, el proceso de integración perdió muy pronto la iniciativa y Chile se retiró en 1976. A partir de la década de los '90, y con el auge de los procesos integracionistas, el CAN volvió a estar en la agenda de sus países miembros. A partir de 1992, establecieron un arancel externo común. Actualmente el CAN es uno de los acuerdos regionales más institucionalizados que involucra a países en vías de desarrollo, y el libre comercio intrarregional se aplica de forma generalizada a toda una gama de aranceles. Asimismo han avanzado en la coordinación de política macroeconómica. Uno de los aspectos más destacables en el último período es el acuerdo de libre comercio firmado entre el Mercosur y el CAN en el

2004. Si bien constituye un proyecto económico, las cláusulas del acuerdo alcanzan también un carácter social y político, en la medida en que se enmarca en el proyecto de creación de la Comunidad Sudamericana de Naciones.

Mercado Común Centro Americano (MCCA)

Este bloque fue creado en 1960 constituido por Costa Rica, El Salvador, Guatemala, Honduras y Nicaragua. El tratado general contemplaba la creación de un mercado común, que originalmente comenzaría a funcionar en los cinco años subsiguientes a la firma; sin embargo, tal como ocurrió en el resto de América Latina, el proceso quedó congelado debido a los conflictos políticos de los países miembros y a la crisis de la deuda externa. En 1993, estos países resucitarían el espíritu integracionista a través del Protocolo de Guatemala, que sentaba las bases para la integración económica en el marco del Sistema de Integración Centroamericana (SICA). En los años subsiguientes, Panamá y Belice adhirieron al bloque. Actualmente, la liberalización económica avanzó en casi un 80% del arancel externo común y el comercio intrarregional se ha abierto en casi todos los productos, salvo aquellos de carácter excepcional como el café y el azúcar. Uno de los problemas más importantes para los miembros de este bloque es la adopción unilateral de los países de firmar acuerdos de libre comercio con Estados Unidos. A pesar de la gran resistencia civil, países como Nicaragua, Guatemala, El Salvador han suscripto estos tratados, algunos de los cuales aún no han sido ratificados por el Congreso norteamericano. Estos tratados carecen de cláusulas sociales y tendrán como consecuencia la aplicación de dumping social, que perjudicará gravemente la ya de por sí endeble estructura industrial de la región. La aceleración de las firmas de estos tratados se debe a una estrategia norteamericana ante el debilitamiento del proyecto del ALCA. Es decir, la política para América Latina de Estados Unidos ha mostrado un viraje frente a la resistencia civil, y especialmente gubernamental por parte del Mercosur, del avance de un gran tratado a nivel continental. Ante la disyuntiva de retroceder en su política para América Latina y el Caribe, Estados Unidos optó por fragmentar los acuerdos y establecer a nivel de estados nacionales, debilitando con ello la oposición regional. No obstante, hacia el interior de sus propias fronteras, los tratados de libre comercio, que antaño contaban con el beneplácito de los ciudadanos y de la dirigencia política norteamericana, actualmente se halla muy cuestionada.

Comunidad del Caribe (CARICOM)

En 1989 los países del Caribe –Antigua y Barbuda, Bahamas, Barbados, Belice, Dominica, Granada, Guyana, Haití, Jamaica, Montserrat, San Vicente y las Granadinas, Santa Lucía, San Kitts y Nevis, Surinam y Trinidad y Tobago– acordaron crear un mercado y una economía únicos que suponían la eliminación de obstáculos al comercio de bienes y servicios, la libre circulación de trabajadores calificados, el fin de las restricciones a los movimientos del capital, un arancel externo y una política comercial comunes, y una mayor coordinación en otras esferas de la política económica. Actualmente, el arancel externo común se aplica en 10 de los 15 países, con varias excepciones nacionales. Por otra parte este proceso de libre comercio se ve afectado, al igual que en el caso del MCCA, por la facultad soberana de los países miembros de negociar acuerdos comerciales bilaterales con terceros países, tendencia que se profundiza por la política exterior norteamericana para el Caribe, ya de antigua data.

Unión de Naciones Suramericanas - UNASUR

La Unión de Naciones Suramericanas, UNASUR, es una comunidad política y económica conformada por los doce países sudamericanos. Fue constituida como Comunidad Sudamericana de Naciones (CASA), en Cuzco, Perú, el 8 de diciembre de 2004, en la ocasión de la III Reunión de Presidentes de América del Sur. Posteriormente, los días 29 y 30 de diciembre de 2005 se llevó a cabo, en la ciudad de Brasilia, la Primera Reunión de Jefes de Estado de la CASA, en cuyo marco fuera aprobado, entre otros, el Programa de Acción de la citada Comunidad[13].

---

[13] De dicho Plan de Acción surgen encomiendas para las Secretarías de los Organismos de Integración Regional (ALADI, CAN y Mercosur), que implican la revisión y análisis de temas institucionales y normativos sobre los cuales existen mandatos expresos de convergencia por parte de los primeros mandatarios de los países de América del Sur. Con el objetivo de dar cumplimiento a las encomiendas antes mencionadas, las secretarías de la ALADI, de la CAN y del Mercosur, iniciaron un trabajo conjunto a través de la celebración de una serie de reuniones y talleres, a efectos de analizar los siguientes temas: a) aspectos normativos e institucionales en las áreas prioritarias de la Comunidad Sudamericana de Naciones; b) contenido de la asociación recíproca; y c) análisis comparado jurídico-institucional de los Acuerdos de Complementación Económica entre los países de América del Sur. Dicho documento será considerado en la próxima Reunión de Jefes de Estado de la Comunidad Sudamericana de Naciones. Dicho documento se presenta como anexo al final de este informe.

El propósito de la UNASUR es conformar un espacio sudamericano integrado en el ámbito político, social, económico, ambiental y de infraestructura, con miras a eliminar la desigualdad socioeconómica, lograr la inclusión social y la participación ciudadana, fortalecer la democracia y reducir las asimetrías en el marco del fortalecimiento de la soberanía e independencia de los Estados. Los principios y la orientación política básica de la Comunidad están establecidos en la Declaración de Cuzco y en la Declaración de Ayacucho.

UNASUR se ubica en un área geográfica de 17,7 millones de km². Tiene una población estimada en 361 millones de personas, la cuarta parte mundial, y un PIB de 973.613 millones de dólares, con lo cual se constituye como quinta potencia mundial.

Integran UNASUR: Miembros de la Comunidad Andina (CAN): Bolivia, Colombia, Ecuador, Perú; los miembros del Mercosur son la Argentina, Brasil, Paraguay, Uruguay, Venezuela; los miembros de otros países son: Chile, Guyana, Surinam, y como miembros observadores: México y Panamá.

La sede de UNASUR (secretaría general) tendrá sede permanente en la ciudad de Quito, Ecuador. El secretario ejecutivo es el ex presidente ecuatoriano (1988-1992) Rodrigo Borja Cevallos, mientras que el Parlamento de la comunidad se localizará en la ciudad de Cochabamba, Bolivia.

El 17 de abril de 2007, los presidentes crearon el Consejo Energético de Suramérica, integrado por los Ministros de Energía de cada país, para que, en base a los principios señalados en la Declaración de Margarita, presentaran una propuesta de lineamientos de la Estrategia Energética Suramericana, del Plan de Acción y del Tratado Energético de Suramérica. Sin embargo, el proyecto más ambicioso que ha logrado un nivel de concreción mayor, en la corta historia del UNASUR, es el Banco del Sur.

El ALCA

El ALCA constituyó el proyecto de libre comercio más importante en términos de población y del impacto tanto en el ámbito continental americano como en el comercio internacional. El ALCA se generó simultáneamente con el inicio del proceso de Cumbres de las Américas en 1994. Las Cumbres de las Américas es un ámbito de decisiones hemisféricas relativamente autónomo de la OEA, aunque enhebrado con la misma a través de la Secretaría del Proceso de Cumbres[14]. Nacido bajo el signo del ALCA en el momento de máximo auge del neoliberalismo en los '90, el proceso de Cumbres ha ido reflejando las contradicciones del proyecto inicial y las aspiraciones y nuevos puntos de vista de los pueblos y naciones de América Latina y el Caribe. Las Cumbres expresaron en todas las oportunidades que se reunieron que el tema sobresaliente de la agenda era la constitución definitiva del ALCA; no obstante a lo largo de las tres cumbres efectuadas, y la cumbre extraordinaria de Monterrey, la línea de acción fue variando como consecuencia de los cambios políticos y sociales en América Latina, y en especial en el Cono Sur.

Cumbre de las Américas

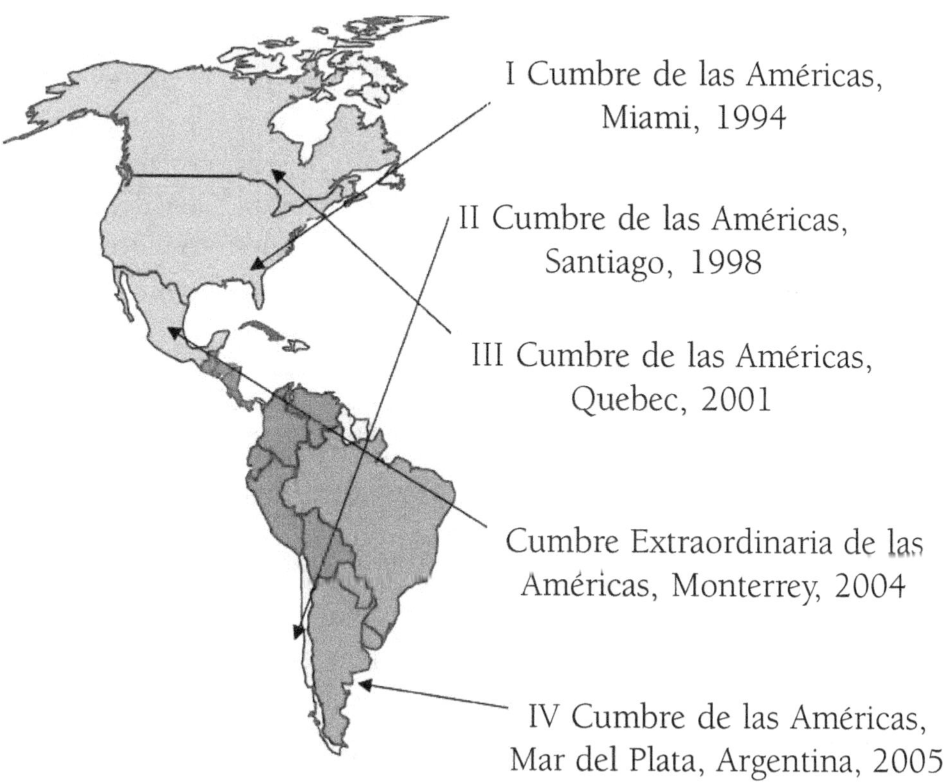

---

[14] Véase su sitio-web www.cumbresdelasamericas.org). El proceso de Cumbres de las Américas ha generado un organismo específico, el GRIC (Grupo de Revisión de la Implementación de Cumbres), formado por representantes de los ministerios de Relaciones Exteriores de cada uno de los países de la Cumbre. La función del GRIC es preparar las cumbres y seguir los progresos logrados en el cumplimiento de sus decisiones.

La Campaña de "No al ALCA" expresó acertadamente la voluntad de los pueblos de América Latina y el Caribe del rechazo a las políticas neoliberales, bajo la percepción de que éstas beneficiaron a unos pocos y agravaron las condiciones de vida y trabajo de la mayor parte de las sociedades. La conformación de la Alianza Social Continental, en Seattle, los cambios políticos en muchos países latinoamericanos y los nuevos alineamientos en todo el continente señalan la posibilidad de otros rumbos. Una muestra acabada de la presión de la sociedad civil lo constituye la Cuarta Cumbre de las Américas que se realizará en Mar del Plata (Argentina) en 2005. Ésta era la elegida originalmente en la Primera Cumbre de 1994 (Miami) para establecer el Área de Libre Comercio de las Américas (ALCA), sin embargo, la Cumbre de las Américas de Mar del Plata sumerge de su agenda la constitución del ALCA, y se realizará bajo el lema *"Crear Trabajo para Enfrentar la Pobreza y Fortalecer la Gobernabilidad Democrática"*. Este cambio no debe valorarse como un triunfo definitivo de la sociedad civil frente a los imperativos del mercado, menos aún como un triunfo sobre la política exterior norteamericana; ya se ha expresado en este artículo que la administración republicana de Estados Unidos avanzó en la concreción de acuerdos bilaterales, en parte ante la ralentización del ALCA. En todo caso, la hipótesis que intenta enhebrar este artículo es que el nuevo regionalismo trae aparejado ambiguas respuestas a la globalización. Por un lado, puede, como en el caso del Mercosur, devenir en un proyecto de carácter político estratégico, pero con muchas limitaciones por su carácter intergubernamental y por su posición periférica frente a la fortaleza de los países desarrollados. Por el otro, las propias acciones reactivas frente al ALCA han derivado en lo que se ha denominado un *spaghetti bowl* que consiste en la proliferación de acuerdos bilaterales, solapados con procesos de integración regional y acuerdos de libre comercio que pueden acarrear obstáculos muy importantes a la hora de diseñar estrategias comunes en ámbitos supranacionales como la Organización Mundial del Comercio. Por otra parte, este *spaghetti bowl*, en vez de generar condiciones para la unión, históricamente proclamada de los países de América Latina, genera mayor fragmentación económica y geopolítica.

Spaguetti Bowl

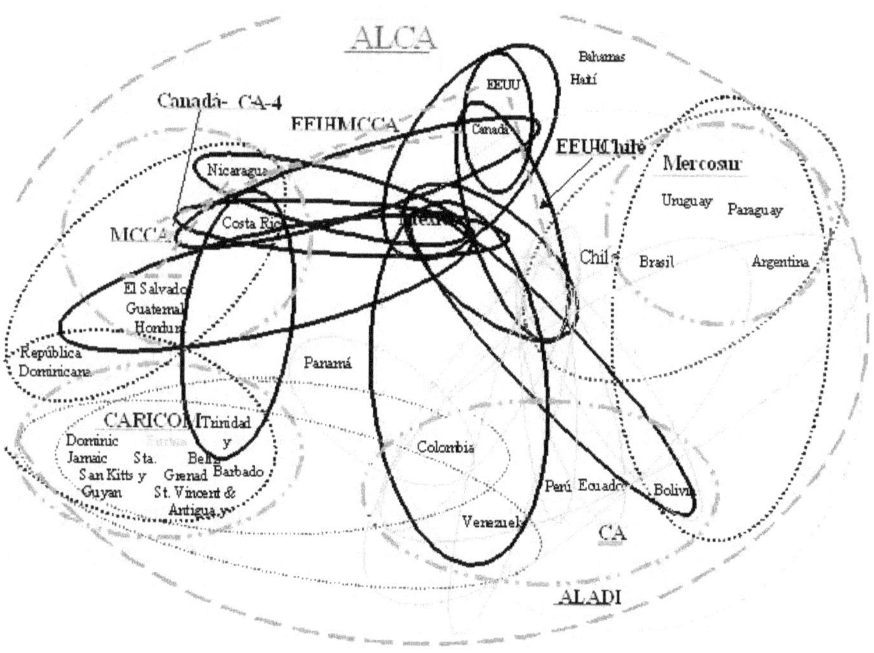

Las instituciones financieras internacionales

El FMI

El FMI es la institución central del sistema monetario internacional, es decir, del sistema de pagos internacionales y tipos de cambio que agiliza la actividad económica entre los países. De acuerdo con su Convenio Constitutivo, el FMI tiene como finalidad evitar las crisis en el sistema, alentando a los países a adoptar medidas de política económica equilibradas y actuando como un fondo común al cual los países miembros pueden acudir en caso de necesitar un financiamiento temporal con el objetivo de superar los problemas de la balanza de pagos. A pesar de estos objetivos fundacionales, es ampliamente aceptado que este organismo carece de un sistema multilateral democrático en la toma de decisiones y que su actual estructura no se corresponde con la participación económica de los países en el concierto mundial.

Una breve mirada sobre esta institución nos permite describir el déficit democrático que caracteriza al FMI. Según muestra el gráfico 3, el Grupo de los 8, que componen los países más desarrollados del mundo, ostenta el 48,82% de los votos. El poder de votación, tanto en la Junta de Gobernadores como en el Directorio Ejecutivo de este organismo, no responde al principio de un miembro-un voto, sino a un régimen ponderado en relación con la cuota que aporta cada país miembro. Cada país tiene 250 votos, más un voto adicional por cada porción de su cuota equivalente a cien mil derechos especiales de giro (DEG). Además, un país cuya cuota alcanza el 15% obtiene poder de veto; sólo los EE.UU., con 16,77%, cuentan con este poder. No obstante, el Fondo expresa en sus documentos que las decisiones raras veces se toman mediante una votación formal, sino que habitualmente se obtienen por consenso.

De acuerdo con el Convenio Constitutivo, los fines del Fondo Monetario Internacional son:

1. Fomentar la cooperación monetaria internacional por medio de una institución permanente que sirva de mecanismo de consulta y colaboración en cuestiones monetarias internacionales.

2. Facilitar la expansión y el crecimiento equilibrado del comercio internacional, contribuyendo a alcanzar y mantener altos niveles de ocupación y de ingresos reales, y a desarrollar los recursos productivos de todos los países miembros.

3. Fomentar la estabilidad cambiaria y procurar que los países miembros mantengan regímenes cambiarios ordenados, evitando devaluaciones competitivas.

4. Coadyuvar a establecer un sistema multilateral de pagos para las transacciones corrientes que se realicen entre los países miembros, y eliminar las restricciones cambiarias que dificulten la expansión del comercio mundial.

5. Infundir confianza a los países miembros, poniendo los recursos generales del Fondo temporalmente y garantías adecuadas a su disposición, dándoles así oportunidad para corregir los desequilibrios de sus balanzas de pagos.

6. Acortar la duración y reducir los problemas de balanza de pagos.

Composición del directorio por votos
FMI - 2008

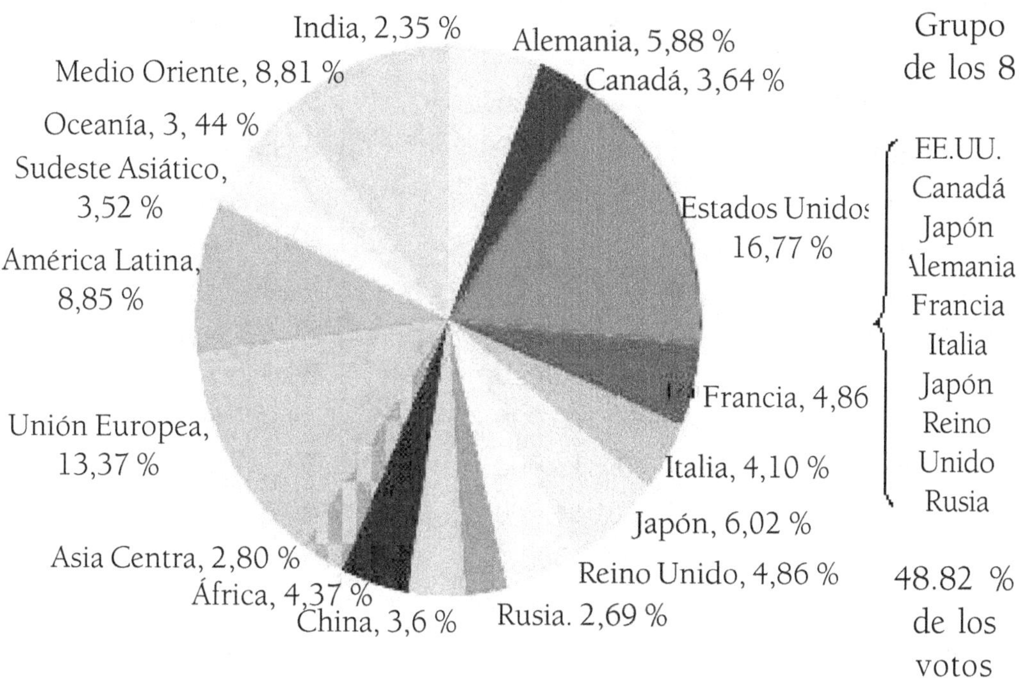

Fuente: Elaboración propia en base a datos IMF - 2009.

Es evidente que todos estos objetivos no solamente no fueron cumplidos en las últimas tres décadas, sino que además, el FMI constituyó para los países en desarrollo uno de los principales promotores de las políticas procíclicas que generaron recurrentes crisis en las economías emergentes y que hoy implosionan en el núcleo central de las potencias económicas. Ante la actual crisis, el G 20 tuvo la oportunidad histórica de modificar tanto la estructura como la posibilidad de reorientar las funciones, pero hasta la última reunión (Londres, Abril de 2009) las economías avanzadas y las emergentes participantes en dicha reunión no consideraron que éste fuera el problema principal. Las instrucciones indicadas por el G 20 se orientaron a brindar mayor liquidez monetaria a este organismo para cumplir la función de reequilibrar el sistema multilateral de pagos para los países más endeudados. El problema de la deuda externa aqueja actualmente más a los países desarrollados que a los países no desarrollados, tal como se resume en el cuadro 1.

Países	Deuda nominal en millones de dólares	Porcentaje de la deuda sobre PBI
Deuda mundial en millones de dólares		69,68%
Estados Unidos	$13.703.567	99,95%
Reino Unido	$10.450.000	374,96%
Alemania	$4.489.000	159,92%
Francia	$4.396.000	211,86%
Holanda	$2.277.000	352,75%
Irlanda	$1.841.000	960,86%
Japón	$1.492.000	34,93%
Suiza	$1.340.000	441,95%
Bélgica	$1.313.000	348,74%
España	$1.084.000	79,65%
Italia	$996.300	55,35%
Australia	$826.400	106,91%
Canadá	$758.600	59,69%
Austria	$752.500	233,70%
Suecia	$598.200	176,72%
Hong Kong	$588.000	200,48%
Dinamarca	$492.600	242,30%
Noruega	$469.100	190,23%
China	$363.000	5,11%
Rusia	$356.500	17,00%
Finlandia	$271.200	143,95%
Turquía	$247.100	28,94%
Brasil	$229.400	12,41%
Corea del Sur	$220.100	18,25%
México	$179.800	13,29%
Polonia	$169.800	27,25%
India	$149.200	5,03%
Indonesia	$140.000	16,59%
Argentina	$135.800	25,80%
Hungría	$125.900	65,68%

Esta prelación de acuerdo con el monto de la deuda externa nacional no es por sí sola una variable para el análisis de la economía nacional, en primer lugar porque gran parte de esta deuda es de privados, y pero por sobre todo porque la capacidad de pago de los países desarrollados es superior a la de los países en vías de desarrollo. El interrogante de la economía moderna se resume también en la expectativa de que los inversores posean respecto del crecimiento sostenido e indefinido por parte de dichos países. En una economía mundial en recesión, todos estas variables se retroalimentan negativamente, más aún si se tiene en cuenta que la crisis estalla en los países desarrollados.

El Banco Mundial

Similar evolución de los organismos de Bretton Woods observa el Banco Mundial. Creado en 1944, está integrado por los mismos 184 países miembros que el Fondo Monetario Internacional (FMI). El BIRF, popularmente conocido como Banco Mundial, otorga normalmente créditos a largo plazo, de hasta veinte años para proyectos de desarrollo que se encuadran en distintas categorías: específicos, sectoriales, así como para otorgar créditos al sector privado a través de instituciones financieras, para asistencia técnica o asistencia para emergencias. Los proyectos financiados pueden ser del sector energético, de infraestructura (construcción de puertos, carreteras sistema de aducción de aguas, centrales eléctricas), educativos, de sanidad, desarrollo urbano y rural, población, telecomunicaciones, industrias de base, desarrollo industrial, mejora agraria, urbanización, etc. Con las utilidades que obtiene el BIRF reinvierten en distintas actividades de desarrollo y se asegura la solidez financiera de la institución, lo que le permite obtener empréstitos de bajo costo en los mercados de capital y ofrecer condiciones "blandas" a los prestatarios. El BIRF es de propiedad de los países miembros y, al igual que el FMI, vincula los derechos de voto a las suscripciones de los miembros al capital existente las que a su vez se basan en la solidez económica relativa de cada país. Si bien el BIRF no busca maximizar sus utilidades, ha obtenido ingresos netos todos los años desde 1948.

El Banco Mundial es una institución crediticia cuyo objetivo es ayudar a integrar a los países en la economía mundial y promover un crecimiento económico a largo plazo que permita reducir la pobreza. Para esto otorga créditos a los países en desarrollo que se aplican en proyectos que tengan alta prioridad, que parezcan aptos para recibir financiamiento del Banco. Los estudios del país son desarrollados por el país o, en su defecto, por medio de uno de los programas de cooperación del Banco financiados por el Programa de las Naciones Unidas para el Desarrollo (PNUD). Una vez identificado el proyecto se pasa a una segunda etapa de preparación. Comienza un período prolongado –de uno o dos años por lo general– en estrecha colaboración entre el Banco y el prestatario. Se prepara un documento de datos básicos para cada proyecto, en el que se describen sus objetivos, se identifican los aspectos principales y se establece el calendario para su ulterior tramitación. A medida que el proyecto cobra forma y que los estudios están a punto de terminarse, se pasa a la tercera etapa que fija la fecha para la evaluación inicial que es responsabilidad del Banco únicamente. Las negociaciones y presentación al Directorio representan la etapa en la cual el Banco y el prestatario tratan de llegar a un acuerdo sobre las medidas necesarias para asegurar el éxito del proyecto. Estos acuerdos se convierten luego en obligaciones legales, manifestadas en los documentos del préstamo o crédito donde se definirán los objetivos financieros generales y se especificarán la tasa de rentabilidad del proyecto. La siguiente etapa es la de ejecución y supervisión La ejecución es naturalmente responsabilidad del prestatario, con la asistencia que se haya acordado con el Banco, que puede tomar la forma de estudios de organización, capacitación de personal, servicios de administradores extranjeros o consultores para ayudar a vigilar la construcción. La última etapa es la evaluación *ex post*, que a fin de garantizar su independencia y objetividad lo realiza un órgano especializado.

Sin embargo, en la práctica, y luego de que estas instituciones fueran co-ejecutoras de proyectos de políticas públicas que determinaron crisis endémicas en numerosos países, el Banco Mundial ha ido mutando en algunos de sus procesos de otorgamiento, monitoreo y ejecución de préstamos. Asimismo, y como se verá en los capítulos subsiguientes, ha intentado legitimar gran parte de sus políticas a través de la encuentros con grupos de la sociedad civil, en particular ONGs. Este mecanismo se asocia a la perspectiva que los organismos internacionales tienen de gran parte de las instituciones sociales tradicionales, tales como los sindicatos, o de las propias instituciones políticas, tales como son el Parlamento, como órgano donde reside la soberanía popular.

El BID

En el contexto de la posguerra y del inicio de la guerra fría con la creación del FMI y del Banco Mundial, la integración del continente americano bajo la hegemonía de los EE.UU. iniciada en el siglo XIX continuó inicialmente con la creación, en 1948, de la Organización de los Estados Americanos (OEA) como organismo jurídico-militar. Pero ya en 1949 el presidente Truman planteó la necesidad de hacer más accesibles a los países menos avanzados los beneficios del progreso económico y tecnológico, lo que llevó a la creación del Banco Interamericano de Desarrollo (BID) en 1959, año de la revolución cubana, como el primero de varios bancos de desarrollo regional. Cuando se fundó, en la reunión anual de la OEA de 1961, en el marco de la "Alianza para el Progreso", el BID fue el encargado de asignar los recursos destinados al Fondo Fiduciario de Progreso Social, proyectos de colonización y mejor uso de la tierra, vivienda para los sectores de bajos ingresos, facilidades comunales sanitarias y de suministro de agua, así como la educación superior y el entrenamiento avanzado. De esta manera el BID ayudaba a financiar grandes proyectos desarrollistas, correspondientes a la profundización de la estrategia de profundización de la sustitución de importaciones en los países semiindustrializados que así esperaban ponerse a la par de los países de avanzado desarrollo.

En el momento de su creación, los miembros del BID eran 19 países latinoamericanos y del Caribe, y los EE.UU. Más adelante se integraron los restantes países de la OEA y países extrarregionales. Hoy el BID tiene 46 países miembros, de los cuales 26 son países prestatarios de América Latina y el Caribe y 20 países no prestatarios.

En el marco de un conjunto de programas nacionales y regionales, el BID otorga préstamos a los países latinoamericanos, tanto al sector público como —en menor medida— al sector privado, destinados a la concreción de proyectos de infraestructura (transporte, comunicaciones, energía, salud, educación, etc.) y de desarrollo productivo en la agricultura y pesca, industria y turismo.

En la última década, el BID intervino crecientemente en procesos de reforma del Estado en casi todos los países de la región. Al igual que el Banco Mundial, el BID solamente aporta una parte del costo de los proyectos (aproximadamente oscila en un 40%) y los recursos restantes deben ser aportados por los prestatarios desde otras fuentes de financiamiento.

Desde la crisis del tequila en 1994 y del real en 1999, las políticas de las instituciones financieras multilaterales se han encontrado con fuertes críticas por su evidente ineficacia para contrarrestar desequilibrios macroeconómicos y promover el desarrollo en los países de la región, lo cual llevó a que el BID establezca como sus dos objetivos principales de su estrategia institucional la equidad social y la reducción de la pobreza, por un lado, y el crecimiento ambientalmente sostenible por otro. La estructura del BID es muy similar a la del FMI y del Banco Mundial: representantes de las autoridades económicas y técnicos de los países miembros integran los distintos órganos de decisión con un poder de voto que depende de la cuota de acciones que el país posee en el Banco. A pesar que la mitad de su capital proviene de países latinoamericanos, los EE.UU. es el país que realiza el mayor aporte individual de capital y concentra, en consecuencia, casi un tercio de los votos en la Asamblea de Gobernadores y el Directorio Ejecutivo. La cantidad máxima de acciones que puede suscribir cada país miembro se deriva de los porcentuales definidos en el Convenio Constitutivo del año 1959 y sus enmiendas. El Convenio Constitutivo reserva a los países miembros regionales en vías de desarrollo un mínimo del 53,5% de la totalidad de votos, 34,5% a los EE.UU. y 4% a Canadá[15].

El Comité de Estabilidad Financiera (FSB)

Este organismo fue creado en 1999, luego de la crisis económica asiática; formado por las autoridades financieras nacionales, los ministros de economía, los Bancos Centrales, los supervisores y autoridades regulatorias, las IFIS, y el Comité de expertos de los Bancos Centrales, tiene como mandatos fundamentales:

· Observar la vulnerabilidad del sistema financiero, identificando las necesidades nacionales de financiamiento a corto plazo.

· Promover la coordinación e información de las autoridades nacionales con el objeto de colaborar con la estabilidad financiera mundial.

· Monitorear y observar a los países en desarrollos y en particular sobre su política regulatoria.

· Monitorear las mejores prácticas financieras.

· Rever las estrategias de políticas de desarrollo.

· Operar con los planes de contingencia, crisis de gerenciamiento, particularmente de las firmas más importantes.

· Colaborar con el FMI en la conducta del Ejercicio de Alerta temprano.

Esta entidad tiene jurisdicción sobre la Argentina, Australia, Brasil, China, Canadá, Francia, Hong Kong, India, Indonesia, Italia, España, entre otros; los países miembros se comprometen por su parte al a) mantenimiento de la estabilidad financiera; b) comprometer la

---

[15] Para mayor información sobre el BID: www.iadb.org

transparencia del sector financiero; c) implementar estándares financieros internacionales.

Habida cuenta de la actual crisis económica internacional, se puede observar que esta institución, creada para prevenir las crisis, no ha logrado sus objetivos fundacionales. Ello se debe a varias razones, pero la principal, radica en que dicha institución posee poca incidencia en el marco de las instituciones financieras internacionales. Más allá de esta primera consideración, el FSB establece en su propia filosofía económica, el mantenimiento de políticas procíclicas, fortaleciendo la vulnerabilidad del propio sistema capitalista.

La crisis económica internacional – La emergencia del G20

La vertiginosa expansión de la crisis económica originada en los países desarrollados, en particular en Estados Unidos, y que en poco tiempo arrasó con toda la economía global, evidencia la interconexión existente a escala mundial y por tanto la necesidad de una reforma profunda del sistema multilateral mundial. La crisis se origina en los países desarrollados, sus ciudadanos la viven como si fuera un elemento novedoso que irrumpe en sus vidas de forma inédita y sin aviso. La Organización Internacional de Trabajo estima que, durante el 2009, unos 59 millones de trabajadores/as quedarán desocupados/as, sobre todo en países en vías de desarrollo. En los países desarrollados el desempleo trepa a tasas de dos dígitos y muchos han perdido sus ahorros con el colapso del sistema financiero. Hasta la fecha, la gestión de las sucesivas crisis en las economías emergentes en la era de la globalización se caracterizaron por políticas de ajuste estructural y blindajes al sector financiero, flexibilización laboral y políticas sociales focalizadas para los pobres e indigentes.

Desde una perspectiva democrática, la respuesta a la crisis debiera contemplar todas las voces, es decir, la participación de toda la comunidad internacional. En dicho sentido, el G20 es un espacio que a simple vista cuantitativa expresa mayor representatividad que el G8, pero aún quedan 172 países sin representación. Y en ello radica la crisis de legitimidad democrática de la globalización. Gran parte de estos países sin voz en el diseño de estructura financiera global son los que sufren las mayores consecuencias de pobreza y de desempleo[16].

---

[16] Stiglitz, J. (marzo, 2009) Comisión de Expertos, Recomendaciones a la ONU. Follow-up to and implementation of the outcome of the 2002 International Conference on Financing for Development and the preparation of the 2008 Review Conference Recommendations by the Commission of Experts of the President of the General Assembly on reforms of the international monetary and financial system Note by the President of the General Assembly.

El G20[17] se reunió desde los comienzos de la crisis en dos oportunidades, y lo volverá hacer durante el mes de septiembre de 2009 en Pittsburg. La primera reunión realizada en Washington dejó varios sinsabores a los países en desarrollo. Esto se debió a que los países más desarrollados se negaron a realizar un Plan de Acción en un tiempo de incertidumbre, sobre todo porque Estados Unidos se encontraba en transición de la primera magistratura, con un cambio de signo político, que generó muchas expectativas para la totalidad del orden mundial. La segunda cita del G20, en Londres, realizada en abril de 2009, constituye un ejemplo sintomático del déficit democrático del orden mundial y de las evaluaciones que los líderes mundiales realizan sobre el origen de la crisis, y cuales deben ser los instrumentos para retornar a una senda de crecimiento económico. Las medidas concretas que se adoptaron en dicha Cumbre son: el aporte de un fondo común de un billón de dólares para estimular el comercio y una promesa incierta en el tiempo de limitar el secreto bancario. El FMI fue el protagonista fundamental de la Cumbre, pero lejos de adoptar decisiones a corto plazo para limitar el control de la Unión Europea sobre las cuotas/voto (tal como se analizó en el acápite 3) esta reforma se postergó para el 2011. Los desembolsos estuvieron destinados a los países del Este (en particular Letonia, Estonia) por ser considerados los más afectados por la crisis. Similar ambigüedad se observa en el tratamiento sobre las reformas del Banco Mundial, donde el compromiso del G20 es analizar cambios en las cuotas/votos para el 2010. En el abordaje sobre la evolución del comercio y en particular el rol de la OMC, los líderes confirmaron su vocación por el libre comercio y su rechazo explícito al proteccionismo. Proteccionismo que ocupa un lugar central en las economías de los países de la Unión Europea, más que de los países en vías de desarrollo. El G20 ha pactado no incurrir en medidas proteccionistas para hacer frente a la crisis a escala local. Dos de los compromisos pactados más importantes son el de *no devaluar las divisas nacionales* para competir de forma desleal y "minimizar" que los *planes de rescate de la banca nacional* supongan competencia desleal con las operaciones extranjeras. Respecto a la *Ronda de Doha* de la Organi-

---

[17] El G 20 está formado por Alemania, Canadá, Estados Unidos, Francia, Italia, Japón, Reino Unido, Rusia, Arabia Saudita, Argentina, Australia, Brasil, China, India, Indonesia, México, República de Corea, Sudáfrica, Turquía. El integrante 20 es la Unión Europea. España y Holanda fueron invitadas a las últimas dos cumbres a título individual, no obstante están representadas por la UE.

zación Mundial del Comercio, para intentar liberalizar el comercio internacional, el G20 reiteró su "compromiso" para alcanzar un acuerdo.

La Ronda de Doha amerita un párrafo de evaluación. En efecto, en la OMC, todos los países están representados, y por ello, a simple vista, se podría expresar un sistema más democrático. Sin embargo, en la práctica, las asimetrías existentes, tanto en materia de recursos técnicos como de recursos humanos en general, impactan directamente en los resultados de las negociaciones de la OMC. En definitiva, aun cuando la representación de los países miembros sea igualitaria, en las negociaciones concretas, el peso de los países desarrollados, con el apoyo de equipos profesionales técnicos muy amplios, no resulta igual al de los países en vías de desarrollo, que muchas veces ni siquiera pueden costear el viaje a la sede de la OMC.

Es cierto que la crisis de la OMC, en noviembre de 2008, se debió en parte a la negativa de los países del NAMA 11[18], más allá de los escasos acuerdos alcanzados en agricultura. El director de la OMC, Pascal Lamy, apeló a todas las estrategias para alcanzar un acuerdo, pero en el eje de la tormenta de la crisis, nada pudo hacer para contrarrestar las dificultades y las negociaciones que recién se retomarán en el último trimestre de 2009.

En el mes de julio se reunió la Cumbre del G8[19], en L'Aquila. La Cumbre se celebró en un contexto de temor ante una posible escalada de la crisis global del empleo, pese a informes de 'nuevos brotes' económicos. La Cumbre publicó una declaración económica de 40 páginas titulada "Liderazgo responsable para un futuro sostenible", compuesta de las siguientes secciones: *Crisis económica y financiera: el camino hacia la recuperación, Explotación sostenible de los recursos naturales; Cambio climático, energía y tecnología limpias; y Desarrollo y África.* Se publicaron asimismo declaraciones separadas sobre el agua y sobre agricultura y seguridad alimenticia, así como una declaración conjunta con el G13 sobre la *"Promoción de la Agenda Global"* y sobre Cambio Climático. La declaración económica de la Cumbre "Liderazgo responsable para un futuro sostenible" no establece las acciones prioritarias que deben

---

[18] NAMA: Productos Manufacturados no agropecuarios. Por su siglas en Inglés (AMNA – NAMA).

[19] El G 8 está formado por Alemania, Canadá, Estados Unidos, Francia, Italia, Japón, Reino Unido, Rusia.

emprenderse para sacar a la economía mundial de la actual crisis. Los compromisos sobre empleo y protección social resultan positivos, al igual que la mayor implicación de la Organización Internacional del Trabajo (OIT) en el proceso del G8 y el reconocimiento de la relevancia del "Pacto Mundial para el Empleo" con vistas a *responder a la crisis a nivel mundial y promover la dimensión social de la globalización*. No obstante, no se incluyen compromisos específicos en cuanto a la asignación de los recursos necesarios para alcanzar los objetivos de protección social y del empleo. Respecto de la reforma financiera, el G8 desaprovechó una oportunidad para lograr avances significativos, quedándose esencialmente dentro de los márgenes del Plan de Acción del G20 existente. Los compromisos realizados para aplicar "con prontitud" el Plan de Acción del G20 y para aportar transparencia y rendición de cuentas en los planes de rescate bancario fueron ambiguos. Sobre gobernanza, los países del G8 acordaron una estrategia para crear el Marco de Principios de Lecce sobre *"propiedad, integridad y transparencia en las interacciones económicas"*. Las referencias al reforzamiento de la conducta empresarial y a las Directrices de la OCDE sobre las empresas multinacionales son extremadamente débiles.

La Cumbre del G8 en L'Aquila probablemente pase a ser simplemente un evento de transición, con la mayor participación de países y organizaciones internacionales, marcando un giro hacia un proceso más representativo en el futuro. Hace tiempo que la sociedad civil mundial viene reclamando una gobernanza más inclusiva de la economía mundial. A pesar de todas estas expresiones de buena voluntad, al referirse a los cambios de las instituciones financieras internacionales, el G 8 se limitó a establecer que el mandato sobre la reforma de dichas entidades recae en el Consejo de Estabilidad Financiera, que como se ha visto en este trabajo, su incidencia y capacidad de acción es muy limitada.

Respecto de la integridad del mercado, el G8 confirmó sus compromisos previos de mejorar la defensa de la *"propiedad, integridad y transparencia en las interacciones económicas"* creando el "Marco de Principios de Lecce" basado en iniciativas ya existentes. Este marco se centra en la gobernanza empresarial, la integridad del mercado, la regulación financiera y la supervisión, la cooperación fiscal, y la transparencia de la política y los datos macroeconómicos. Esta última afirmación nos remite al segundo déficit, es decir, a las propias limitaciones del sistema capitalista mundial, para evaluar correctamente los ciclos de expansión y los ciclos de retracción económica, propias de el modelo de acumulación vigente.

A modo de hipótesis de debate sindical: Los déficit del orden internacional.

La tesis que orientaron este trabajo mostraron tres déficit sistémicos que impregnan la filosofía de los organismos internacionales tanto financieros como comerciales o incluso políticos.

El primer déficit refiere a la ausencia de un mecanismo democrático que garantice legitimidad política al orden mundial. El segundo déficit es el diagnóstico común respecto de los procesos cíclicos económicos que redundan en recurrentes crisis. Entendemos que si se parte de diagnósticos equivocados, o por lo menos insuficientes para comprender el problema global que sufre la economía internacional, las soluciones que derivarán de ello serán limitadas o incluso, erróneas. El tercer déficit se asocia con la ambigüedad sobre el llamamiento a la participación de la sociedad civil en el proceso de reestructuración del sistema económico internacional.

El déficit democrático[20] de las instituciones internacionales de comercio y del sistema financiero constituye uno de los obstáculos más importantes para comprender la envergadura de la crisis financiera internacional. El estudio describirá el sistema de toma de decisiones de los principales organismos comerciales y financieros (OMC, FMI, Banco Mundial, FSB) y, en una segunda instancia, abrirá la dimensión de la actual crisis a partir del análisis de las decisiones adoptadas por el G 8, el G 20, la OCDE y el BRIC.

A partir de la década del '80, el sistema internacional ha mostrado una paradojal situación, simultáneamente a la creciente ola de democratización en los estados nacionales y por ende una fuerte presión de las Naciones Unidas y de las principales potencias para la transición y consolidación de regímenes de derecho basados en el sufragio y en la libre elección de las autoridades gubernamentales, en el ámbito internacional, las instituciones tendieron a fortalecer sistemas plutocráticos de poder. Los organismos financieros constituyen el ejemplo más institucionalizado

---

[20] El deficit democrático de la globalización ha sido destacado por un sinnúmero de trabajos (*"There is a lack of legitimacy of the intergovernmental institutions that can only worsen until peoples' social, developmental and environmental concerns are properly addressed by the multilateral system."* Social Dimensions of Globalisation: ICFTU submission to first meeting of ILO World Commission on Globalisation, 25-26 March 2002).

de un sistema de toma de decisiones cada vez más acotado a los países centrales y donde los países en desarrollo son meros espectadores. La injerencia de estos organismos en las políticas económicas y sociales son percibidas por las sociedades con un sesgo de impotencia, donde sea cual fuere el signo político gobernante, poco o nada pueden hacer frente a las imposiciones en materia económica, comercial, social, medioambiental, etc. Los ciudadanos no deciden ya las políticas que presiden sus vidas, ello es producto de decisiones en las que no cuentan ni pesan, adoptadas por poderes inasequibles que golpean como una fuerza de la naturaleza. Los ciudadanos votan pero sin determinar ningún programa de gobierno. El actual sistema de representación –de por sí concepto difuso ya que nunca la correspondencia entre el representante y el representado puede ser conocido molecularmente– se encuentra en el eje de la tormenta socavando la legitimación social del régimen político. El pasaje de la representación democrática a lo que Guillermo O'Donnell[21] denominó democracia delegativa, no invocó un interrogante metafísico que atraviesa a toda nuestra sociedad: ¿qué es lo que se delega? ¿Potestades, derechos, poderes? Hoy el ciudadano común tiene fuertes sospechas de que es imposible delegar lo que no se tiene. El concepto de delegación se vuelve frágil cuando el poder lo ejercen actores fuera del juego político democrático, y particularmente, fuera de las propias fronteras nacionales.

El segundo déficit que encuentra hoy el orden económico mundial es un diagnóstico por lo menos limitado de los procesos cíclicos del capitalismo. Los líderes de las potencias económicas han visualizado a esta etapa de globalización como una senda natural de desarrollo ilimitado que derramaría beneficios a corto o largo plazo a todos los sectores sociales. Que en dicho marco, esta crisis demuestra que la desregulación total del sistema financiero ha sido profanada por los grandes *holdings* económicos y que por ello, la crisis es consecuencia de un mal uso de la libertad de mercado, es decir, por conductas delictuales de un grupo reducido de inversión de riesgo. Por tanto, la solución se sitúa en insuflar de recursos a los organismos financieros internacionales para amortiguar la crisis en los países en default o con altos déficit de la balanza de pagos. Recurren a su vez a los condicionamientos de las políticas monetarias, fiscales y sociales propias del Consenso de Washington. Asimismo se

---

[21] O'Donnell Guillermo. (1989) "Delegative Democracy", en *Journal of Democracy*, vol. 5 (1), pp. 55-69.

expresa la necesidad de una mayor regulación financiera a través de una revisión de Basilea II. Medidas que son, sin lugar a dudas, de blindaje económico para las grandes entidades bancarias pero que no prioriza el desarrollo ni el bienestar de las sociedades. Es decir, la perpetuidad de blindajes económicos constituye una vía de reestructuración del capital que no necesariamente redunda en desarrollo de los pueblos.

Entendemos que describir la crisis de acuerdo con sus síntomas o emergentes (inversiones tóxicas, hipotecas subprime, caída de la bolsa de valores) y no por sus causas originarias (aumento de la liquidez circulante sin su contrapartida en la creación de riqueza física, crecimiento dual del desarrollo mundial, brecha creciente de desigualdad social, desinversión productiva, incremento de los insumos energéticos y de los precios de los alimentos) impacta en la propia resolución de la crisis.

Y esta valoración nos lleva al tercer déficit de la ortodoxia económica que ha primado en las últimas tres décadas. Se refiere a la ambigüedad de los organismos internacionales sobre la participación de la sociedad civil, de los hacedores de la vida social, de los actores sociales concretos. En el actual contexto de dispersión del campo social, de creciente pluralismo de manifestaciones como el actual, el concepto de sociedad civil es recreado no como un ámbito emancipatorio, sino como parte de los discursos de verdad enmarcados en una retórica de participación de la sociedad civil[22]. Cuando el Banco Mundial y otros organismos internacionales se refieren a la sociedad civil, están afirmando a algo completamente distinto a las consignas de los movimientos sociales más radicalizados antiglobafóbicos, que la definen en sus prácticas como el terreno de las luchas sociales y por tanto, de los retos colectivos. Hace varios años la sociedad civil comenzó a aparecer como un interlocutor privilegiado y un destinatario importante de los discursos y las prácticas de las instituciones financieras internacionales –IFIS–. En dichas instituciones la sociedad civil es incorporada bajo tres conceptualizaciones: como instrumento de contralor para el *buen gobierno*, bajo la noción de *capital social*, y como retórica de ampliación de la participación. Estas tres aproximaciones analíticas operan como sustrato teórico más o menos explícito en los principales documentos de los organismos internacionales, y conducen

---

[22] Falero, Alfredo (2001). "La sociedad civil, globalización y regionalización. Reflexiones a partir del movimiento sindical". En *Revista Nueva Sociedad* N° 171. Febrero. Caracas, Venezuela.

a identificar a la sociedad civil como interlocutor privilegiado y como destinatario de muchas de las iniciativas de los organismos financieros[23]. Pero también conllevan a identificar a la sociedad civil exclusivamente con las redes de ONGs, en detrimento de las organizaciones sociales y políticas tradicionales (sindicatos, partidos políticos).

---

[23] Rabotnikof; Nora (2001) "La caracterización de la sociedad civil en la perspectiva de los bancos multilaterales de desarrollo". En *Revista Nueva Sociedad*. N° 171. Caracas, Venezuela.

Bibliografía

Confederación Sindical de Trabajadores de las Américas (CSA) (2009). "Visiones del Sindicalismo de las Américas frente a la crisis mundial". Documento de apoyo al Foro Sindical ante la V Cumbre de las Américas. Port of Spain. Trinidad y Tobago, 15 y 16 de abril.

Falero, Alfredo (2001). *"La sociedad civil, globalización y regionalización. Reflexiones a partir del movimiento sindical"*. En Revista Nueva Sociedad N° 171. Febrero. Caracas, Venezuela.

Giardini, Agostina, Jara, Antonio González, Marita (2009) *El movimiento sindical en las negociaciones de la Ronda de Doha 2008*. En Sindicatos 2009: Estrategias frente a la crisis mundial, el multilateralismo y los acuerdos comerciales y de inversión. pp 303 a 314. ITUC- CSA. Brasil.

Gerbet, Pierre (1999), *La construction de l'Europe*, Paris, Imprimerie Nationale, Segunda parte, pág. 31.

Iglesias, Enrique (2008) SEGIB. Informe sobre la Crisis de la Secretaría General Iberoamericana. Cumbre de El Salvador, Octubre.

Hale David y Lyric Hughes (2004) "China Levanta vuelo", en *Foreign Affairs* (en español) Vol. 4, N° 1.

Hix, Simon, (1999) *The political system of the European Union*, London, MacMillan Press.

Humphrey, J. y H. Schmitz (2000). *Governance and Upgrading: Linking Industrial Cluster and Global Value Chain Research*. Institute of Development Studies, Documento de Trabajo N° 120. Noviembre. También véase: Oman, C. (1998) "The Policy Challenges of Globalization and Regularization". En Ian Joost Teunissen (ed) *Regional Integration and Multilateral Cooperation in the Global Economy*. La Haya. FONDAD.

Jara Antonio, González Marita, Molina Alicia y Zintmeyer Katrina (2003) *Los Organismos Multilaterales de Crédito*. Solidarity Center. Washington, USA.

Martínez, Daniel. *El mundo del trabajo en la integración económica y la liberalización comercial. Una mirada desde los países americanos*. Septiembre de 2003.

O'Donnell Guillermo. (1989) "Delegative Democracy", en *Journal of Democracy*, vol. 5 (1), pp. 55-69.

Quermonne, Jean-Louis, (1998) *Le système politique de l'Union Européenne*, Paris, Montchrestien.

Rabotnikof, Nora (2001) "La caracterización de la sociedad civil en la perspectiva de los bancos multilaterales de desarrollo". En *Revista Nueva Sociedad*. N° 171. Caracas, Venezuela.

Sidjanski, Dusan, (1998) État européen ou Union européenne à vocation fédérales, en *Swiss Political Science Review*, Issue 4, Winter.

Social Dimensions of Globalisation (2002) ICFTU submission to first meeting of ILO World Commission on Globalisation, 25-26 March)

Stiglitz, Joseph. (Marzo, 2009) Comisión de Expertos, Recomendaciones a la ONU. Follow-up to and implementation of the outcome of the 2002 International Conference on Financing for Development and the preparation of the 2008 Review Conference Recommendations by the Commission of Experts of the President of the General Assembly on reforms of the international monetary and financial system Note by the President of the General Assembly

Van Liemt G. The Social Dimension of Regional Integration. A "Think Piece" prepared for the ILO's Policy Integration Department. OIT. Ginebra, 2002.

Vásquez, Mariana. (2004) *Notas sobre el rol de la Comisión Parlamentaria Conjunta del Mercosur en el proceso de integración regional.* Ministerio de Relaciones Exteriores y Culto. Argentina

Sitios Web

www.cumbresdelasamericas.org
BID: www.iadb.org
MERCOSUR: www.mercosur.org.uy

B) Economía y crisis 2008

La crisis mundial 2008/2009. Fin de una era y puja para definir la nueva

La crisis mundial desatada en septiembre de 2008 pone fin a una época y anticipa el lento comienzo de otra. No va a ser un proceso simple ni rápido. Por el contrario, va a ser un partido complicado que van a jugar varios equipos a la vez. El movimiento obrero puede y debe jugar este partido. De la manera en que juegue depende directamente el tipo de vida que tendrán varias generaciones de trabajadores.

1. Antecedentes

a) El modelo neoliberal

La crisis mundial iniciada en EE.UU. en 2008 es la séptima crisis global desde 1994 y la de mayor magnitud y alcance. Paralizó el funcionamiento de un modelo económico que fue creado y puesto en marcha en la década de 1970, que generalmente se llama neoliberalismo[24]. Pero el modelo podría definirse mejor como capitalismo financiero desregulado[25][26].

- *Capitalismo*, porque el que tiene el control del modelo es el capital, que predomina sobre otros factores, como el trabajo y la tierra.

- *Financiero*, porque el modelo otorgó máxima importancia al sector financiero (bancos, bolsas, seguros, acciones, bonos, créditos) y lo

---

[24] El papa Juan Pablo II, en su homilía en La Habana pronunciada el 25 de enero de 1998, dijo: "Resurge en varios lugares una forma de neoliberalismo capitalista que subordina la persona humana y condiciona el desarrollo de los pueblos a las fuerzas ciegas del mercado, gravando desde sus centros de poder a los países menos favorecidos con cargas insoportables. Así, en ocasiones, se imponen a las naciones, como condiciones para recibir nuevas ayudas, programas económicos insostenibles. De este modo se asiste en el concierto de las naciones al enriquecimiento exagerado de unos pocos a costa del empobrecimiento creciente de muchos, de forma que los ricos son cada vez más ricos y los pobres cada vez más pobres".

[25] Albert, Michel (1997). *Capitalismo contra capitalismo*, Buenos Aires: Paidós.

[26] Eric Hobsbawn (2009). "Además de injusto, el mercado absoluto es inviable", *Página/12*, 29 de marzo de 2008.

organizó con una gran autonomía de lo que se llama la "economía real", es decir sectores como el campo, la minería, la industria, el comercio, el transporte, en donde se producen bienes o servicios que tienen una utilidad directa para la población.

· *Desregulado*, porque el modelo exigió que el Estado se retirara de la economía y dejara de regular a los mercados, para que quedaran librados a la máxima competencia posible entre los agentes económicos (empresas, trabajadores, regiones, países). Por esta razón uno de los componentes centrales del modelo fue el "Estado mínimo"[27]; en la Argentina –durante la dictadura– el "Estado mínimo" fue propagandizado con el lema "achicar el Estado es agrandar la Nación".

El neoliberalismo se impuso como modelo dominante, sobre todo a partir de las reformas económicas que realizó en EE.UU. el presidente Ronald Reagan (1981-1989), conocidas como reagnomics (reaganomía), consolidadas con las que realizara la primera ministra Margaret Tatcher (1979-1990) en Gran Bretaña. Curiosamente –o no tanto– las primeras experiencias del modelo económico neoliberal las realizaron las dictaduras terroristas de Pinochet en Chile (1973-1989) y de "El Proceso" en la Argentina (1976-1983), guiadas por las ideas económicas de quienes entonces eran conocidos como los Chicago Boys, debido que se trataba de los discípulos de Milton Friedman, padre del neoliberalismo y profesor de la Universidad de Chicago.

El neoliberalismo triunfó como modelo hegemónico mundial debido a dos grandes procesos:

· el colapso de la Unión Soviética (1989-1991), que puso fin al modelo económico comunista soviético,

· el proceso de *globalización*, en la década de 1990, de la mano de los avances de la informática y las comunicaciones (TIC).

El triunfo del neoliberalismo postergó otros modelos económicos, como fueron el modelo industrialista del New Deal norteamericano inspirado en las ideas del economista inglés John Maynard Keynes (keynesiano), la economía social de mercado alemana-europea, el desarrollismo latinoamericano o estructuralismo, el modelo japonés, etc. Simultáneamente con la aparición del neoliberalismo, se produjeron en China las reformas

---

[27] El filósofo estadounidense Robert Nozick fue el principal ideólogo del "Estado mínimo" en su obra *Anarquía, Estado y utopía* (1974).

llevadas adelante por Deng Xiaoping (1978-1997), que dieron origen a un modelo económico que suele recibir la denominación de economía socialista de mercado.

En la Argentina, el modelo neoliberal se instaló en dos grandes etapas: la dictadura militar (1976-1983) mediante la reforma financiera, la reducción del Estado y la apertura de la economía y durante los gobiernos de Carlos Menem-La Alianza (1989-2001), bajo el signo del "uno a uno" (la convertibilidad), la desregulación de los mercados y las privatizaciones; en ambas etapas recurriendo intensivamente al endeudamiento externo.

El Consenso de Washington de 1989, elaborado por los organismos financieros internacionales con sede en esa ciudad, fue el documento más característico e influyente de ese modelo. El modelo estableció también una escala de valores que *maximizó el valor de la competencia* –y con ella la necesidad de buscar la mayor competitividad posible en los actores– y *la apertura económica*, postergando la noción de solidaridad, la búsqueda de la atenuación de las desigualdades y asimetrías, y las funciones de la política y la democracia en la economía.

b) Las ocho crisis globales previas

La crisis de EE.UU. de 2008 está precedida de ocho crisis y sus correspondientes efectos de transmisión internacional, a saber:
1. la crisis mexicana de 1994 y el Efecto Tequila
2. la crisis financiera asiática de 1997 y el Efecto Dragón
3. la crisis financiera rusa y el Efecto Vodka
4. la crisis brasileña de 1999 y el Efecto Zamba
5. la burbuja de las puntocom de 2001
6. la crisis argentina de 2001 y el Efecto Tango
7. la crisis de las hipotecas populares de 2007 de Estados Unidos
8. la crisis alimentaria de 2007-2008

Esta cadena de crisis se caracteriza por la generación de grandes desequilibrios entre los valores de las cosas, llamadas burbujas económicas, que permiten grandes ganancias económicas mediante la especulación, en breves espacios de tiempo, hasta que "estallan".

Las "burbujas" son aumentos de los precios que crean la "ilusión" de poseer bienes que valen millones pero que nadie quiere pagar en realidad. Un conocido chiste entre economistas explica la ilusión de las "burbujas" así:

Un hombre está leyendo el diario y ve que se vende un perro por un millón de dólares. Al día siguiente y los que le siguieron a ése el hombre vuelve a ver el aviso del perro que vale un millón y piensa: "el que publicó esto debe estar loco". Un día, sin embargo, el aviso no aparece. Intrigado, llama al vendedor para saber si lo vendió efectivamente en ese precio. El vendedor le responde diciendo: "¡Claro que lo vendí!, se lo di a un señor que me ofrecía dos gatos de 500 mil".

Al estallar la burbuja, los agentes económicos más poderosos actúan transfiriendo los costos a los que tienen menos poder y menores márgenes de maniobra, generando severas pérdidas económicas en amplios grupos sociales, generalmente en forma de aumento de la desocupación y trabajo precario, que a su vez van conformando sociedades fragmentadas, cada vez más desequilibradas, inestables y violentas, crudamente competitivas, con poco espacio para los comportamientos solidarios y colaborativos. Por otro lado, la debilidad del Estado permite *que una parte sustancial de la economía sea ilegal o se desarrolle fuera del control legal*, aunque con poderosos puentes que la mantienen permanentemente conectada a la economía legal, sobre todo al sistema financiero, como el tráfico de personas o mercaderías prohibidas (drogas, armas, etc.), la estafa, la corrupción, la evasión impositiva y el robo.

Luego de finalizada cada crisis, la actividad económica suele registrar un período al que se llama *"efecto rebote"*, en el que la actividad económica se recupera rápidamente. Sin embargo, los daños sociales necesitan mucho más tiempo para recuperarse y algunos de ellos nunca alcanzan a ser totalmente reparados, como la exclusión de los jóvenes del sistema educativo y de los mayores del mercado de trabajo, así como el aumento de la criminalidad o la drogadicción. Ello genera un efecto acumulativo pernicioso en cada nueva crisis, golpeando a una sociedad que ya estaba agrietada, con la consecuencia no sólo de aumentar los desequilibrios[28], sino de consolidarlos en sociedades que ven cada vez más reducida la movilidad social y en la que los grupos sociales se van organizando como castas separadas.

---

[28] "El FMI reconoce que la globalización ha aumentado las desigualdades", *Cotizalia*, 11 de octubre de 2007. FMI, "Estudios económicos y financieros del FMI. Perspectivas de la economía mundial. Globalización y desigualdad", FMI, octubre de 2007.

2. La crisis

a) Preludio: la crisis de las hipotecas en EE.UU. y la crisis alimentaria global de 2007-2008

El antecedente inmediato de la crisis internacional fue la crisis de las hipotecas populares (hipotecas *subprime*) en los Estados Unidos, que estalló el 9 de agosto de 2007, con la caída generalizada de las bolsas en todo el mundo, cuando el banco francés de inversiones BNP Paribas decidió "congelar" tres fondos de inversión, impidiendo el retiro de los fondos de sus ahorristas, debido a la crisis hipotecaria[29].

La crisis de las hipotecas fue a su vez una derivación de las inversiones especulativas en los mercados inmobiliarios (sacaban hipotecas para comprar viviendas y venderlas de inmediato con una ganancia), que a su vez produjo un aumento geométrico del precio de las viviendas debido al aumento en la demanda y finalmente una morosidad generalizada, sobre todo entre los trabajadores, que se vieron sin poder pagar los intereses de los créditos que habían sacado para comprar sus propias viviendas. La consecuencia fue una multiplicación de los remates y desalojos masivos.

En 2007, los acreedores iniciaron 2,2 millones de ejecuciones judiciales[30]. Por la magnitud y las implicancias del fenómeno, que cerró el acceso a la vivienda propia para los trabajadores, se ha dicho que la crisis marcó "el fin del sueño americano"[31].

El estallido de la crisis inmobiliaria hizo entrar a la economía mundial en un tobogán de problemas, quiebras de bancos (First Magnus Financial, Victoria Mortgages, Netbank, Bear Stearn), renuncias de dirigentes de las principales empresas financieras (Merrill Lynch, Citigroup), rescates de empresas y medidas de emergencia de los estados y los bancos

---

[29] "Efectos de la crisis hipotecaria en EEUU. El BCE y la Fed tratan de calmar a los mercados con una nueva inyección de liquidez", Elmundo.es, 10 de agosto de 2008." Segundo mayor banco de la zona euro por capitalización. BNP congela fondos por valor de 1.600 millones de euros ante la crisis hipotecaria". Elmundo.es, 10 de agosto de 2008.

[30] "Un círculo vicioso. EE.UU.: la crisis inmobiliaria y el fin del sueño americano", Charlotte Raab (AFP), *Infobae*, 23 de julio de 2008.

[31] "Un círculo vicioso. EE.UU.: la crisis inmobiliaria y el fin del sueño americano", Charlotte Raab (AFP), *Infobae*, 23 de julio de 2008.

centrales, manipulación de las estadísticas, pérdidas históricas de los fondos de pensión de los trabajadores arrastrados por maniobras ilícitas de los bancos, que llevaron a su vez a la caída generalizada de las bolsas de todo el mundo y al descubrimiento de graves irregularidades en el manejo de las empresas, en muchos casos abiertamente delictivas, haciendo entrar también en crisis el modelo mismo de empresa estadounidense, concebida como una propiedad del dueño, antes que como una organización socialmente responsable integrada por múltiples miembros que deben cooperar para producir valor, como tiende a ser concebida en Europa o Japón[32].

En octubre de 2007 se reveló que España sería uno de los países más afectados debido a la orientación de su economía hacia las inversiones de tipo especulativo en el mercado inmobiliario y los estrechos vínculos establecidos con el sector financiero norteamericano.

El lunes 21 de enero de 2008 se produjo una pérdida histórica en las bolsas del mundo, que se repitió el 17 de marzo. En abril de 2008 ya es evidente que se aproxima una crisis financiera mundial de enorme magnitud, que afectará también al Asia y a América Latina[33].

Como si fuera poco, los movimientos especulativos desataron una crisis global alimentaria, porque muchos fondos especulativos buscaron obtener ganancias en los mercados de alimentos, principalmente en los de granos, que cotizan en la Bolsa de Chicago (Chicago Board of Trade). El resultado fue que los precios de los alimentos tuvieron un aumento en dólares de más del 200%[34]. La situación se agravó en el primer semestre de 2008, cuando los movimientos de fondos en los mercados de granos hicieron subir los precios aún más. El 2 de julio, por ejemplo, la soja alcanzó el precio récord de 602 dólares la tonelada[35], es decir un 120% de aumento sobre el precio que tenía a comienzos de 2007 (272 dólares)[36]. La crisis alimentaria llevó a revueltas y protestas populares en México,

---

[32] Albert, Michel (1997). *Capitalismo contra capitalismo*, Buenos Aires: Paidós.

[33] Pérez, Claudio (2008). "Latinoamérica y Asia tampoco se librarán de la crisis financiera. El FMI alerta de la inflación como gran amenaza para los países pobres", *El País*, 12 de abril de 2008.

[34] Kate Smith y Rob Edwards (2008). "2008: the year of global food crises", *Sunday Herald*, 21 de abril de 2008.

[35] Boletín "Información comercial", AACREA, 2 de julio de 2008.

[36] El 6 de febrero la soja cotizó 272 dólares la tonelada en Chicago. "La soja alcanza mayor precio en Mercado de Chicago", *Asteriscos*, 6 de febrero de 2007.

Inglaterra, Italia, Senegal, Mauritania, Yemen, Haití, Egipto, Indonesia, Bangladesh, India, Pakistán, Tailandia, etcétera[37]. La gravedad de la situación y la inminencia de una hambruna llevó a la FAO a organizar una Cumbre Mundial que se realizó en Roma desde el 3 de junio[38].

Agravando el panorama mundial también el petróleo inició una escalada especulativa, desde comienzos de 2007, cuando valía 45 dólares el barril, hasta julio de 2008 cuando llegó a 147 dólares, récord histórico. En un año y medio subió un 226%[39], y luego se desplomaría en el segundo semestre de 2008, cayendo a 38 dólares el barril.

En estas condiciones se produciría el crack bursátil de septiembre de 2008.

b) El estallido de la crisis mundial de 2008-2009

La crisis financiera mundial estalló en septiembre de 2008, aunque en realidad ya venía preparándose desde el año anterior, cuando el Estado, a través de la Reserva Federal de Estados Unidos, el Banco Central Europeo y el Banco Central de Inglaterra, comenzó a intervenir activamente en los mercados financieros, para aportar fondos ante una fuga masiva de capitales.

La situación osciló a lo largo de 2008, hasta que el 7 de septiembre, el Estado norteamericano, con el argumento de proteger las inversiones públicas, intervino dos empresas estatales (GSEs: government sponsored enterprises), Fannie Mae y Freddie Mac, debido a las pérdidas irrecuperables que estaban acumulando. Una semana después, el 14 de septiembre de 2008, se presentó en quiebra el banco Lehman Brothers, el cuarto banco de inversión de Estados Unidos, en lo que significa la mayor quiebra bancaria de la historia de ese país.

La intervención de Fannie Mae y Freddie Mac y la quiebra de Lehman Brothers desató el pánico financiero y la crisis comenzó a extenderse por todo el mundo. Simultáneamente el banco de inversión Merrill Lynch fue comprado a precio de remate por el Bank of América, en un evidente salvataje. El 17 de septiembre el Estado norteamericano nacionalizó

---

[37] Kate Smith y Rob Edwards (2008). "2008: the year of global food crises", *Sunday Herald*, 21 de abril de 2008.

[38] "Decepción por la falta de compromiso en la cumbre mundial de los alimentos", Elmundo.es, 5 de junio de 2008.

[39] "El petróleo marca nuevos máximos y supera los 147 dólares en Londres", *El Economista*, 11 de julio de 2008.

American International Group (AIG), la 18ª empresa más grande del mundo, comprando el 79,9% de sus activos y otorgándole un préstamo de 85.000 millones de dólares (el 20% del PBI de la Argentina) para evitar su quiebra. Se trata de la intervención estatal en la economía más grande de la historia de EE.UU.

El 20 de septiembre de 2008, el entonces presidente George Bush anunció un gigantesco plan de rescate estatal de 700.000 millones de dólares, casi el doble del PBI de la Argentina, para comprar a los bancos los llamados "activos tóxicos", es decir los títulos de deuda incobrable, pero a cambio de la participación del Estado en los bancos. El Reino Unido hizo algo similar por un monto proporcionalmente mucho mayor, de 640.000 millones de dólares.

La intervención del Estado en la economía y las nacionalizaciones de empresas se multiplicaron en todos los países. Los diarios y publicaciones económicas comenzaron a hablar de "resurgimiento del keynesianismo", en referencia a la teoría económica desarrollada por John Maynard Keynes, por sus ideas relacionadas con la centralidad del trabajo y el rol del Estado en la economía[40]. En sentido similar se habla de "el fin de la Era de Milton Friedman"[41], padre del neoliberalismo y de los Chicago Boys que lo llevaron por todo el mundo, y del colapso del monetarismo[42].

De este modo, la crisis inmobiliaria estadounidense llevó a una crisis financiera global, que no tardó en dañar la economía real. Ya sea en los países desarrollados primero, o en el tercer mundo después, numerosas empresas cerraron sus puertas o redujeron su personal.

El 28 de octubre de 2008 la OIT emitió un primer comunicado sobre el impacto que la crisis podía tener en el mundo, estimando que los desocupados aumentarían de 190 millones a 210 millones de trabajadores. El 5 de marzo de 2009 la OIT emitió un nuevo comunicado, estimando el *daño laboral en el doble de lo que había previsto* en octubre, y alertando además que las consecuencias sociales ponían en riesgo de perder todo lo que se había avanzado en materia de igualdad de oportunidades entre hombres y mujeres.

---

[40] Julio Godio.

[41] Jeff Madrick, "The End of the Age of Milton Friedman", *The Huffington Post*, 31 de marzo de 2008.

[42] James K. Galbraith, "The Collapse of Monetarism and the Irrelevance of the New Monetary Consensus", *Universidad de Texas*, 31 de marzo de 2008.

c) La crisis: números económicos y realidades sociales

En términos sociales y económicos los efectos de la crisis han sido (y siguen siendo) severísimos. El desplome de los valores financieros dejó a la economía sin combustible y sólo la intervención masiva del Estado ha impedido el colapso social.

Al "explotar la burbuja" lo que antes valía un millón de dólares ahora vale cien mil. El que antes era millonario ahora no lo es más. No es que falta dinero, es que las cosas valen menos. En realidad siempre tuvieron un valor menor en la economía real, pero por medio de las "palancas" financieras su valor se multiplicó artificialmente. Hasta que la ficción no se pudo sostener más y explotó. Por eso se la denomina burbuja.

Con escasas excepciones, la medida más utilizada para enfrentar la crisis ha sido el despido de trabajadores, que de este modo han sido utilizados como "la variable de ajuste" para recomponer la economía. Estados Unidos superó el 10% de desempleo, cantidad a la que no llegaba desde 1983. Japón, un país tradicionalmente sin desempleo, llegó al 5,7%, un número al que no llegaba desde 1945. En Europa, el índice total de desocupación (9,7%) llegó a ser en 2009 el más alto de la década y se espera aún que 2010 sea peor, con picos catastróficos en países como Letonia (19,7%) –con puebladas que llevaron a la caída del gobierno– y España (19,3%), así como también Grecia (9,6%).

Los medios de comunicación han tendido a seguir la evolución de la crisis poniendo más énfasis en los datos económicos fríos (crecimiento del PBI, evolución de las bolsas, etc.) antes que en los datos sociales. Sin embargo no sólo no hay una relación directa entre unos y otros –ya se anticipa un período de crecimiento sin reducción del desempleo que podría llegar hasta 2013–, sino que los efectos de la crisis sobre los trabajadores y sus familias, y muy especialmente sobre los jóvenes, son mucho más difíciles de revertir y en muchos casos no pueden ser revertidos completamente. Esto a su vez crea una sociedad más vulnerable ante una eventual nueva crisis, estableciéndose una espiral de deterioro social que los datos "económicos" no miden.

Aumento del desempleo sobre el año anterior

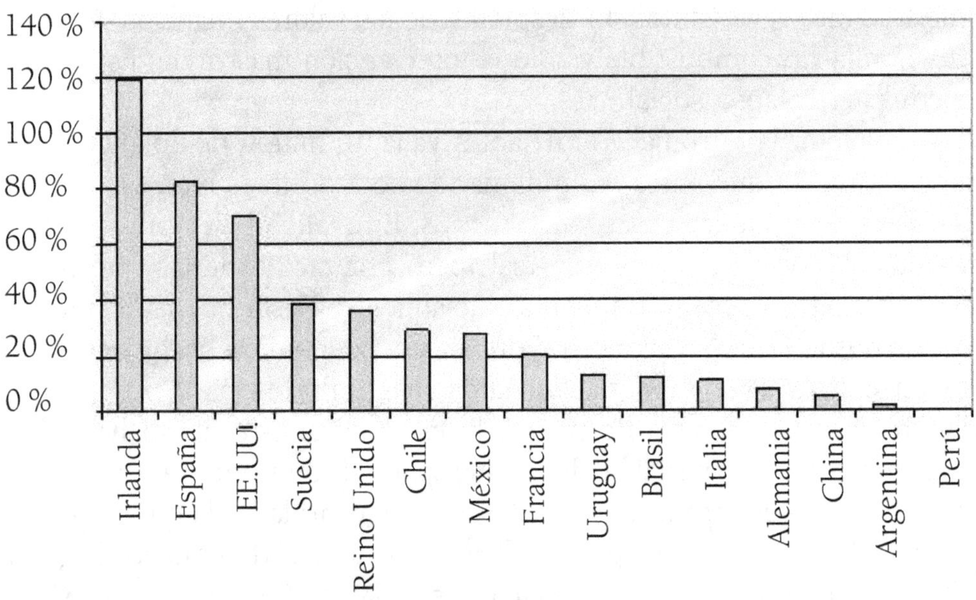

Fuente: Proteger a las personas y promover el empleo, OIT, septiembre 2009.

Es cierto que se ha registrado una intervención inédita del Estado en la economía, incluso comprando gigantescas empresas multinacionales como la General Motors, algo que había sido una mala palabra desde la década del 70 (y sigue siendo en muchos ámbitos formadores de opinión). Se trata de un giro impresionante de las reglas del juego. Pero la intervención del Estado sólo secundariamente se orientó a sostener el empleo, y se concentró principalmente en asumir las pérdidas (activos tóxicos) de los inversores y en financiar la economía a base de emisión y endeudamiento.

A comienzos de noviembre de 2009 diversas fuentes han dado a entender que lo peor de la crisis ya pasó y que se estaría entrando en una etapa de recuperación. Sin embargo, en voz baja, especialistas y medios de comunicación reconocen que la "recuperación" no llegará a "la gente" de inmediato, y que para que la población vuelva a tener los niveles de empleo de 2007 habría que esperar hasta 2011, e incluso 2013.

3. El ajedrez del nuevo orden financiero mundial

a) *Pujas y tendencias*

La profundidad de la crisis y la evidencia del agotamiento de las teorías y principios económicos dominantes desde la década de 1970 obligó a debatir las reformas necesarias para recuperar la actividad económica y evitar una nueva crisis en el futuro.

Desde distintos espacios aparecieron diferentes ideas, planes y proyectos que aún están lejos de haberse instalado como un modelo alternativo, capaz de reemplazar al que entró en crisis. En el contexto global en que nos encontramos, tan complejo de entender, tan inestable e inseguro, es necesario tener en cuenta los diversos escenarios posibles y los cambios que las organizaciones más poderosas del mundo podrían implementar en los próximos años.

Es importante comprender que las formas y los lugares en los que se decidirán los aspectos centrales del nuevo modelo económico que habrá de regir el mundo en las próximas décadas no se encuentran establecidos de antemano y dependerá de quiénes sean los jugadores y cómo jueguen. Lo mismo vale, está demás decirlo, para los contenidos de los cambios.

Entre los poderes mundiales que intervienen en este juego de ajedrez a muchas manos se encuentran los países más poderosos, las empresas multinacionales, los países emergentes que han logrado integrarse en bloques como el Mercosur o la Asean, el Fondo Monetario Internacional y el Banco Mundial. También la Organización Internacional del Trabajo y el movimiento obrero internacional expresado por la CSI y los sindicatos globales tienen un espacio para poder intervenir en el juego, tanto de manera directa como a través de la presión sobre los gobiernos amigos. Pero para que su participación sea efectiva, es indispensable reconocer los diversos intereses en juego, localizar los espacios en los que se van disputando y negociando las reformas, y organizarse y establecer alianzas que les permitan hacer pesar su presencia.

Entre los ámbitos en los que se están decidiendo las reformas al sistema económico mundial, hay tres que se destacan por su dinamismo:
- El G20
- Las Naciones Unidas y la Comisión Stiglitz
- El Grupo de las cinco organizaciones internacionales

b) El G20 y sus propuestas

A fines de 2008, el G20 se constituyó como un espacio central para tomar medidas capaces de conjurar la crisis y reformas del modelo que impidan su repetición.

El G20 es un grupo creado en 1999 para reunir a los ministros de economía y presidentes de los bancos centrales de *19 países y la Unión Europea, con el Fondo Monetario Internacional y el Banco Mundial*. Fue creado con la idea de generar consensos en materia financiera para sostener las reuniones de los organismos internacionales. Los 19 países que integran el G20, son aquellos que forman el G8, es decir los 8 países más industrializados del mundo (Alemania, Canadá, Estados Unidos, Francia, Italia, Japón, Reino Unido y Rusia), más *11 países recientemente industrializados o emergentes* (Arabia Saudí, Argentina, Australia, Brasil, China, India, Indonesia, México, República de Corea Sudáfrica y Turquía).

A fines de 2008, el presidente Sarkozy de Francia y el primer ministro Brown del Reino Unido, *propusieron reunir una cumbre del G20* para crear un ámbito de máximo nivel mundial en el que pudieran discutirse las medidas frente a la crisis internacional. Hasta ese momento el G20 había funcionado como un ámbito puramente limitado a los funcionarios económicos. La convocatoria de una cumbre del G20 le imprimió al grupo un contenido político, ausente hasta ese momento. El hecho fue visto como una derrota de los Estados Unidos gobernados por George W. Bush[43].

En 15 de noviembre de 2008, el G20 se reunió en Washington para comenzar a formalizar un plan de saneamiento del sistema financiero. Este plan no es otra cosa que una reforma a las recomendaciones realizadas por el Foro de Estabilidad Financiera (FSF) en abril de 2008. El FSF es otro organismo internacional creado en 1999, de supervisión financiera y la vigilancia de los mercados. En ese momento estaba integrado por las organizaciones internacionales de crédito, las agrupaciones internacionales de los reguladores y supervisores, comités de expertos de los bancos centrales y las autoridades nacionales encargadas de la estabilidad financiera.

---

[43] "The G-20 Summit: What's It All About?". Brookings, 27 de octubre de 2008.

El 2 de abril de 2009 se reunió la Cumbre de Londres del G20. A los 19 países reunidos en Washington, se sumaron España y Holanda. La Cumbre de Londres contó con la presencia del nuevo presidente de EE.UU. Barak Obama, y fue precedida de intensas reuniones y declaraciones públicas de alto perfil, por parte de los líderes europeos (Sarkozy, Brown, Merkel), en las que parecieron delinearse dos posiciones enfrentadas: EEUU y el Reino Unido proponiendo una gran inyección de fondos públicos en los mercados financieros, contra Francia y Alemania, que ponían el acento en una fuerte regulación de los mercados financieros.

En síntesis la Declaración del G20 decidió realizar un enorme aporte estatal en dinero, sin antecedentes en la historia, principalmente a través del FMI, establecer regulaciones más estrictas para los fondos buitres, reducir drásticamente los paraísos fiscales y terminar con el secreto bancario. A su vez creó la Junta de Estabilidad Financiera como organismo de seguimiento.

El 24 y 25 de septiembre de 2009 se reunión en Pittsburgh (EE.UU.) la tercera Cumbre del G20. Se trata de una reunión importante para la dirección que está tomando la salida de la crisis, tanto por sus aspectos positivos como por sus falencias.

En la declaración final[44] y en las conclusiones arribadas se vislumbra un avance positivo hacia la democratización de la gobernanza mundial y una voluntad de diálogo y cambio histórico. Pero simultáneamente la Cumbre se mostró reacia a realizar reformas sustanciales en el funcionamiento del Fondo Monetario Internacional y en la restricción sustancial de la especulación financiera.

El principal cambio efectuado es la autodestrucción del G8 como organismo de toma de decisiones mundiales, que en la práctica había sido el órgano decisorio más importante del mundo, en los últimos 30 años. El poder pasa ahora al G20, aún un organismo reducido, pero a todas luces más amplio que el G8. El G8 seguirá manteniendo sus reuniones pero ya no será potestad de ellos decidir sobre temas que conciernen al mundo entero, como las modificaciones a los organismos financieros. A partir de ahora, los asuntos mundiales serán resueltos sustancialmente en el G20.

---

[44] G20, "Leaders´ Statement: The Pittsburg Summit", 24 y 25 de septiembre de 2009.

En la misma línea, el G20 decidió dar mayor participación a los países emergentes en los organismos internacionales. Concretamente resolvió reducir un 5% el derecho de voto que tienen los países ricos en el FMI.

En materia de presencia de las temáticas y los actores vinculados con el mundo del trabajo la Cumbre de Pittsburgh mostró cambios considerables con respecto a la anterior realizada en Londres, a comienzos de abril. En primer lugar la OIT, que no había estado presente en Londres, fue convocada a presentar un informe sobre la situación del empleo en el mundo y las respuestas adoptadas frente a la crisis. El documento se titula "Proteger a las personas y promover el empleo", en línea con el reclamo esencial del movimiento sindical de concentrar los esfuerzos en impedir que los "ajustes" económicos se realicen en perjuicio del piso social alcanzado por los trabajadores en cada caso.

La Declaración de Pittsburgh incluye una sección dedicada especialmente al trabajo titulada "Poniendo el empleo de calidad en el centro de la recuperación". También decidieron tomar medidas contra los escandalosos abusos empresariales que salieron a la luz al momento de estallar la crisis, limitando los derechos de los directivos de empresas a percibir bonos.

Finalmente, el presidente Obama, en su calidad de presidente de la Cumbre, ordenó a su ministro de Trabajo organizar una reunión de ministros de Trabajo del G20, en los primeros meses de 2010 para que, en consulta con los sindicatos y las organizaciones de empleadores, sienten las bases de la próxima reunión Ministerial de Trabajo de la OCDE sobre la crisis del empleo.

La Confederación Sindical Internacional (CSI) se involucró activamente en la Cumbre de Pittsburgh del G20 y en sus actividades paralelas, con un considerable éxito. Después de finalizadas las reuniones, el 22 de octubre emitió una informe de evaluación para informar a todos los afiliados del mundo.

La CSI consideró positivos los avances realizados por la Cumbre en dirección a una mayor relación de los líderes mundiales con los representantes y temáticas del mundo del trabajo, pero también señaló la falta de avances en cuestiones claves.

La disconformidad expresada por el movimiento obrero desde la CSI ante la declaración final de Pittsburg, se basa principalmente en el hecho de que la declaración da por sentado que la crisis terminó y que lo peor ya pasó. Esto, lejos esta de ser verdad. La declaración a su vez, deja afuera a los sindicatos, diciendo que va a consultar a las ONGs pero no aclara ni cuáles ni cómo. Un buen síntoma es la voluntad del G20 para comenzar a hacer reuniones periódicas de los ministros de Trabajo de los países miembro del grupo, poniendo al empleo en un papel más importante que el dado hasta ahora.

El informe de la CSI llama también la atención sobre la reaparición entre los líderes mundiales sobre la posibilidad de establecer un impuesto global a las transacciones financieras (Tasa Tobin), una medida que tradicionalmente había sido rechazada por los sectores moderados.

c) Las Naciones Unidas y la Comisión de Expertos de Stiglitz

El 18 de octubre de 2008, el Presidente de la Asamblea General de las Naciones Unidas, el sacerdote nicaragüense Miguel D'Escoto Brockmann, creó una Comisión de Expertos para la Reforma del Sistema Monetario y Financiero Internacional, presidida por el economista estadounidense Joseph Stiglitz, ex vicepresidente del Banco Mundial y severo crítico del neoliberalismo.

El informe final de la llamada Comisión Stiglitz había generado gran expectativa. Es que Joseph Stiglitz, su presidente, Premio Nobel en 2001 y ex vicepresidente del Banco Mundial, se había hecho mundialmente conocido (y respetado) por sus fuertes críticas al neoliberalismo y el Fondo Monetario Internacional, anticipando en gran medida las ideas económicas que tomaron cuerpo en la década 2001-2010. Por otra parte la Comisión estaba integrada también por el francés Jean-Paul Fitoussi, otro economista que se caracterizó en los 90 por desarrollar una severa crítica del neoliberalismo, en particular de la profundización de las desigualdades.

Pero las recomendaciones finales de la Comisión Stiglitz[45] no tuvieron ni el impacto esperado ni las conclusiones que anticipaban los actores más vinculados a la visión social de la crisis, en especial los sindicatos.

El documento no deja asentado un antecedente de la crisis, mencionando las crisis anteriores, sino que la toma como un hecho aislado al que considera como básicamente una falla en el sistema inmobiliario norteamericano.

---

[45] Naciones Unidas, "Report of the Commission of Experts of the President of the United Nations General Assembly on reforms of the International Monetary and Financial System", 24 de junio de 2009, Nueva York.

d) El G8, el Foro de Davos y el Estándar Legal[46]

El G8 o Grupo de los 8 es el grupo de países más poderosos del mundo: Estados Unidos, Rusia, Alemania, Japón, Gran Bretaña, Francia, Italia y Canadá. El grupo tiene su origen en 1973, cuando Estados Unidos convocó al Reino Unido, Japón, Alemania Occidental y Francia para establecer un grupo capaz de coordinar las acciones de las grandes potencias frente a la crisis del petróleo. Inicialmente el grupo estaba integrado por seis potencias (G6); luego se integró Canadá en 1976, pasando a llamarse G7. Luego de la disolución de la Unión Soviética el G7 comenzó a entablar reuniones con Rusia, hasta que este país se integró definitivamente al grupo en 1997 pasando a denominarse G8. Desde su creación en 1975, el grupo realiza cumbres anuales, generalmente a mitad de año, estableciendo una presencia rotativa en cada año. En 2009 la presidencia del G8 le corresponde a Italia, por lo que el presidente es Silvio Berlusconi, y la cumbre debe realizarse del 8 al 10 de julio. En 2010 la presidencia pasará Canadá.

El Foro Económico Mundial, también conocido como Foro de Davos, es una fundación privada creada en 1971 con la misión de reunir anualmente en el monte Davos de Suiza a los principales líderes económicos europeos. A partir de 1991 se transforma en la reunión cumbre de los líderes políticos y empresarios más poderosos del mundo. Es uno de los principales centros estratégicos de la globalización. Tiene su sede en Ginebra y está supervisado por el gobierno suizo.

En enero de 2009, en reunión anual del Foro Económico Mundial o Foro de Davos, el Ministro de Economía italiano, Giulio Tremonti, *propuso establecer* lo que él denominó "Legal Standard" o Estándar Legal, una reforma de las regulaciones de los mercados financieros, para aumentar la vigilancia sobre los comportamientos de las empresas, con el fin de evitar las manipulaciones y operaciones poco éticas, que impulsan a la creación de burbujas y finalmente al colapso del sistema financiero. El Estándar Legal internacional para los mercados financieros propuesto por Tremonti, se apoya en los acuerdos e instrumentos ya implementados

---

[46] "Tremonti for Legal Standars", "Italian Media", 4 de Febrero de 2009. (http://italianmedia.com.au/w3/index.php?option=com_content&view=article&id=322%3Atremonti-for-legal-standards&catid=36%3Atop-stories&Itemid=24&lang=it)

en la Organización para la Cooperación y el Desarrollo Económico (OCDE), un ámbito que reúne a los países más poderosos y a países emergentes como México, y también, como observadores, a países como la Argentina, Brasil y Chile. La OCDE ha avanzado considerablemente en el establecimiento de normas internacionales obligatorias para las empresas multinacionales, como las Directrices para Empresas Multinacionales.

Entre el 8 y el 10 de julio, la Cumbre del G8 se reunió en la ciudad de L'Aquila (Italia). Aun sin tratarse de un cambio sustancial de dirección[47] muestra ser mucho menos monetarista que otros documentos anteriores.

La Declaración convalida los compromisos de regular y fortalecer las instituciones financieras internacionales, en la dirección de las decisiones tomadas por el G20 en la Cumbre de Londres (2 de abril de 2009) y llama a cerrar Doha.

El documento también se caracteriza por conceder un lugar destacado a la dimensión social, al pedir que la OIT trabaje juntamente con las otras instituciones internacionales y que las reformas en curso se ajusten al marco del Pacto Global de Empleo Decente. A su vez, pide a las empresas que no utilicen la crisis como una excusa para disminuir la protección de los trabajadores ni para desconocer sus derechos.

El documento también se ocupa de la cuestión energética y medioambiental proponiendo reducir las emisiones de CO_2, promoviendo el desarrollo tecnológico para encontrar nuevas fuentes de energía renovable, y comprometiéndose a detener la deforestación.

De cualquier manera, el G 8 fue disuelto por el G20 último en Pittsburg, como instancia de toma de decisiones globales. Sigue existiendo y es un actor importante, pero ya no decide sobre cuestiones macro globales.

e) Pacto Mundial para el Empleo de la OIT, para salir de la crisis[48]

El 19 de junio de 2009 los gobiernos y organizaciones de trabajadores y empleadores que integran la OIT acordaron un Pacto Mundial para el Empleo para salir de la crisis, en el marco de la Conferencia Anual que dirige el organismo.

---

[47] G8, "Responsible leadership for a sustainable future", L'Aquila, julio 2009.
[48] OIT "Recovering from the crisis: a Global Jobs Pact", 98ª Sesión, Ginebra, junio 2009.

Una de las principales virtudes del Pacto es partir de la base de que una respuesta puramente económica a la crisis, que no ponga en el centro el problema del deterioro de los niveles de empleo decentes alcanzados en cada caso, permitiría salir "técnicamente" de la crisis, pero a costa de hundir a millones de personas en la informalidad, en muchos casos de manera irreversible.

La OIT explicó que "el Pacto Mundial para el Empleo propone una serie de medidas para responder a la crisis, que los países pueden adaptar a sus necesidades y situaciones específicas. No se trata de una solución única para todos, sino de un portafolio de propuestas basadas en ejemplos exitosos, que también han sido diseñadas para informar y apoyar acciones a nivel multilateral".[49]

Entre todas las propuestas que hace, las más importantes son:

· aplicar políticas activas de mercado de trabajo;

· mantener el salario mediante la negociación colectiva, el diálogo social y la fijación de un salario mínimo nacional;

· ayuda monetaria directa para los pobres y los que se han quedado sin trabajo producto de la crisis, así como también una ayuda por parte del Estado para poder ser reubicados cuanto antes en otra empresa o sector;

· establecer en todos los países sistemas de previsión que garanticen un "piso social" a todos los habitantes;

· promover las pymes y las cooperativas;

· inclusión de la OIT y sus recomendaciones en todas las negociaciones y organismos internacionales, como el G20;

· salvaguardar el empleo ante todo, teniendo siempre presente que sólo el trabajo y la producción van a sacar al mundo de la crisis económica, aún si es sólo con obra pública, la medida puede resultar útil para bombear la economía;

La OIT propone construir "un marco regulador y de control del sector financiero más fuerte y más coherente a nivel mundial, de manera que dicho sector sirva a la economía real, promueva las empresas sostenibles y el trabajo decente".

---

[49] Comunicado de prensa, 19 de junio de 2009, Noticias de la OIT.

El Pacto hace mención a la utilidad de la Declaración tripartita de principios sobre las empresas multinacionales de la OIT, como herramienta vigente en la tarea de regular la actuación de las empresas multinacionales en la globalización, una preocupación constante durante la crisis.

f) *La Iglesia Católica y la Encíclica* Caritas in Veritate *(Caridad en la Verdad)*

El 29 de junio de 2009 el papa Benedicto XVI de la Iglesia Católica dio a conocer la Encíclica *Caritas in veritate* (Caridad en la verdad). Se trata de un documento ambicioso y de gran importancia, que busca presentar la posición de la Iglesia frente a la crisis encuadrándola en la Doctrina Social de la Iglesia.

El Papa denuncia las fallas morales del sistema capitalista, tal como se presenta hoy día y atribuye las falencias del sistema a la falta de fraternidad. Cuestiona el aumento de la desigualdad social y reivindica el concepto de "justicia social" (fuertemente rechazado por el neoliberalismo).

Uno de los aspectos más audaces del documento está referido a la afirmación de que "urge la presencia de una verdadera Autoridad política mundial", con poder para imponer las normas globales, organizada como "familia de naciones", pero con controles, divisiones y niveles articulados que impidan "un peligroso poder universal de tipo monocrático".

La carta propone también la necesidad de realizar "cambios profundos en el modo de entender la empresa", abriendo la gestión para que deje de responder casi exclusivamente a los intereses de los inversores, integrando a los trabajadores, clientes y comunidad en la que actúa.

Le dedica un espacio sustancial al trabajo, la estrategia de la OIT por el trabajo decente para todos y a los sindicatos. Exige "resaltar la relación entre pobreza y desocupación", señalando que "los pobres son en muchos casos el resultado de la violación de la dignidad del trabajo humano". En el punto 64 hace un llamado a los sindicatos, para "hacerse cargo de los nuevos problemas de nuestra sociedad", para que promuevan "experiencias sindicales innovadoras" que les permitan atender las necesidades de otros colectivos, como los consumidores y los trabajadores no afiliados.

g) La posición del movimiento sindical internacional (CSI, TUAC y Sindicatos Mundiales)

El movimiento obrero mundial (Confederación Sindical Internacional –CSI–, el TUAC –Consejo Asesor Sindical de la OCDE– y las Global Unions), en los últimos meses se pronunció haciendo referencia a la reunión del G8 en Aquila, a la Asamblea de Naciones Unidas donde se presentaría la declaración final de la Comisión de Expertos y a la Cumbre del G20 en Pittsburgh. En todos los casos, emitió comunicados fijando posición antes y después de las reuniones.

El llamamiento más fuerte que realizaron al G8 es, como indica el título de su declaración, "Situar al empleo y la justicia en el centro de la recuperación: papel del G8"[50]. La CSI cuestionó que solo la mitad de los países hayan puesto en práctica políticas activas de mercado de trabajo para enfrentar la crisis. Es por esto, que los sindicatos reclamaron a los líderes de las potencias industriales que se abordara con mayor énfasis el factor humano en la Cumbre del G8 llevada a cabo entre el 8 y el 10 de julio, en L'Aquila (Italia).

La declaración insta al G8, entre otras cosas, a combatir el desempleo y la fuga de empleo existente, proteger los salarios contra la deflación, apoyar el pacto global de empleo de OIT, abordar temas como el trabajo precario, la diferencia salarial de género y los trabajadores migrantes. A su vez, reclama que se aseguren los fondos de pensiones pidiendo a los empleadores que asuman parte de la responsabilidad en el riesgo.

Dentro de los reclamos ya realizados por la CSI, también reitera el acceso a la financiación internacional para países desarrollados, el mayor control e información, terminar con los paraísos fiscales, reformar el sistema financiero para prevenir burbujas, controlar la remuneración de directivos y proteger a las familias de los préstamos predadores.

La CSI reclama una reforma del sistema de gobernanza mundial, donde pide que el G20 pase a tener un grupo de trabajo sobre el impacto de la crisis en el mercado de trabajo con ayuda de OIT.

Terminada la Reunión de L'Aquila, la mayor crítica realizada por la CSI sobre la declaración final del G8 es, primeramente, que no establecen un

---

[50] CSI, TUAC, Global Unions "Situar el empleo y la justicia en el centro de la recuperación: papel del G8".

orden de prioridades en todas las medidas que ellos anuncian que deberían adoptarse para salir de la crisis. Como segunda crítica, si bien se rescata el hecho de que el G8 le da un papel más importante a la OIT y reconoce el "Pacto Global de Empleo" como un instrumento importante, no se incluyen compromisos específicos en cuanto a la asignación de los recursos necesarios para alanzar los objetivos de protección social y del empleo.

En cuanto a las Naciones Unidas, el movimiento sindical pidió[51] a los estados miembros que adopten un documento final que reconozca las causas primarias de la crisis y el severo impacto social y medioambiental que ha tenido, y que acuerde una serie de acciones directas y decididas dentro de un marco integral y coordinado que resulte adecuado para lograr soluciones duraderas y sostenibles. Los sindicatos insistieron en que la dimensión del trabajo decente, incluyendo el diálogo social y el respeto de los principios y derechos fundamentales en el trabajo, constituyen componentes esenciales para lograr una justicia distributiva dentro de un nuevo consenso para restaurar el crecimiento con equidad, por lo que debe dárseles prioridad.

La CSI apoyó los paquetes de estímulo que proponen las Naciones Unidas y piden que se fomenten las políticas anticíclicas[52] para estabilizar el mercado de trabajo a nivel mundial.

A su vez, reiteró su pedido sobre la eliminación de paraísos fiscales, los prestamos predadores a las familias, mejor acceso a la financiación y la información, proteger el sistema de pensiones, sobre todo que el estado garantice aquellos de capitalización, y reestructurar el sector bancario para que financien a la economía real y no a la financiera.

Luego de la Conferencia de las Naciones Unidas sobre la Crisis (26 de junio de 2009), la CSI no se pronunció en cuanto al documento de la Comisión de Expertos, pero sí lo hizo en cuanto a la Declaración Final de la Conferencia[53]. Señaló aspectos positivos pero también manifestó su disconformidad en varios temas.

---

[51] CSI, "Forjar un Nuevo consenso mundial para restaurar el crecimiento, el desarrollo sostenible y el empleo decente" , Nueva York, 24 de junio de 2009.

[52] Política anticíclica se refiere a las políticas de gasto y fiscales orientadas a disminuir las fluctuaciones de la economía, haciéndolas menos bruscas. Se ahorra al crecer, impidiendo un mayor crecimiento, pero ese ahorro se reserva para elevar el gasto en períodos de recesión, para tener una rápida recuperación.

[53] CSI, "Trade union evaluation of the outcome document of the united nations conference on the financial and economic crisis and its impact on development" junio 2009.

Para empezar, los sindicatos expresaron su descontento por la generalidad del plan de acción para llegar a las reformas planteadas, virtud que sí tiene el documento de la Comisión de Stiglitz. Lo mismo sucede en cuanto al tratamiento de las deudas; se le achaca a las Naciones Unidas no haber logrado un marco eficiente para modificar esto, si bien la declaración hace una denuncia al respecto.

Otra diferencia que los sindicatos vieron como positivo en el documento preparatorio y que estuvo ausente en el final es el poco compromiso con los nuevos instrumentos financieros para dar a los países en vías en desarrollo. A su vez, la Comisión había dicho que sería útil lograr un nuevo sistema de coordinación en el ámbito de Naciones Unidas, hecho apoyado por los sindicatos que el documento final sencillamente pasó de largo.

Los beneficios que marca la CSI en este documento es el hecho de que realmente se hace un fuerte énfasis en el costo humano de la crisis y que incluye el "Pacto Global para el Empleo" de OIT como un componente central a la hora de armar las políticas de respuesta a la crisis.

Con respecto al mensaje de la CSI y la TUAC a la reunión anual del Banco Mundial y el FMI, la declaración deja en claro ya en su título cuál es el espíritu de la misma, "Promover la recuperación económica sustentable a través de el Pacto Global de Empleo"[54]. La misma señala que si bien puede ser que la recuperación económica ya se esté dando, no lo es así para los trabajadores, sobre todo aquellos que fueron desplazados del mercado de trabajo activo. La declaración critica las políticas pro cíclicas[55] que implementó el FMI en los países en vías de desarrollo, cuando debieron promover políticas anticíclicas. A su vez, se exige más financiamiento para los países subdesarrollados, poner fin a las condicionalidades de austeridad históricamente exigidas por estos organismos, adherir al Pacto Mundial para el Empleo en todas sus medidas, y sobre todo enfatiza la necesidad de consultar a los sindicatos y demás miembros de

---

[54] CSI – Global Unions – TUAC, "Promoting sustained economic recovery trough a global jobs pact", 28 de agosto de 2009.

[55] Al contrario de la anterior, una política procíclica es aquella que maximiza el crecimiento, aumentando el gasto y disminuyendo la recaudación impositiva, dejando a los países en situación altamente vulnerable en períodos de recesión, agrandando la brecha entre recesión y crecimiento. Es decir, magnifica las fluctuaciones financieras y económicas normales en cualquier economía.

la sociedad civil antes y después de cualquier crédito o programa de estímulo que otorguen. La CSI sostiene que los préstamos deben dar prioridad a financiar programas que generen empleo, así como también la obra pública, inversión en agricultura y ampliar la cobertura social.

Se hace un pedido de mayor democracia institucional agregando más representatividad en el funcionamiento orgánico de éstas instituciones y se hacen observaciones para el mercado monetario también, donde se condenan los paraísos fiscales y se llama a crear regímenes regulatorios más eficaces.

Por último, el Mensaje a la Cumbre del G20 en Pittsburgh[56], reclamaba a los mandatarios de los países miembros medidas básicamente divididas en cuatro categorías:

· *La primera prioridad, el empleo*: no sólo se solicita adoptar el Pacto Mundial para el Empleo de la OIT, sino también establecer un grupo de trabajo en el G20 para abordar el impacto de la crisis en el mercado de trabajo. También realizar la primera cumbre de ministros de trabajo del G20, y orientar las políticas de recuperación a mantener los niveles de empleo, mejorar las condiciones de trabajo y los salarios, se maximice la creación de empleo y se mejoren las redes de contención social. Esta petición fue sustancialmente recogida por la Cumbre de Pittsburgh.

· *Reforma del sistema financiero*: se insta a encontrar una nueva autoridad de supervisión del sistema financiero, mejorar la democracia de las IFIs y. una idea altamente novedosa es la de establecer un impuesto a las transacciones financieras a nivel internacional que de alguna manera vuelva al sector público y éste redistribuya, ya que después de todo fue el sector público, a través de la clase trabajadora, la que salvo a los bancos y dio grandes salvatajes para hacer perdurar al sistema financiero internacional. A su vez, se condena, una vez más, los bonos millonarios que se pagan a banqueros y los sueldos exorbitantes de ejecutivos. En este aspecto los líderes mundiales se muestran muy reticentes pero, tal como lo ha señalado el informe de la CSI posterior a Pittsburgh, ha reaparecido el interés por un impuesto global a las transacciones financieras y se ha avanzado algo en ampliar la representación de las naciones en los organismos financieros internacionales (IFIs).

---

[56] CSI – Global Unions – TUAC, "Declaración de Pittsburg", septiembre 2009.

· *Países en desarrollo*: Las medidas sugeridas son las de apoyo a políticas anti (o contra) cíclicas en vez de procíclicas en países en vías de desarrollo. Desde la UNI, hace ya tiempo que se viene planteando la creación de un Fondo Global para el Empleo Decente, mecanismo que se solicita, sea establecido.

· *Cambio climático*: Se llama a asumir la gravedad del calentamiento global, la necesidad de generar empleos verdes, decentes y sostenibles, y la urgencia de alcanzar un acuerdo eficaz en la Conferencia de las Naciones Unidas sobre *Cambio Climático* a realizarse entre 7 y el 18 de diciembre 2009 en Copenhage.

4- Conclusiones: un largo y sinuoso camino

a) *Reconciliar las finanzas con la economía real y el trabajo*

El neoliberalismo instaló la palabra "finanzas" como un tótem. El sector financiero fue presentado como la economía misma, capaz de generar valor por sí mismo. En todo el mundo se realizaron reformas del sistema financiero, de manera de brindarle una gran autonomía de las entidades financieras, bancos y bolsas de valores.

El sistema financiero en la economía es parecido al sistema circulatorio en el cuerpo humano. Por él circula el capital que, reuniéndose con las materias primas, la tecnología y el trabajo, "produce" algo nuevo, algo que no había, un producto, ya sea que se trate de un automóvil, un pan o una fórmula para fabricar un nuevo medicamento. Ese producto nuevo se suma al capital inicial, y recién entonces puede decirse que ha existido una inversión[57]. Es decir, no hay inversión sin economía real, sin trabajo y sin empresas productivas. Esa "ganancia" de la plata hecha con plata, no es entonces una verdadera ganancia, sino una apropiación de ganancias generadas en la economía real, que en última instancia terminan reduciendo la retribución del trabajo. Por esa razón, depositar dinero en una cuenta de plazo fijo, o comprar acciones en la bolsa de valores no constituye ni un aumento ni mejoramiento del capital productivo. En general se trata de especulación o ahorro, pero nunca es inversión.

---

[57] "La educación como Inversión", Roberto Devoto, Facultad de Ciencias Agrarias, Universidad Católica Argentina.

Ésta es la razón por la cual el neoliberalismo se apoya en una escala de valores que desprecia la cultura del trabajo y la solidaridad, para promover una visión individualista de la sociedad y la economía, en la que frases populares, como "poner la plata a trabajar" o "invertir en la bolsa", a pesar del absurdo garrafal, terminaron por ser la forma casi excluyente de lo que durante década se entendió como "economía".

b) Crisis: oportunidad y llamado a la acción

Un mundo cargado de ideas y motivado por una renovación es, sin lugar a dudas, una oportunidad que el movimiento obrero mundial no debe desaprovechar. Toda crisis es una oportunidad, pero la crisis de un modelo no genera por sí mismo un modelo alternativo, y si el trabajo organizado no toma en sus manos la tarea de empujar las reformas que mejoren la situación de los trabajadores, esas reformas no se producirán.

La crisis del neoliberalismo ha producido una movilización sin precedentes de todo tipo de intereses. Nada indica que hayan desaparecido los grupos ligados al neoliberalismo, los mismos que en las últimas décadas han construido una economía de "intangibles", desconectada de la economía real, y generadora de ganancias gigantescas. Todo lo contrario, siguen sentados en las cabeceras de las mesas y hablando de cambios que no cambian lo que hay que cambiar.

Cuestiones como el rol del Estado en la economía, el gobierno de las empresas y el papel del trabajo en ellas, la soberanía y fortaleza impositiva de los estados, la soberanía alimentaria, las reglas de propiedad intelectual, la fuga de cerebros de los países menos desarrollados hacia los más desarrollados, las asimetrías sociales y regionales, la división internacional del trabajo, las migraciones internacionales, la negociación colectiva internacional, el cambio climático, etc., son cuestiones decisivas para saber que tipo de modelo económico va a predominar en los próximos 50 años.

La solución de estas cuestiones no puede esperarse de una Cumbre del G20, ni de dos. Los países poseen distintas culturas, mecanismos de control, sistemas financieros, capacitaciones y niveles de educación en su población económicamente activa. Hoy urge afianzar un acuerdo rápido global para terminar con los efectos de la crisis y modificar el futuro financiero mundial. Un acuerdo rápido y efectivo puede establecer un mínimo de normas y directivas bajo las que deberán moverse las finanzas locales a partir de ahora y salvaguardar el empleo privado y el salario, y luego cada gobierno en particular tendrá la tarea de organizarse para implementarlas.

Lo que urge hoy es:

·   restaurar el sector financiero para que el corazón vuelva a bombear sangre;

·   detener las fugas de empleo y tener políticas que motiven la producción;

·   reformar las finanzas mundiales para que acompañen el crecimiento de la economía.

Esto no quiere decir que no se continúe el diálogo y la cooperación internacional, sino todo lo contrario: es necesario que se avance a mediano plazo con un acuerdo para regular las transacciones entre países, se modifiquen las instituciones financieras internacionales y se protejan, sobre todo, a los países emergentes. A largo plazo ir unificando criterios y ser partícipes de un proceso de organización internacional conjunta que modifique los estándares de regulación globales.

Con toda seguridad la era neoliberal ha terminado, aunque ello no quiere decir que el neoliberalismo va a dejar la cancha porque sí. El neoliberalismo va a tratar de sobrevivir, más o menos disfrazado, todo lo que pueda. Pero, además, los sectores más lúcidos que hasta ayer apoyaron al neoliberalismo, ya están diseñando nuevos lenguajes y estrategias políticas y económicas, que les permitan retomar el control en el plazo más breve posible. Una de esas tácticas parece ir en dirección a complicar la gobernabilidad de las democracias, de modo de restar capacidad de acción al poder político, con el fin de debilitarlo en su tarea de regulación de los mercados y reforma de los poderes económicos.

Aun cuando siguen existiendo sectores que sostienen (o quizás simplemente desean) que una vez pasada la crisis, el pensamiento económico que predominó hasta 2008 volverá al primer plano, el sentido común indica que la magnitud del cambio cultural en materia económica es tal, que no será posible "hacer como que no pasó nada". Una nueva correntada de conceptos y herramientas económicas se ha instalado en el centro del escenario. Nociones como "regulación estatal de los mercados", gobernanza de las empresas multinacionales, eliminación de la pobreza, empleo decente, diálogo social global y sustentabilidad socio-ambiental, parecen haberse instalado en el discurso económico aun de los sectores más conservadores.

Ello no significa sin embargo que se haya impuesto una nueva economía orientada a valorizar el trabajo, reducir las desigualdades sociales y las asimetrías regionales, y preservar el ambiente. Muy por el contrario, las medidas concretas adoptadas en el último año, con excepción de algunos países, se han orientado principalmente a preservar los intereses de los sectores más acomodados y grandes grupos económicos. Los mecanismos de valorización del capital por medios puramente financieros, casi no se han visto afectados y por el contrario, el despido de los trabajadores se ha mostrado como la principal herramienta "de ajuste". La tendencia en los círculos de discusión es "cambiar algunas pequeñas cosas para que nada cambie" y volver al modelo anterior que devino (y volverá a devenir de no cambiarlo) en crisis. Todas las previsiones aclaran que cualquier mejora económica, difícilmente mejore la situación de los que trabajan, para quienes la crisis podría continuar hasta 2011-2013.

Algunas voces alertan incluso sobre la magnitud de los problemas estructurales de la economía mundial y anticipan una nueva etapa de serias dificultades sociales y económicas que podría desembocar a corto plazo en un "rebrote catastrófico de la crisis"[58].

Cómo sea, a poco más de dos años del estallido de la crisis y cuando todo indica que los efectos sociales se extenderán incluso hasta 2013, las nuevas líneas de fuerza que están emergiendo aún no se han delineado, ni definido el papel que cada una desempeñará en el futuro. Para el movimiento obrero, lo esencial es tomar conciencia que éste es un momento completamente distinto al de las últimas décadas que lo llevaron a adoptar una posición defensiva y que hoy debe concentrarse en proponer e impulsar medidas concretas que lleven al trabajo a ubicarse en el centro de la economía.

En los próximos meses, y posiblemente años, se realizarán diversas reuniones para encontrar "salidas", para que la economía real no siga sufriendo las consecuencias del desastre financiero. ¿Es posible llegar a un acuerdo a nivel mundial que sanee la economía? A simple vista no parece una tarea sencilla.

Sin más, requiere de un compromiso serio de los gobiernos y sus bancos centrales por estabilizar las monedas y un marco regulatorio de empresas y de las finanzas públicas ocupando espacios que muchas empresas y grupos económicos no están dispuestas a ceder. Tiene que haber también una discusión sincera y no extorsiva entre los países desarrollados

---

[58] Cordonnier, Laurent (2009). "Por qué la recuperación no será inmediatas", en *Le Monde Diplomatique* "El Dipló", N° 123, septiembre 2009, Buenos Aires.

y los países del tercer mundo, que lleve a reducir progresivamente los niveles de proteccionismo, pero también las subvenciones internas de los países del primer mundo y a crear mecanismos efectivos para atenuar las asimetrías que existen en el mundo. En medio de la crisis, la OCDE, las cámaras de comercio y el G20 han manifestado su deseo de que se firme el acuerdo de la Ronda de Doha en la OMC, pero omiten mencionar que la Ronda de Doha puso al descubierto el doble estándar que utilizan los países desarrollados, en perjuicio del resto, una injusticia que no puede ser resuelta en unos días y que debe conducir a un mundo mucho más equilibrado. Y finalmente, habría que incluir a los sindicatos y las organizaciones de la sociedad civil en proceso de diálogo y consulta, para que las decisiones que finalmente se adopten sean genuinas, serias y duraderas. No se puede esperar arreglar los problemas de la economía real sin incluir a sus principales actores en esa solución: los empresarios y los trabajadores.

Las fichas están sobre el tablero y los jugadores preparados para mover. Los conflictos de intereses son inevitables e indispensables para un desarrollo auténtico del debate. Una cosa es segura: nadie desea que se repita en un futuro los hechos acontecidos el pasado septiembre. Llegó la hora de que la humanidad muestre su capacidad para construir un mundo en el que todos sus habitantes tengan una vida decente. Los jugadores recién están moviendo las primeras fichas. El movimiento obrero debe mover las suyas, y también seguir muy atentamente los movimientos de los demás.

Capítulo 2. "Globalización y relaciones laborales"

A) En vísperas de una nueva era y de un nuevo modelo de relaciones laborales

1. Auge y caída del modelo neoliberal conservador

En la década de 1970 comenzó un proceso que ha sido conocido como la revolución conservadora o neoliberalismo, aunque en rigor se trata de fenómenos complementarios. La revolución conservadora comienza con el triunfo del republicano Richard Nixon (1969-1974) en las elecciones estadounidenses de 1968 y las dictaduras terroristas de Pinochet en Chile (1973-1989) y de "El Proceso" en la Argentina (1976-1983), aunque encuentra su primer antecedente en la victoria electoral del senador Goldwater sobre Nelson Rockefeller en las primarias del Partido Republicano de 1964.

Pero la revolución conservadora recién tomó cuerpo cuando encontró una filosofía política y económica que le diera coherencia y guía: el neoliberalismo o modelo neoliberal, creado fundamentalmente por la Escuela de Chicago dirigida por las ideas de Milton Friedman y otros pensadores, entre los que predominaron notablemente los economistas. El término "*neoliberalismo*" había sido instalado en la década de 1930, por un grupo de economistas y políticos europeos, pertenecientes a los partidos liberal-conservadores, para identificar una postura económica opuesta al keynesianismo y su Estado de Bienestar, que emergió como modelo dominante luego de la Crisis Mundial de 1929[59] [60].

---

[59] Guersi, Enrique (29-09-2004). "Historia del origen del término '*neoliberalismo*'", CATO Institute.

[60] El Papa Juan Pablo II, en su homilía en La Habana pronunciada el 25 de enero de 1998

Friedman y sus discípulos diseñaron un sistema desarrollado a partir de una lectura radical de los economistas clásicos del capitalismo, como Adam Smith, potenciando al extremo la noción de *libertad* (de las personas, pero sobre todo todo de las empresas), "liberándola" a su vez de los otros dos vértices del triángulo clásico de la Revolución Francesa: la *igualdad* y la *fraternidad* (solidaridad). Liberada la libertad de toda exigencia igualitaria y solidaria, la sociedad neoliberal se organizó como *sociedad de mercado*, elevando el *egoísmo y la competitividad* a la condición de virtudes superiores del modelo, para *abolir la justicia social* como principio de organización social y reemplazarla por *el mercado*. La exigencia de una amplia libertad económica para las empresas, llevó a concebir la necesidad de que el Estado se reduzca a su mínima expresión ("*Estado mínimo*")[61], mediante la desregulación y las privatizaciones. El resultado esperable y esperado era la creación de una sociedad con amplias desigualdades y asimetrías sociales y regionales, que fue presentada como el predominio de los ganadores sobre los perdedores (*losers*), buscando conformar la sociedad como una pirámide cada vez menos achatada (la figura de la "pirámide achatada" se instaló como algo indeseable), con un pequeñísimo sector de personas y empresas muy ricas que controlarían la mayor parte de la economía.

El movimiento conservador, organizado ya en torno de la ideología neoliberal o neoclásica, se impuso como modelo dominante, a partir de las reformas económicas que realizó la primera ministra Margaret Tatcher (1979-1990) en Gran Bretaña y el presidente Ronald Reagan (1981-1989) en EE.UU., conocidas como *reagnomics (reaganomía)*.

En la década de 1990 el neoliberalismo se impuso como modelo hegemónico mundial, de la mano del colapso de la Unión Soviética (1989-1991) y del proceso de *globalización*, al que le dio contenido y dirección,

---

dijo: "resurge en varios lugares una forma de *neoliberalismo capitalista* que subordina la persona humana y condiciona el desarrollo de los pueblos a las fuerzas ciegas del mercado, gravando desde sus centros de poder a los países menos favorecidos con cargas insoportables. Así, en ocasiones, se imponen a las naciones, como condiciones para recibir nuevas ayudas, programas económicos insostenibles. De este modo se asiste en el concierto de las naciones al enriquecimiento exagerado de unos pocos a costa del empobrecimiento creciente de muchos, de forma que los ricos son cada vez más ricos y los pobres cada vez más pobres".

[61]El filósofo estadounidense Robert Nozick fue el principal ideólogo del "Estado mínimo" en su obra *Anarquía, Estado y utopía* (1974).

colocando a las corporaciones multinacionales desreguladas como centro del nuevo orden mundial (globalización corporativa).

El neoliberalismo conservador desmontó el Estado de Bienestar que se había construido en torno del Derecho del Trabajo y el reconocimiento del rol de los sindicatos, para instalar un sistema unificado de alta movilidad del capital en escala global, que llevó a una "competencia a la baja" entre los países y trabajadores, volviendo letra muerta las leyes protectoras del trabajo, reduciendo la sindicalización de los trabajadores a su mínima expresión e imponiendo en los hechos un sistema de relaciones laborales en el que los trabajadores se encuentran aislados y con escasa o nula capacidad de negociación frente a las empresas. La reaparición por doquier de formas esclavas y semiesclavas de trabajo fue la consecuencia natural de un modelo que impulsó por principio la desigualdad entre el capital y el trabajo. Frente al auge del neoliberalismo y el retroceso de los derechos del trabajo en todas partes, los sindicatos adoptaron una posición puramente defensiva, que en su momento denominamos Estrategia de Masada, destinada a preservar un núcleo básico de derechos.

A partir de 1999, con las movilizaciones sindicales y ambientalistas en Seattle y el Foro Social Mundial, el neoliberalismo comenzó a declinar hasta que, en 2008, la crisis global iniciada en Estados Unidos puso de manifiesto que el neoliberalismo y la hegemonía conservadora había llegado a un punto de deterioro tal, que anticipa el fin de su ciclo histórico.

Pero el fin del ciclo histórico del neoliberalismo conservador, no significa por sí mismo el comienzo de un nuevo ciclo histórico, y mucho menos aún significa que el neoliberalismo conservador, centrado la valorización de la inversión financiera, vaya a ser reemplazado por una corriente histórica de contenido popular, que ponga en el centro la valorización del trabajo y la atenuación progresiva de las asimetrías territoriales y las desigualdades sociales.

Del mismo modo que la *revolución conservadora* triunfó porque tuvo la capacidad de pegar un salto y diseñar una nueva filosofía política y económica (el neoliberalismo), la posibilidad de que se instale globalmente una *visión social-popular de la sociedad* requiere ponerse a la altura del momento histórico, salir de la posición defensiva y decidirse a diseñar —y sobre todo realizar— un nuevo mundo, con una nueva organización social, basada en los nuevos principios políticos y económicos.

La Crisis Global de 2008/2009 señala el momento de *hacer realidad el lema* que unió al movimiento social popular de todo el mundo: *"un nuevo mundo es posible"*.

2. "Un nuevo mundo es posible"

La crisis global desencadenada en 2008 por Estados Unidos ha convencido a todo el mundo de que las reglas -o más precisamente la falta de reglas– por las que se había venido rigiendo la economía en las últimas décadas han quedado obsoletas. Sobre esto el consenso es unánime, incluso a disgusto de muchos de los economistas y opinadores que han venido frecuentado los medios de comunicación para convencer a la opinión pública de las supuestas "bondades" de las reglas que hoy han entrado en crisis.

Hoy el mundo ha entrado en un proceso histórico de reformas, que están siendo resueltas en ámbitos globales como las Naciones Unidas o el G 20. Se trata de un proceso inédito, que sólo encuentra antecedentes equiparables en la creación de las Naciones Unidas y los Acuerdos de Bretton Woods que dieron origen al Fondo Monetario Internacional y el Banco Mundial, pero que potencialmente podría –y debería– llegar mucho más lejos. Tan es así, que nada menos que el papa Benedicto XVI, en su encíclica *"Caritas in veritate"* (2009), *"urge la presencia de una verdadera Autoridad política mundial" para gobernar la globalización*, aclarando además que ello no debe realizarse a costa del poder soberano de los estados nacionales –que deben fortalecerse más-, sino que por el contrario se debe evitar *"la instalación de un peligroso poder universal de tipo monocrático"*:

> Para gobernar la economía mundial, para sanear las economías afectadas por la crisis, para prevenir su empeoramiento y mayores desequilibrios consiguientes, para lograr un oportuno desarme integral, la seguridad alimenticia y la paz, para garantizar la salvaguardia del ambiente y regular los flujos migratorios, *urge la presencia de una verdadera Autoridad política mundial...*

Las primeras reuniones, si bien han mostrado un innegable cambio de enfoque, como la revalorización del papel del Estado o la inclusión de la Organización Internacional del Trabajo –marginada durante más de tres décadas–, han mostrado también una fuerte tendencia a *reflotar las reglas centrales del neoliberalismo*. Los actores se muestran contradictorios, confundidos y hasta temerosos de realizar cambios que puedan afectar los intereses creados. Podría decirse que el lema dominante en este momento es: *"declamación de nuevos principios, aplicación de las mismas reglas"*.

Ante esta situación el movimiento social popular debe asumir la responsabilidad y la iniciativa del cambio. Es ingenuo pensar que un cambio esencial de modelo pueda suceder sin una presión audaz y enérgica de quienes se han visto perjudicados por el modelo neoliberal. El movimiento social popular debe asumirse como sujeto de cambio, protagónico, movilizándose e impulsando propuestas concretas capaces de hacer realidad los nuevos principios, *que le cambien la vida a la gente y sobre todo a los trabajadores*. Lo mismo, aunque de signo inverso, a lo que hizo la revolución conservadora cuando creó el neoliberalismo para imponerse.

3. ¡Sí podemos! Hora de las medidas concretas

El movimiento social popular global cuenta hoy con un enfoque propio de la sociedad y la economía que está en condiciones de organizarse como *una nueva ideología política y económica* capaz de orientar el proceso de reformas en marcha. Pero para ello debe formularlas con inteligencia y audacia y movilizarse para presionar a los intereses creados, consciente de que, para que *un nuevo mundo sea posible*, las reformas deben consistir en medidas prácticas que hagan realidad los nuevos principios. *La clave de la hora es pasar de la posibilidad formal a la realidad cotidiana y palpable de un nuevo mundo.*

El principio más importante del nuevo movimiento social popular global ha sido precisamente *"un nuevo mundo es posible"*. Este principio ha sido tomado en todo el mundo y simplificado con la fórmula *"sí se puede"* o *"sí podemos"*, y es el que llevó a la victoria al primer presidente afroamericano de los Estados Unidos (*"yes we can"*).

Se trata de recuperar la idea de fondo de la democracia, *como herramienta para hacer realidad la voluntad popular ("gobierno del pueblo, por el pueblo y para el pueblo") y como sistema social en el que "los pobres del mundo" terminan con la pobreza.*

Si no hay comida cuando se tiene hambre, si no hay medicamentos cuando se está enfermo, si hay ignorancia y no se respetan los derechos elementales de las personas, la democracia es una cáscara vacía, aunque los ciudadanos voten y tengan Parlamento. (Nelson Mandela, Ushuaia, 1998).

"Otro mundo es posible" y "sí podemos" implica una respuesta frontal al neoliberalismo y su principio del óptimo tecnocrático, esto es, que la economía –dirigida por los economistas y las empresas– es una ciencia que admite una sola respuesta para cada problema, que no admite direccionamiento de la política y a la que debe subordinarse la voluntad popular. Este principio fue conocido y difundido bajo múltiples formas como la idea del "pensamiento único" o "fin de la historia". La política sería reemplazada por la gestión y los partidos políticos habían perdido su razón de ser como generadores de alternativas, para definirse según su mejor o peor capacidad para realizar un objetivo supuestamente común.

4. De la irresponsabilidad social a la gestión social de las empresas

Uno de los aspectos más sorprendentes de la crisis del neoliberalismo es el reconocimiento explícito de que las empresas privadas debieran tener una responsabilidad social (RSE). En realidad se trata de un pavoroso reconocimiento de la irresponsabilidad social de las empresas.

Este reconocimiento es nuevo y se desarrolló en la primera década del siglo XXI, precisamente, en la evidencia incontrastable de que el poder de las grandes empresas movidas por el fin del lucro privado, tienden a ser socialmente irresponsables y a causar –y efectivamente han causado– daños gravísimos a la sociedad. Entre ellos se cuenta la pobreza, la drogadicción, las guerras, el tráfico de personas, el aumento de la desigualdad social, el desempleo, la precariedad masiva del trabajo, la marginalidad, el aumento de las asimetrías regionales, la criminalidad, la destrucción del medio ambiente, la corrupción, la anulación de la democracia, la manipulación de los medios de comunicación, la ciencia y el arte, la premiación de la especulación, el castigo del trabajo, la alienación de la vida, la discriminación, la marginación de los ancianos, la mercantilización de los niños y los jóvenes, de la educación, la vivienda y la salud, etc.

La evidencia cotidiana de la irresponsabilidad social de las grandes empresas es un lugar común del saber de la gente, aunque los medios de comunicación de masas prácticamente no difunden noticias ni informes relacionados con este problema esencial del neoliberalismo. Algunas películas de éxito mundial, como *Wall Street* de Oliver Stone o *El Informante (The insider)* de Michael Mann, han quedado como manifiestos populares de esta evidencia. El notable documental canadiense *La Corporación (The corporation)* de Jennifer Abbott y Mark Achbar, basada en el libro de Joel Bakan, muestra de modo abrumador cómo las grandes empresas tienen un tipo de organización orientada exclusivamente a obtener la mayor ganancia posible para los inversores, más allá de todo sentido de responsabilidad social y las define como *sociópatas*. Los casos de Enron y Lehmann Brothers, empresas que eran presentadas como modelo para el mundo y terminaron siendo organizaciones delictivas, con sus dirigentes encarcelados por decenas de años.

La crisis económica mundial de 2008/2009, que ha costado millones de puestos de trabajo –y de vidas–, se manifestó como una pavorosa conspiración de gigantescas empresas socialmente irresponsables, sin la más mínima noción de bien común, realizada a plena luz del día. Si en el mundo existiera realmente un Eje del Mal, no puede haber duda alguna que las grandes empresas, tal como han sido organizadas por el neoliberalismo, lo integran.

Los sindicatos globales han diseñado un instrumento, llamado acuerdos marco globales, por el cual una empresa multinacional y sus empresas tercerizadas se comprometen a respetar los derechos humanos básicos de sus trabajadores en todo el mundo (no utilizar esclavos ni niños, no discriminar por raza ni género, respetar la libertad sindical). De unas 20.000 empresas multinacionales que hay en el mundo, menos de 100 han aceptado firmar acuerdos marco. *¡Esto es lo que hay que cambiar!* Porque sin que exista un equilibrio entre el capital y el trabajo a nivel mundial, que sustente una relación contractual libre de negociación en condiciones de igualdad, no hay posibilidad alguna que las personas que trabajan puedan tener una vida digna.

De este modo, la crisis del neoliberalismo ha puesto sobre el tapete un tema que en muchos ámbitos es conocido como *la gobernanza de las grandes empresas.* La cuestión lleva a la necesidad de reformar la empresa para garantizar que quienes la gobiernen tengan la misión y el incentivo de preocuparse por que la empresa beneficie a sus trabajadores, sus usuarios y la comunidad en la que está instalada. Esto es un cambio histórico del capitalismo, porque significa aceptar que el fin de lucro no es el objetivo principal de la empresa privada, sino que debe estar subordinado al fin social. La ganancia sólo es aceptable si ha sido obtenida evaluando los costos sociales. Es la idea de fondo del *balance social,* que debería emerger como una de las herramientas principales del pos-neoliberalismo. Lo mismo con índices como el crecimiento del PBI, que por sí mismos no reflejan si una sociedad avanza o retrocede, para concentrarse en esquemas de medición como los que el PNUD viene impulsando desde... Paradójicamente y pese a esta evidencia, los análisis sobre la eventual salida de la crisis, se han concentrado casi exclusivamente en indicadores de tipo mercantil, postergando los sociales. Esto es como decir que *la economía anda bien aunque a la gente le vaya mal* ("estamos mal pero vamos bien").

Estas reformas debieran orientarse a:

·   Concebir a la empresa como una comunidad en la que confluyen inversores, ejecutivos, trabajadores y usuarios/consumidores.

Abandonar la idea de propiedad privada de la empresa; la propiedad privada puede ser del capital, no de la comunidad asociativa que conforma la empresa. La empresa podrá tener un fin de lucro para el inversor, pero deberá también tener un fin de beneficio social, que deberá ser promovido y garantizado por mecanismos de igual importancia que los que atienden el lucro privado. Para ello:

· Generalizar las directrices de la OCDE, potenciar la Declaración Tripartita de la OIT y aprobar la Resolución sobre EMN de la ONU.

· Hacer obligatorio el diálogo social y la negociación colectiva nacional, regional y mundial.

· Incorporar a los trabajadores a la gestión de la empresa.

· Balance social.

B) El sistema de relaciones laborales y la negociación colectiva en los modelos productivos estandarizados y las mutaciones actuales

Las transformaciones operadas en el mundo del trabajo y, dentro de él, en los sistemas de relaciones laborales, obligan, en un contexto de dinámica permanente, a estudiar herramientas otrora utilizadas en el marco de realidades y escenarios hoy llamados tradicionales. Para ofrecer toda su potencialidad, estas necesitan ser revisadas en sus formas, sus contenidos y sus nuevas capacidades. Éste es el caso de la negociación colectiva como instrumento de generación de normativa laboral autónoma.

Si uno se retrotrae a la construcción del escenario que dio origen al funcionamiento de las instituciones sociolaborales fordistas-tayloristas va a encontrar un diseño específico de gestión de la negociación y el conflicto, funcional a una concepción de la empresa, del sindicato y del comportamiento de los actores sociales frente al mercado y al Estado. Un modelo que, en cierta medida, generó una tregua en el mundo de la segunda posguerra, en relación al reparto de la riqueza. Una tregua muy particular, porque la misma no disipó lo que, de alguna manera, se asimilaba a una guerra de posiciones: los intereses de la empresa de un lado y los del colectivo laboral, por otro. Este escenario persistía pero atenuado bajo la presencia de un Estado, que aunque no nuevo, al calor de las teorías keynesianas, había decidido intervenir fuertemente en el mercado.

Esta intervención en el campo de la economía estaba destinada a la promoción de la demanda, por un lado y a acentuar el enfoque regulacionista en el mercado de trabajo. El sistema laboral se impregna de esta nueva manera de mirar el mundo del trabajo, ya no como un campo de batalla, sino como un ámbito de aceptación mutua en el que es posible canalizar el conflicto laboral. La presencia sindical se institucionaliza y la negociación colectiva hace su irrupción como herramienta de redistribución asentada en la cuestión salarial y en el mejoramiento de las condiciones de trabajo.

Es en este marco en el que la conflictividad laboral se razona institucionalmente canalizable. Es el Estado el que se organiza para recibir a los actores cuando la autonomía colectiva no permite el restablecimiento de la normalidad.

La denominada cuestión social ha encontrado, de esta manera, un cauce orgánico que permite dirimir la conflictividad, en un marco de intensificación del trabajo, pero con válvulas de escape que posibilitan, a grandes rasgos, períodos de paz social. El vendaval keynesiano de promoción de la demanda y la lucha obrera, en combinación dialéctica, empujaron a la legalidad del movimiento sindical en el campo de la realidad y al constitucionalismo social en el campo sociopolítico.

Pero veamos ahora ciertas características del funcionamiento taylorista fordista de la empresa en términos de organización del trabajo, de la organización sindical y de los caminos de resolución conflictual.

Se parte de la base de que el modelo taylorista-fordista es producto de la búsqueda de una nueva gestión del tiempo de trabajo en el marco de las denominadas economías de tiempo. Perseguir los tiempos muertos en el proceso de trabajo a partir de una reorganización denominada por Taylor "científica", constituía el objetivo específico que redundaría en dos cuestiones centrales: reducción de costos y aumento de la tasa de ganancia. O sea, estamos en presencia de una metodología de búsqueda de beneficios a partir de una concepción, no sólo del trabajo humano sino del propio ser humano, en el que, según Taylor, "predominaba de manera generalizada la pereza, la holgazanería, la tendencia innata al ocio y la vagancia ...". La denominada "organización científica del trabajo" supuso un nuevo enfoque que nació al calor de fuertes demandas empresariales de racionalización de la mano de obra en términos de necesidad de sustanciales mutaciones en la visión obrera acerca de sus posibilidades de ser la dueña del entramado del proceso de trabajo. Sobre la base de sustraer el conocimiento acumulado del saber obrero de su arte u oficio, separar lo social de lo técnico en el seno del proceso de trabajo, jerarquizar la supervisión como mecanismo de control y disciplina, pergeñar nuevos movimientos y gestos de trabajo para reducir costos unitarios, implementar sistemas estímulo y motivación y debilitar la organización sindical de los trabajadores más calificados fueron los más importantes objetivos del taylorismo.

Un esfuerzo de imaginación nos permitiría trasladarnos a una empresa con sus procesos de trabajo en plena transformación taylorista y allí visualizaríamos un escenario con los siguientes componentes:

- trabajadores fuertemente ensimismados en sus tareas específicas de ejecución;

- una comunidad de supervisores con actividad de control y fuerte disciplinamiento;

- una dirección planificando los objetivos y administración de la empresa;

- sectores de la empresa identificados con una parcela específica de la elaboración del producto final;

- un sector particular de la administración dedicado a la selección científica y reclutamiento de personal;

- trabajadores con tiempos de reposo y pausas obligadas en la ejecución de tareas, perfectamente pautados;

- trabajadores formados profesionalmente en la tarea asignada para llevarla a cabo sobre normas y tiempos establecidos;

- trabajadores remunerados por rendimiento individual.

Una transformación de esta naturaleza implica no sólo una metamorfosis en la estructuración de los puestos de trabajo y sus entornos más inmediatos; conlleva también a un sustantivo cambio en el concepto de la empresa que, a la larga, se va a trasladar a contextos macroeconómicos. Con Taylor, la gestión empresarial hace prácticamente desaparecer las posibilidades autoorganizativas respecto al proceso de trabajo, que tenía otrora la tradicional clase obrera artesanal y, esa posibilidad se regenera hacia la nueva dirección que se tornará en una dirección científica del proceso de trabajo.

Por su parte el fordismo modificará ciertos aspectos del taylorismo pero constituirá, al mismo tiempo, su complemento ideal para la apuesta hacia una mayor división técnica y social del trabajo y un aumento exponencial de su productividad. El fordismo es consecuencia, a su vez, de ciertas limitaciones estructurales del propio taylorismo para hacer frente a una demanda de producción masiva y de series largas, demanda en ciernes merced, en una primera instancia, al crecimiento sostenido de la economía norteamericana y, más tarde, a la batería de políticas keynesianas de fomento del consumo masivo que con el correr del tiempo se manifestarían en otra vuelta de tuerca de la expansión del sistema, a escala cuasiplanetaria. El eje nuclear de la propuesta fordista para cumplir el objetivo precedentemente mencionado es la mecanización de la cadena o cinta transportadora. La velocidad rítmica del objeto de trabajo circulando sobre la cinta establece los tiempos y contenidos mecánicos de los gestos productivos del trabajador, induciendo de esta manera el sistema de organización. Por ello el fordismo es, en este sentido, complementario del taylorismo en el sentido de que el funcionamiento de la cadena necesita de los principios de la organización científica del trabajo en términos de aprovechamiento minucioso de los tiempos de trabajo. Según lo define Françoise Vatin, "la cadena constituye entonces el pilar técnico-organizacional sobre el cual se construye la fábrica mecánica contemporánea". El fordismo, por otra parte, produce un notable proceso de incorporación de tecnologías al proceso de la producción, básicamente redimensionando la cadena de montaje.

Las características sobresalientes del esquema fordista, entonces, se pueden resumir de la siguiente manera:

- el fordismo responde a un criterio económico expansivo de producción y consumos masivos básicamente de bienes durables;

- necesidad de empresas "gigantes" que contuvieran en su seno, no sólo el aparato productivo propiamente dicho, sino espacios para stock y producción de insumos intermedios que abastecieran en forma permanente la producción del producto principal perfilándose un tipo de empresa vertical y autosuficiente en el sentido más estricto del término;

- utilización continua de la cadena de montaje para abastecer, también en forma continua, la creciente demanda, lo que obligaba a la existencia de un fuerte soporte en insumos hacia la cadena;

- frecuentes procesos innovativos en un mismo producto, sin modificaciones radicales.

Con estas características, no resulta difícil sacar conclusiones respecto al proceso de trabajo, en el que se intensificó el panorama de la división de las relaciones técnicas y sociales de producción en el marco de una fuerte tendencia a sustituir mano de obra por mecanización. Ahora, esta mecanización, a través de su velocidad, era la que marcaba los ritmos de trabajo. Además son observables, en la empresa fordista, ciertas premisas que tienen que ver con la gestión del personal que en cierta medida se asimilan al proyecto taylorista pero que por las características propias de la fábrica de producción masiva se diferencian del planteo original: subsiste la centralidad decisional y la estructura jerárquica y se agrega el componente territorial en el que se visualiza, por un lado la planta operativa y por otro la sede de la dirección.

Nos encontramos a esta altura en condiciones de analizar, sobre la base de los contenidos técnico-organizativos del paradigma fordista-taylorista, aspectos que tienen que ver con el tipo de trabajador que emergió, el modelo general de organización sindical y las herramientas de la acción colectiva que irrumpieron como prácticas comunes (por no decir espontáneas) y que luego fueron institucionalizadas normativamente en los andariveles de funcionamiento del estado keynessiano que se desarrolló teniendo como sustrato de acumulación, el paradigma mencionado.

Retrotrayéndonos al taylorismo se observará como su principal resultado la intensificación del trabajo, derivó en el consabido costo social y humano típico del capitalismo temprano post revolución industrial. La organización científica del trabajo se encaminó hacia un combate frontal al trabajador de oficio, especie remanente de la economía doméstica artesanal, que era portador del saber obrero de las profesiones de la época.

Es dable comprender el carácter contestatario y el perfil fuertemente ideológico de las organizaciones sindicales frente a los fenómenos de transformación taylorista de las empresas y de los modelos organizativos de la producción y del trabajo nacidos bajo su influjo. En primer lugar por la continuidad de una acción sindical que desde hacía muchos años venía debatiéndose con las consecuencias de la revolución industrial europea, que aunque lentamente elevó los índices de la productividad, lo hizo a costa de una profundización de la intensificación del trabajo y de la conformación del denominado por la teoría marxista, "ejército industrial de reserva". Para los últimos años del siglo XIX, particularmente en los EE.UU., se produce un esquema que iba a ser decisivo en lo tocante a la aparición del taylorismo: el país necesitaba imperiosamente modificar sustancialmente su matriz de productividad que estaba sujeta a esquemas rígidos y a escasa inversión en tecnología para dar respuesta a la demanda creciente en función del fuerte crecimiento económico. No cabía duda que una respuesta a este contexto consistía en elevar el componente de inversión tecnológica o, combatir las porosidades temporales que se producían en el proceso de trabajo, básicamente, bajo la dirección creativa y operativa del trabajador artesanal. El taylorismo constituye la opción de hierro para la inteligencia empresarial y académica norteamericana del momento. La opción sindical fue la adopción de un esquema refractario al modelo en términos de metodología de acción sindical, acicateada por un fuerte costo humano, pronunciada desprofesionalización y retroceso de la identidad colectiva tradicional. La organización sindical fue abandonando su perfil al tiempo que iniciaba un nuevo camino organizativo, esta vez, con nuevos trabajadores disminuidos desde el punto de vista del valor agregado colectivo que significa el saber y la iniciativa obrera y sólo provistos de herramientas para, únicamente, ejecutar el trabajo.

Como lo expone con claridad Neffa: "La concepción reductora de la naturaleza humana de la organización científica del trabajo, al negar de hecho las dimensiones psíquicas y mentales de los trabajadores, es decir la subjetividad, y al prescribir de manera rígida la realización de las tareas, desconoció el saber productivo acumulado en el colectivo de trabajo, desalentó el sentido personal de autonomía y de responsabilidad, frenó la propensión favorable hacia la comunicación de informaciones productivas e innovaciones incrementales dentro del colectivo de trabajo, desalentó la cooperación espontánea entre los trabajadores para hacer más eficiente, bloqueó el desarrollo de las capacidades creadoras y de la iniciativa de estos, y no tuvo en cuenta que progresivamente, a medida que se satisfacían las necesidades básicas, la motivación del operario para trabajar de manera eficaz no dependía solamente de la remuneración".

El fordismo ahondó aún más el perfil de un trabajador disciplinado y plenamente incorporado a la fábrica industrial mecanizada. Sin la creatividad que surgía de poseer la capacidad de planificar, dirigir y ejecutar al mismo tiempo y sin poder ya utilizar los secretos del arte o la profesión como elementos de presión y negociación, se produce una impactante mutación en el concepto de solidaridad y en la estructura de la cadena de solidaridad. El moderno sindicato industrial va a emerger sobre la base de una solidaridad fuertemente instrumental, o sea, asentada en las nuevas vivencias del trabajador como parte de un nuevo proceso organizativo de trabajo y como parte del nuevo engranaje mecánico productivo, claramente compartimentalizado, de saberes restringidos, de movimientos y ejercicios estructurados y de baja o escasa innovación personal. Dicho de otra manera, la solidaridad que sustentaba la organización colectiva no era la misma en la etapa anterior, en la que las vicisitudes frente al proceso de trabajo tenían un tipo de consecuencias cualitativamente distintas a las que nacían en la nueva relación del obrero con la máquina y el nuevo entorno fabril. Este nuevo entramado, denominado por J.J. Castillo "la centralidad de la fábrica", traspola lo que sucede en la fábrica y su evolución se convierte en paradigma de la evolución total de la sociedad (Sarries Sanz, 1993).

Surge una nueva dimensión en la acumulación de experiencia cotidiana. Hay un impacto de percepción negativa del trabajo por parte de los trabajadores. Blauner encuadra esta percepción en tres niveles que caracterizan la mirada de los trabajadores sobre el nuevo escenario:

1) Impotencia: la fuerza de trabajo es víctima de fuertes controles y normas que determinan las condiciones de trabajo, su rendimiento y su participación en los procesos de producción, generalmente instalados unilateralmente.

2) Desinterés: la división del trabajo y la burocratización del mismo despiertan sentimientos de desinterés y pérdida de sentido tanto en lo que se refiere al producto y a los procesos de trabajo, como a la organización del mismo.

3) Alienación social: el trabajador no se siente vinculado con la empresa como comunidad de trabajo. La empresa es un lugar extraño, donde el trabajador deja parte de su vida porque no tiene otra alternativa para poder vivir.

Así las cosas, el movimiento sindical inicia su camino hacia la vertebración de un nuevo diseño de la gestión sindical, de una nueva matriz de funcionamiento interno y de herramientas sindicales rústicas pero que iban a ser, mas adelante, perfeccionadas y desarrolladas. El colectivo obrero se preparaba para una larga "batalla de posiciones" entre dos intereses fríamente antagónicos.

La gestión se caracterizará por ser básicamente contestataria frente a una empresa en plena tarea de intensificar el rendimiento laboral de la mano de obra y en inyectar dosis cada vez mas compactas de tecnología. La recurrencia a una mayor fatiga humana en el trabajo producto de la jornada ilimitada y un considerable aumento de la accidentología en el espacio de trabajo merced a la fuerte imbricación del hombre con la máquina, así como la cuestión salarial, se transforman en el eje temático de la acción sindical.

La racionalización "científica" de la producción fué sin duda lo que contribuyó, según Castells, a la homogeneización de la clase obrera. Esa racionalización atacó el tabicamiento de los "gremios" con los que sus miembros se identificaban estrechamente: el trabajador se pensaba "forjador" o "carpintero" antes de pensarse "obrero". El nuevo carácter de la organización del trabajo en el que las culturas laborales se homogeneizaron, abrió las compuertas para el surgimiento de una conciencia obrera, más tarde de clase.

La negociación laboral no era aceptada como herramienta civilizatoria sino como último recurso. Su antecedente histórico era el "pliego de condiciones" que podía constituirse en el punto de partida de una negociación o en la salida de la exteriorización de un conflicto. De contenido mínimo, de estructura sencilla y de escasa formalidad, este instrumento demostraba su capacidad de respuesta frente a la demanda laboral, en relación directa con la capacidad de despliegue de fuerza del colectivo que sustentara la demanda.

La exteriorización del conflicto se producía con medidas y acciones muchas veces semiespontáneas o planificadas desde la organización sindical en la empresa para luego trasladarse a otras empresas o actividades. La huelga y la ocupación de fábricas eran las medidas más comunes. La historia de la sociedad del trabajo registra medidas de esta naturaleza que se han convertido en anecdotarios de triunfos y derrotas que han jalonado los avances y retrocesos de la calidad de vida de los trabajadores.

La consolidación del modelo industrial de escala con los sistemas productivos descritos funcionando a pleno constituyeron el escenario ideal para el funcionamiento de la negociación colectiva como la herramienta señera en la canalización del conflicto de base industrial y, a la vez, como instrumento que, en más o en menos, fue generando una cota cada vez más significativa de protección y generación de normativa laboral, generalmente superadora de la norma estatal.

Los sindicatos y la negociación colectiva han cumplido roles y funciones esenciales para la sociedad industrial, constituyéndose en factores de consolidación social y desarrollo. Esas funciones decisivas trascienden a su época, en la medida en que se vinculan con necesidades inherentes a las sociedades pluralistas en lo ideológico, democráticas en lo político y capitalistas en lo económico, rasgos que aún hoy se consideran predominantes y con vitalidad hacia el futuro.

Como lo manifiestan correctamente Tomada y Rigat: "En las sociedades modernas, industrializadas y abiertas, la negociación colectiva constituyó una pieza clave del sistema social. Su vigencia y las prácticas que suscita concretaron modalidades estables de institucionalización de los conflictos laborales, posibilitaron un marco consensuado de gestión de lo social y generaron normas contractuales capaces de articular maduramente intereses sectoriales en pugna. En mayor o menor medida, fue un instrumento idóneo para que las partes, libre y bilateralmente, autorregularan todos los aspectos de las relaciones del trabajo, particularmente la determinación de los niveles salariales".

En este marco la negociación colectiva se vislumbraba como un medio para mejorar las condiciones de vida y de trabajo de los trabajadores. Era, esencialmente, un mecanismo redistributivo. Este mecanismo se desplegaba como corolario de una visión del conflicto descrita precedentemente: una batalla de posiciones en la que, sin arribar al límite conflictual de virtual desaparición de los actores involucrados, sólo se visualizaba la ganancia de uno sobre la base de la pérdida del otro y viceversa. Así se reflejaba un tipo de negociación por concesiones en la que sólo era importante la posición en que cada uno quedaba al canalizarse el conflicto.

La negociación quedaba entonces reducida a un debate de escasos y muy puntuales contenidos generalmente relacionados con salario y condiciones de trabajo, temas, por otra parte, contemplados, en nuestros países, en la normativa heterónoma constitutiva del orden público laboral. La discusión negocial se encontraba referenciada en los márgenes de la estrategia macroeconómica. El reparto de productividad se realizaba desde los ámbitos de decisión de la superestructura económica. Así, el movimiento sindical sólo se preocupó por las estrategias de "conquista" de ese reparto en las empresas, ramas y sectores, sin tomar nota de las vicisitudes relacionadas con la gestión organizativa del trabajo y las posibilidades de incidir en ella y a partir de esa incidencia, redefinir una matriz de funcionamiento, como sujeto social y en el uso de las herramientas sindicales.

Las nuevas fronteras de la negociación colectiva en un mundo en mutación

En un contexto de relativa estabilidad y expansión económica, de incremento sostenido de la productividad, con niveles relativamente estables de empleo, la negociación colectiva encontró un escenario propicio para desarrollarse y expandirse, constituyéndose en un factor de equilibrio y paz social.

Todo ello se ha trastocado. Los cambios derivados de la mundialización, en particular a lo que atañe a la intensificación de la competencia en un marco de liberalización comercial, conducen a un recorte de los espacios de información, consulta y negociación de los trabajadores en las empresas. Aparecen cada vez más claramente exigencias de diversificación de las condiciones de trabajo y para su adaptación flexible a las circunstancias productivas u organizativas de cada empresa.

Se visualizan una serie de tendencias en la economía internacional que necesariamente van a influir en el escenario del sistema de relaciones laborales, específicamente en la negociación colectiva

1) la incorporación a la economía global de una gran cantidad de países que adhieren a los principios de la economía de mercado;

2) el desarrollo de economías competitivas y el consecuente abandono, por parte de las economías periféricas, de los modelos de sustitución de importaciones;

3) la irrupción de procesos de integración regional y subregional;

4) la presencia de una tecnología de las comunicaciones y de la información que opera como instrumento de aceleración del proceso global:

5) altas tasas de crecimiento del comercio internacional, de los flujos financieros y las inversiones extranjeras directas.

El mercado global marca el ritmo y las exigencias de los modelos de organización social, sus mecanismos de regulación y los sistemas jurídicos.

Son precisamente estos cambios los que derivan en una profunda mutación en los procesos productivos y en las empresas. En un escenario económico fuertemente impactado por el proceso de globalización con su componente de revolución tecnológica y la virulenta incorporación de ésta al propio proceso productivo, ciertos aspectos vitales del modelo tradicional ya no serán funcionales a los objetivos del aumento de la competencia en los mercados. Básicamente los que tienen que ver con la especialización, la organización y coordinación del trabajo por vía jerárquica y el control y la jerarquía de mandos en la supervisión.

Es dable visualizar la presencia de un trabajador polivalente y multifuncional que rota y a su vez aporta riqueza a las tareas. Éstas ya no se realizan según pautas tayloristas de compartimentalización de tareas sino en el marco de un proceso que incluye diagramación, diseño, ejecución y evaluación por parte de los propios trabajadores involucrados en el propio proceso. El trabajo en equipo se asemeja al ideal para este tipo de tareas.

La empresa moderna va lentamente abandonando su estructura vertical y por ende jerárquico, siendo ésta reemplazada por una que facilita la comunicación y coordinación entre las distintas áreas.

La institución de la supervisión va siendo dejada de lado por un proceso de autocontrol de quienes están involucrados en el proceso. Esta nueva tendencia está íntimamente relacionada con las características de trabajador polivalente y la horizontalidad como concepción.

Otra característica notable en las nuevas concepciones empresarias consiste en aumentar al máximo las factibilidades de mayores ventajas competitivas de la actividad de la empresa, entregando o externalizando aquellas actividades que puedan distraer de aquel objetivo central. Estas actitudes denominadas políticas de "subcontratación" generan realidades bifrontes: una cara puede expresar la sana intención de establecer redes estables y cooperativas con el consecuente fortalecimiento de zonas de desarrollo local en combinación con el despliegue de micro, pequeñas y medianas empresas; otra cara es la utilización de estas políticas con contenido y objetivos precarizantes de reducción de costos y aumento de la informalidad laboral.

Así las cosas, resulta evidente que el conflicto, la negociación colectiva y hasta la propia organización sindical deben enfrentarse a un inesperado cambio de escenarios que plantea un desafío. Aceptarlo y enfrentarlo con amplitud de miras permitirá al derecho del trabajo continuar con su función histórica.

Todo indicaría que el conflicto, sin dejar de reconocer la idea que fluye de su acepción histórica en términos de enfrentamiento y contraposición de intereses, a la luz de las transformaciones en los sistemas productivos y las empresas, en materia de organización del trabajo, se desplaza en el sistema de relaciones laborales por andariveles distintos a los tradicionales. La redefinición de la empresa como un ámbito comunitario de intereses en el que el trabajador abandona su clásica postura meramente ejecutiva y aporta sus capacidades creadoras y realizadoras, se horizontaliza la gestión y se reorientan las vías jerárquicas, implica la presencia de nuevos marcos de relaciones sociales en el seno de los lugares de trabajo que influyen en las aristas del tratamiento conflictual del mundo del trabajo. Si se tiene en cuenta la existencia de una permanente tensión entre cooperación y competencia en el campo del conflicto, parecería que existe un campo propicio, por supuesto en términos teóricos, para desarrollar un sesgo más colaborativo en las relaciones obrero-empresarias, sin dejar de reconocer la vigencia de una esfera de intereses divergentes. Éstos, ya sea en la nueva dimensión del cambio tecnológico que impacta sobre las empresas o en las realidades más complejas de las sociedades periféricas, en las que el cambio ha asumido visiblemente costados de degradación y precarización del mundo laboral, se procesarían desde una visión más colaborativa y menos antagónica, en la medida que los actores entiendan que su subsistencia depende de una interacción mutua y recivilizatoria.

Estamos en presencia de una noción que nos permite hablar de la negociación como metodología de integración cuando se desestabiliza la relación cooperación-competencia y resulta imprescindible canalizar el conflicto.

Pero también aflora cierto perfil de la negociación, cuando hablamos de interacción mutua y recivilizatoria. En el mundo actual, la vida cotidiana comienza a integrar a gran velocidad y sin que siquiera se note, otras dimensiones, además de la laboral, ya sea como práctica o como aspiración, como "querer ser". Estas dimensiones, como lo describe Ana María Catalano, presionan sobre la lógica que predominaba tradicionalmente en el mundo del trabajo, creando la base para la emergencia de "nuevos valores culturales" que posibilitan la aceptación de nuevas propuestas generando "anclajes" que facilitan la aceptación de trabajo precario, cambios en la jornada laboral, nuevas formas de gestión de los saberes. Resulta evidente que la nueva heterogeneidad diversifica los intereses y las actitudes sociales y políticas que manifiestan los trabajadores.

No obstante ello, nos recuerda Catalano, ciertas situaciones sociológicas que han contribuido tradicionalmente a modelar la realidad social del trabajo mantienen su fuerza y su significado objetivo como ejes constitutivos de una identidad social y profesional diferenciada, por lo menos para el grupo asalariado. Un caso es, como lo vimos, el de las nuevas tecnologías productivas, que centran su eficiencia en lograr la implicación de los trabajadores al mismo tiempo que los responsabilizan por la calidad y la productividad del proceso en el cual están incluidos. Este involucramiento, además de requerir saberes técnicos y de fondo, incentiva el orgullo de los mismos por la excelencia de su trabajo. Así, el actor sindical deberá oficiar de intérprete y recreador de intereses individuales en colectivos y sociales, en el marco de un proceso de reconstrucción de identidades desde una perspectiva autónoma.

Ahora bien, ¿no resulta la negociación colectiva un instrumento apto para, precisamente, reconstruir esas identidades? Veamos algunos cambios puntuales que se vienen produciendo en ella que apuntan, no sólo a que cumpla con su tradicional papel y en los espacios, también tradicionales, en que operaba, sino a moverse en un escenario temático más abarcativo que permitiría vislumbrar roles y objetivos vinculados al establecimiento de nuevas relaciones sociales de producción en el seno de los sectores productivos y las empresas.

Por un lado la cada vez más presente la política que denominamos de "círculos concéntricos de articulación" en términos de lo que implica el reconocimiento del protagonismo de los actores, tanto a nivel de la actividad como de la empresa. La presencia yuxtapuesta de ámbitos que generan tensión a la hora de medir la efectividad de la capacidad negociar de los sujetos no debería descartar, por ello, la necesidad de tomar nota de la heterogeneidad productiva y las mutaciones precedentemente descritas. La metodología de la articulación debería impedir la diáspora de la potencia negociadora de los modelos de descentralización pura y simple que traen aparejada la multiplicidad de ámbitos de negociación inconexos, con el argumento de que la negociación en la cúspide impide tomar nota de la heterogeneidad de la rama en la base.

Raúl Bisio y Carlos Tomada visualizan una tendencia hacia la inclusión, no sólo de temas cotidianos o de coyuntura sino de aquellos que comportan contenido estratégico. Dicho en otras palabras, los contenidos ya no referirán a la rentabilidad o niveles salariales sino a nuevas metodologías de ajuste salarial, mecanismos de información, nuevos criterios para la clasificación de puestos, cláusulas que se orientan a defender la permanencia de la acción colectiva, involucramiento en la capacitación, instancias de autocomposición del conflicto, ámbitos bipartitos para el tratamiento de temas específicos, como la higiene y seguridad en el trabajo, la no discriminación y hasta el tratamiento puntual y consensuado de las políticas de empleo de las empresas. Se nota en esta nueva impronta temática un vuelco hacia lo que se ha denominado en la doctrina "la procedimentalización del convenio colectivo" o la negociación colectiva permanente.

La inclusión de estas temáticas y de esta impronta denota un cúmulo de problemas e instancias que fortalecen el papel participativo de los trabajadores y de la organización sindical que profundiza su imbricación con la organización del trabajo y el nacimiento de nuevas institucionalidades microdecisorias.

Por otra parte, la inclusión de las cuestiones vinculadas con el empleo, ubica a la negociación colectiva como un instrumento dúctil para propender a los equilibrios responsables entre los actores al permitir debatir consensuadamente, al mismo tiempo, políticas de contención de los puestos de trabajo existentes con estabilidad y, eventualmente, la factibilidad de intervenir en la organización del trabajo para la creación de nuevos puestos. Tal ha sido, por ejemplo, el papel de la negociación colectiva y el diálogo social en la Alemania de los 90 en relación con los acuerdos en la industria automotriz para salvar la pérdida masiva de puestos de trabajo y la más reciente acción colectiva en Francia en materia de ubicar a la negociación como instrumento para la puesta en práctica de la normativa de reducción de jornada de trabajo.

Por otro lado, no es de descartar la cada vez mayor tendencia hacia cambios espaciales en la negociación colectiva como producto del papel preponderante que tienen, en el actual contexto de economía global y regionalización, las empresas multinacionales. El perfil y la actitud de las mismas en la globalización obligan a estudiar y a actuar, desde la óptica sindical, interpretando su matriz de funcionamiento como sujetos globales, lo que obliga al sindicalismo también a acentuar su impronta global a la hora de intentar negociar con estas empresas que fragmentan la cadena productiva a escala planetaria aprovechando los bajos o inexistentes costos laborales emergentes de la escasa densidad de protección laboral de los países. Será necesario entonces tener una mirada supranacional de los instrumentos sindicales: la lenta pero irreversible presencia de Acuerdos Marcos Globales de la empresas multinacionales, los acuerdos laborales regionales y subregionales, las Cartas Sociales y Declaraciones laborales en los Tratados de Integración Regional, entre otros, dan cuenta de esta necesaria mirada y auguran una negociación colectiva operando en ámbitos trasnacionales.

En fin, una negociación colectiva recivilizatoria implica involucramiento, pero a la vez un nuevo concepto de empresa con cada vez más instrumentos de democratización de las relaciones industriales que posibiliten una fuerte penetración de los derechos ciudadanos constitucionales y humanos fundamentales como disparadores de la elevación material y espiritual de la calidad de vida de los trabajadores.

Bibliografía

Castel, Robert: *Las metamorfosis de la cuestión social*. 1997. Editorial Paidós.

Castillo, Juan José: *A la búsqueda del trabajo perdido*. 1998. Editorial Tecnos.

Catalano, Ana María: "El sindicato y la construcción de nuevas identidades profesionales y sociales". 1995. Cuaderno N° 2, *La crisis de la representatividad sindical en la empresa argentina*, de la Fundación Friedrich Ebert.

Franco, Julio y otros: *Negociación colectiva articulada-Una política estratégica*. 2001. Publicación del PLADES con la OIT de Lima.

Moreno, Omar: *La nueva negociación*. 1991. Folios Ediciones.

Neffa, Julio César: *Los paradigmas productivos taylorista y fordista y su crisis*. 1998. Asociación Trabajo y Sociedad. PIETTE (CONICET). Ediciones Lumen Humanitas.

Ttomada, Carlos y Bisio, Raúl: "La negociación colectiva a la búsqueda de nuevos consensos y contenidos".1993. En *Desafíos para el sindicalismo*. Editorial Legasa.

Tomada, Carlos y Rigat-Pflaum, María: *La negociación colectiva ante el siglo XXI*.1998. Publicación de la Fundación Ebert en Argentina.

C) Las cuestiones sociolaborales en la integración regional

1) Globalización, integración regional y relaciones lanorales

En la actualidad existe consenso internacional acerca de la necesidad de incorporar la "dimensión social" y las cuestiones laborales en los procesos de integración económica y comercial. Ya son varios los agrupamientos de esta características, algunos de los cuales actúan con mayor o menor incidencia: EE.UU., Canadá y México con el Nafta; la Unión Europea; el Grupo Andino; la Comunidad Caribeña; el Mercosur. Se afirma que esta globalización de la economía y el comercio –junto al desarrollo de los medios de comunicación y las redes informáticas–, hacen al mundo más interdependiente consolidando la tendencia hacia los procesos de integración.

En realidad, la propia globalización, independientemente de las diversas definiciones y conceptos, es de por sí un proceso de integración profunda caracterizado por el aumento y la aceleración de las variables internacionales por sobre las variables nacionales. Este proceso se desarrolla sobre la base de tres ejes, fácilmente reconocibles, visibles a simple vista: la globalización de los mercados, la mutación de los procesos productivos en las empresas y consecuentemente en el entorno económico de las mismas y por último la globalización financiera. La gran inyección tecnológica de la época posibilita y potencia cada uno de estos ejes y sus consecuencias. Es esta inyección la que dispara las modificaciones sustanciales que se producen en el escenario productivo; es esta impronta tecnológica la que permite la presencia de un marcado desarrollo del mercado de capitales que simplifica el flujo de los mismos a nivel internacional.

Este cambio tecnológico conduce a una mayor diferenciación del producto y a una innovación continua, concentrándose la producción en empresas trasnacionales que se diversifican cada vez más a escala regional generando una competencia por la localización entre países, cada vez mayor. La desregulación financiera, que comienza su proceso con el mercado del eurodolar, se desvincula de su papel solventador del crecimiento del comercio. Ya hay una economía real de bienes y servicios, por una parte, y una economía de flujos de capital financiero, crédito y moneda, por otra parte, generada, ésta última, por una gran liquidez y trasladándose en forma absolutamente independiente del destino de los bienes y servicios.

El mundo globalizado se caracteriza por la relocalización de las ventajas comparativas y, fundamentalmente, por la búsqueda de mercados regionales. En este sentido, los países en las decisiones de inversión de las empresas son casi substitutos, unos de los otros. Nace una competencia por los mercados regulatorios; las naciones, que viven este proceso con marcos regulatorios fuertes y su Estado cumpliendo un papel, pueden vivir los efectos de la globalización de una manera; quienes desdeñan los marcos regulatorios y estados que han abdicado de perfiles activos mínimos, se incorporan al mundo global en forma irracional y posibilitan que afloren rápidamente las consecuencias más negativas de este tipo de procesos.

Los procesos de integración regional, con sus respectivos tratados y convenios, constituyen una red, en el propio seno de la globalización, que conduce a una liberalización del comercio regional, a un ritmo y con una profundidad que no tiene precedentes en los esfuerzos de integración de décadas anteriores.

Se suele argüir respecto de estos fenómenos, que aunque no nuevos, aparecen con nuevos vigores, que constituyen procesos que los países encaran con el objetivo de fortalecer sus performances en el nuevo escenario global en relación con el mejoramiento de sus posiciones frente a la apertura de los mercados y al comercio internacional. Si uno estudia los procesos que por importancia y cercanía a nuestra realidad resultan ser los más importantes, esto es, la Unión Europea, el Nafta y el Mercosur, es probable que la anterior argumentación no alcance para explicar en su totalidad la razón de ser de los mismos. Sin pretender profundizar sobre cada uno de ellos, lo que escaparía de los límites del presente trabajo, es posible mirar las causas que probablemente dieron origen a los mismos y sacar algunas conclusiones.

La Unión Europea es el resultado histórico de una larga saga de intentos de unificación, salpicados, las más de las veces, de episodios bélicos de muy distinta intensidad. Los orígenes del actual proceso integrador de Europa hay que buscarlos, precisamente, en el final de la Segunda Guerra Mundial, en la firme voluntad pacificadora de los líderes políticos de la época. En términos económicos se puede decir que el Plan Marshall fue un puntapié inicial para tener en cuenta. Los países receptores de Europa occidental tenían que ponerse de acuerdo sobre cómo distribuir los recursos del mismo. Para dar inicio al proceso se conformó primero un Tratado comunitario sectorial (la Comunidad Europea del

Carbón y del Acero) en 1951: la idea era poner bajo una autoridad común la producción siderúrgica francoalemana, principales materias primas de los dos principales países de la Europa continental, fuertemente relacionadas con la fabricación de armamento convencional. Como se puede apreciar, el argumento del fortalecimiento colectivo para participar en el mercado mundial con mayores expectativas resulta insuficiente para el análisis de las razones que dieron origen al proceso europeo, máxime teniendo en cuenta las características de la economía de la época sustancialmente distinta a la economía de los 90.

No parece muy creíble sostener que Estados Unidos o Canadá necesitaran del Nafta para fortalecer sus posiciones en la economía global. El Nafta tiene, como antecedente inmediato, el Acuerdo de Libre Comercio existente entre Estados Unidos y Canadá desde 1987. Posteriormente, en el año 1991 México se suma a las negociaciones comerciales y firma, juntamente con los dos países anteriormente mencionados, el preámbulo de lo que sería el futuro acuerdo de libre comercio entre los tres países. Los países miembros buscaban aumentar sus posibilidades de intercambio comercial recíproco ya que sus empresas accederían a un mercado compuesto por 380 millones de habitantes. En el caso concreto de Estados Unidos, se ha señalado que tenía como objetivo fundamental el de buscar un mejor posicionamiento para enfrentar la dura competencia internacional que libraban países como Japón, la Unión Europea y los denominados tigres asiáticos, quienes avanzaban en el mercado internacional rápidamente en detrimento de las empresas estadounidenses. Es posible decir, entonces, que lo que se preveía con el Nafta era la conformación de un nuevo bloque estratégico frente al nuevo mapa geopolítico global.

El caso del Mercosur es el que se acerca más al concepto de fortalecimiento de las posibilidades generales de los países componentes en materia de comercio internacional y aprovechamiento de las nuevas corrientes globalizadoras.

No obstante la apertura de los mercados, parece ser la constante de estos procesos inscriptos en las tesis del regionalismo abierto y la misma está operando a través de tres vías:

1) en primer lugar, mediante la reducción unilateral de aranceles y restricciones al comercio. Probablemente éste ha sido el medio más importante y de mayor impacto por la rapidez y magnitud de la liberalización: hace 14 años, en 1985, el arancel promedio en un conjunto de países de América Latina era del 35% y el máximo del orden del 100%, con una gran diversidad de tramos arancelarios en casi todos los países

considerados. Sólo pocos años después, en 1992, el arancel promedio en esos países era del 14% y el máximo del 22%, con una reducción considerable en la dispersión de los niveles aplicados. En el caso específico de la Argentina y Brasil, las dos economías más grandes del Mercosur, los aranceles también han sido reducidos sustancialmente. En la Argentina, el arancel máximo en 1989, cuando se inició la apertura comercial, era del 65% y el medio del 39%. Cuatro años después, en 1993, el arancel máximo era de sólo el 30% y el medio del 15%. En Brasil, el arancel máximo en 1988, cuando se inició la apertura, era del 105% y el medio del 51%, que en 1993, serían reducidos al 35 y 14% respectivamente. De igual modo, los tramos arancelarios en 1993 eran sólo 3 en la Argentina y 7 en Brasil, en circunstancias que 5 años atrás llegaban a 29;

2) en segundo término, los países de América Latina han ratificado su incorporación a la Organización Mundial del Comercio. Ello implica comprometerse a tener un comercio más libre y con menos barreras y un acceso más fácil a los mercados mundiales;

3) por último, la tercera herramienta es la integración regional acelerada que se está desenvolviendo, con diversidad de velocidades, en distintas regiones.

En el caso del Mercosur, varios factores han contribuido a facilitar el escenario para el acuerdo. Por una parte existe una mayor homogeneidad entre los países: todos tienen regímenes democráticos y sus políticas económicas presentan orientaciones similares. Por otra parte, la región, aún atravesando serias dificultades, se ha aproximado a un cierto equilibrio macroeconómico que permite a los países preocuparse, no sólo por el ajuste, sino también por el crecimiento a mediano y largo plazo. En esta perspectiva la integración se percibe como parte de una estrategia para acelerar acuerdos sobre la base de la idea de mejorar la presencia en los mercados internacionales.

En este marco es dable esperar efectos muy concretos de la globalización y de la integración económica en el mundo del trabajo.

En primer lugar, un cambio en la composición y distribución de los puestos de trabajo, en términos de aumento en el porcentaje del empleo en producción de bienes exportables. El empleo disminuirá en actividades que no son capaces de enfrentar la competencia internacional o que incorporan tecnología moderna haciendo decrecer la demanda de mano de obra intensiva. En otras actividades el empleo se incrementará como resultado de inversiones adicionales y del lanzamiento de nuevas áreas de producción. El efecto neto depende, en el mediano plazo, en cada país, de sus posibilidades de crear condiciones favorables a la inversión y de la adopción de políticas activas que contribuyan a la capacitación y reconversión productiva de la fuerza de trabajo.

No obstante el crecimiento de las exportaciones en la región del Mercosur, la experiencia latinoamericana demuestra que los resultados en términos de empleo no han sido lo suficientemente dinámicos: el efecto inmediato ha sido una caída en el ritmo de crecimiento del empleo y un cambio en la composición de los puestos de trabajo en términos de baja calidad, subempleo y creciente deterioro salarial. Entre 1990 y 1996, cuatro de cada cinco nuevos empleos eran creados en el sector informal.

Sin embargo, en este encadenamiento de eventos, varios factores deberán tomarse en cuenta: por un lado, el camino del proceso de integración y de la reducción de aranceles y de restricciones no arancelarias todavía es muy reciente en la mayoría de los países; por otro lado, las políticas de liberalización fueron generalmente adoptadas juntamente con medidas de ajuste macroeconómico que probaron tener un efecto negativo en la actividad económica y el empleo. Finalmente, fueron coincidentes con un tiempo marcado por la recesión económica en los países desarrollados durante los primeros años de la década del 90.

Un segundo efecto de la liberalización del comercio se refiere a las relaciones laborales y al funcionamiento del mercado de trabajo. En el nuevo escenario ha habido un profundo cambio respecto de las condiciones imperantes en la etapa de la economía cerrada. Se visualizan menores niveles de intervención del Estado en el mercado laboral y consecuentemente menor presencia del mismo en la defensa de los sectores sociales más débiles; la competencia internacional marca las fronteras para las negociaciones y los acuerdos que deben estar sujetos cada vez más a los incrementos en la productividad. El empleo y los salarios dependen de la capacidad de competir eficientemente. La globalización coloca en primer plano la preocupación por la competitividad internacional de la empresa y ésta pone en cuestión el costo del sistema tradicional de relaciones laborales.

Así las cosas, el contexto de las nuevas relaciones laborales ha determinado el advenimiento de dos corrientes: una primera es el constante crecimiento del sector informal con un porcentaje cada vez mayor de trabajadores precarios. A través de esta flexibilidad "de hecho" las empresas han podido ajustarse a un mercado incierto, cambiante y competitivo, pero, a la par, han producido un mercado de trabajo con signos evidentes de degradación laboral en términos de derechos. El sistema tradicional de relaciones laborales tenía por eje una relación de trabajo que vinculaba al trabajador con un mismo empleador por tiempo indeterminado. A la relación de trabajo clásica se ingresaba con vocación de continuidad. Asimismo, ese ingreso se producía para desarrollar una tarea determinada, claramente definida y a cambio de una remuneración preponderantemente fija. Esa relación era regulada por el Estado y por una fuerte presencia y acción de las organizaciones sindicales, en aras de proteger a la parte más débil de la relación. La red normativa de este sistema tradicional de relaciones industriales era un derecho laboral unilateralmente protector, en América Latina, predominantemente heterónomo, es decir, de fuente estatal, y, en otros países, predominantemente autónomo, con predominio de la negociación colectiva; pero siempre con un componente estatal mínimo, denominado Orden Público Laboral y otro colectivo y con una fuerte impronta de tutela. El sistema tradicional se desarrolló en una sociedad fuertemente centrada en el trabajo que, además de constituir el medio de vida de la familia era el más fuerte dato de identificación social del individuo.

El nuevo paradigma, que en más o en menos se ha ido perfilando en el horizonte del escenario laboral, funcional al nuevo sistema económico y a los nuevos conceptos de empresa, se caracteriza por:

    el "descentramiento del trabajo" producido por la sustitución creciente de mano de obra por tecnología habida cuenta de la factibilidad de producir más y mejor con menor número de trabajadores. La consecuencia directa de esto es el aumento del desempleo denominado estructural y fuertes procesos sociales de exclusión. Es que la economía actual destruye puestos de trabajo pero la sociedad continúa basando la ciudadanía y la inclusión sociales en el trabajo;

    la segmentación de la mano de obra producida por la flexibilidad productiva alentada por la descentralización de la organización del trabajo. Las empresas tienden a organizarse sobre la base de dos grupos bien diferenciados de trabajadores: a) un núcleo de trabajadores estables, protegidos, con buenas remuneraciones y calificaciones, y b) una periferia inestable, precaria, rotativa, terciarizada o informal;

    la inestabilidad en el empleo producto de la desregulación de la contratación laboral y el despido así como la mayor sensibilidad de la empresa a los avatares de la competencia internacional y de variables externas, como los flujos de capitales especulativos;

    la individualización de las relaciones laborales en diversas dimensiones. Por un lado, una mayor individualización se produce como resultado de la desregulación del derecho del trabajo que amplía el ámbito de la voluntad del empleador y tolera la escapatoria de la legislación laboral hacia el derecho privado, de relaciones antes reguladas por aquélla. Por otro lado, la individualización se produce, particularmente en países con altas tasas de desempleo y de trabajo no registrado, ya sea cediendo espacio a relaciones propiamente individuales o mediante mecanismos de descentralización extrema de la capacidad negocial colectiva, acarreándose cierto debilitamiento intrínseco de la herramienta por excelencia del colectivo sindical, esto es, la negociación colectiva.

El abaratamiento del costo laboral esencialmente producido por la menor cantidad de empleo y la mayor cantidad de desempleados. Hay por un lado reducción del salario real e introducción de modalidades salariales más ligadas al rendimiento, con flexibilidad de los horarios en función de las necesidades productivas y con la acentuación de la movilidad funcional.

La segunda corriente se inclina a la búsqueda de métodos de relaciones laborales que reconocen los profundos cambios habidos en la economía y en el mercado de trabajo pero que, al mismo tiempo, buscan proteger los derechos de los trabajadores, se comprometen hacia la actividad productiva y contribuyen a crear un clima de estabilidad sociolaboral, requisito básico para las inversiones y el desarrollo económico. El progreso obtenido en algunos países de la región, y de otras regiones del mundo, en el camino del diálogo y el consenso social, en la inclusión de nuevos tópicos en la negociación colectiva y en el entrenamiento de los actores sociales para llevar adelante estas nuevas funciones, son las máximas expresiones de esta corriente. En ella se perfila un modelo más viable de relaciones laborales. Este modelo no es incompatible con la promoción de la continuidad en el trabajo. Su punto de partida consiste en comprender el papel de ciertas herramientas que se empiezan a considerar como núcleo duro de los nuevos procesos de trabajo y de conformación de un nuevo tipo de trabajador. La continuidad en la relación de trabajo se convertiría en el paso inicial que posibilitaría caminar con más firmeza a lo largo de la vida laboral. La formación profesional inicial y continua pasa a jugar un papel protagónico en este esquema en el que la adaptación y el desarrollo permanente de las competencias del trabajador redundaría no sólo en su beneficio propio individual sino en beneficio de la empresa y de la economía en su conjunto, convirtiéndose en una ventaja comparativa insustituible. El involucramiento del trabajador con los objetivos de la empresa se considera, en esta matriz, como primordial, favoreciendo, entre otras cosas, la polifuncionalidad entendida como instrumento reorganizativo del proceso de trabajo que puede redundar en la permanencia ante los cambios tecnológicos y organizativos. Se admite también el juego de ciertos márgenes de flexibilidad interna que permite aprovechar la polifuncionalidad del trabajador y su mantención en la plantilla. Este modelo no puede prescindir de la organización sindical ni de la negociación colectiva. El sindicato como expresión de los intereses colectivos de los trabajadores y sujeto activo de la negociación y la negociación colectiva como instrumento de adaptabilidad de los derechos y relaciones laborales a las necesidades de la empresa y del trabajador.

Sin embargo, en virtud de los nuevos escenarios de globalización y regionalización, tanto el esquema tradicional como los desiguales bosquejos de refundación de los sistemas de relaciones laborales, se han ido estructurando en marcos nacionales. Parece haber llegado el momento de estudiar como precisar y yuxtaponer estos nuevos elementos del mundo del trabajo en el marco internacional, continental y regional; dicho en otras palabras, el redimensionamiento del contexto-escenario, exige el redimensionamiento de los actores y de las relaciones de negociación y conflicto entre ellos.

2) Las relaciones laborales en los procesos de integración regional

Los procesos de integración regional inscriptos en las tesis del regionalismo abierto, básicamente orientados a establecer nuevos escenarios económicos y comerciales entre los países miembros, no contemplan, por lo menos en sus inicios, los aspectos referidos a las relaciones laborales y a la problemática social.

Tal es así, que la mayoría de los tratados constitutivos carecen de instituciones, ámbitos o mecanismos a través de los que se atiendan las cuestiones relativas a la denominada "dimensión social" de la integración. El contenido esencial suele estar dedicado a las inversiones y los movimientos de capitales y, en menor medida, a aspectos institucionales que generalmente se refieren al contenido esencial.

Esta ausencia suele ser a la vez problemática pero prometedora. Problemática porque la integración económica provoca desde su nacimiento mismo consecuencias y efectos sobre las relaciones laborales de cada uno de los países miembros del sistema, que frecuentemente suelen tener distinto signo o naturaleza. Prometedora porque suelen ser estas ausencias las que ponen en estado de alerta, respecto de las bondades del futuro proceso, a actores sociales, académicos, políticos, economistas laborales, etc. generándose, a partir de esta situación, movimientos tendientes a influir para incorporar la cuestión sociolaboral en el mismo. Por ello, el arranque de la integración es una fase que merece especial atención, estudio y seguimiento, sobre todo por los desequilibrios y consecuencias desfavorables que se pueden generar.

Por lo pronto, antes de analizar los efectos posibles de la integración sobre las relaciones laborales es menester concluir sobre ciertos efectos previsibles de la integración económica. En primer término, la integración económica supone la disminución o eliminación de barreras arancelarias y otras restricciones al libre comercio entre dos o más países. Esto significa el paso de una economía protegida a una más abierta, en la que las empresas deberán competir con las de los otros países miembros del acuerdo. Así, estas empresas se pueden enfrentar a la imperiosa necesidad de ajustarse, de reconvertirse a los efectos de un mejor posicionamiento en el mercado, de adaptarse a las nuevas reglas de juego.

También es necesario evaluar la posibilidad de que ese ajuste se produzca no sólo en el sector privado, sino también en la estructura y funcionamiento del propio aparato estatal. La conclusión, en ambas situaciones, es que estos ajustes inciden en las relaciones laborales. Por supuesto no de la misma manera, los efectos no son siempre los mismos; cada proceso tiene sus propias particularidades.

Resulta interesante realizar una suerte de sistematización de los posibles efectos de la integración sobre las relaciones laborales[62]. En primer lugar se ubican como consecuencias favorables o positivas las que son resultado del crecimiento económico que generaría la integración. La ampliación del mercado llevaría a un aumento en la producción y en el comercio de bienes y servicios regionales y en los niveles de empleo. Se menciona, asimismo, que el incremento de la competencia comercial generaría una mayor eficiencia de los agentes económicos. Los efectos de signo negativo son producto de la aceleración de los procesos de reconversión de las empresas para mejorar la competitividad. La herramienta es la reducción de costos entre los que se encuentra el costo laboral. La integración también opera efectos sobre distintos aspectos de las relaciones laborales, tanto las individuales como las colectivas.

---

[62] Castello, Alejandro, en "Introducción al estudio de las Relaciones Laborales en los Procesos de Integración", Ediciones FCU, 1998.

Veamos ahora uno de los temas centrales de los procesos de integración: la convergencia normativa, obviamente centrada en la cuestión laboral. Es obvio que en cualquier proceso de integración se advierta la necesidad de que la normativa que habrá de regular su desarrollo alcance, en un lapso de tiempo, cierto grado de uniformidad. El proceso técnico por el que el derecho se aproxima logrando cierta uniformidad se denomina convergencia. El objetivo previo debe ser el de determinar las asimetrías que presentan las áreas de legislación que se examinan con propósitos de convergencia. Una vez detectadas las asimetrías debe además establecerse la importancia de cada una de ellas a los fines del avance del proceso de integración. La importancia puede determinarse en base al grado de las dificultades que presenta la convergencia en cada asimetría detectada. A modo de sistematización, mencionamos las siguientes técnicas en relación al tema:

Unificación: supone la uniformización completa de las legislaciones. Es un grado de uniformización que puede darse en algunos institutos jurídicos, no en toda la legislación.

Armonización: implica disminuir las divergencias más importantes y procurar convergencias en los aspectos que más obsten al proceso, o en los sectores del ordenamiento jurídico que se consideren más importantes para favorecer el proceso de integración.

Aproximación: implica acercar los ordenamientos en algunos aspectos limitándose a un determinado instituto o grupo de ellos.

Coordinación: las acciones a promover implican medidas adoptadas por cada Estado a nivel interno, en base a políticas previamente coordinadas en instancias regionales en funcionamiento.

Un elemento a tener en cuenta es que al estudiar las divergencias y convergencias importa examinar, además de los textos legales y reglamentarios, las normas autónomas aplicables a cada sector de actividad, la aplicación práctica y el nivel de cumplimiento de dichas disposiciones. Muchas veces los textos expresan niveles de protección que no se cumplen. Existe también lo que se denomina "convergencias preexistentes", esto es, los países suelen presentar normas en sus Cartas Fundamentales referidas a los derechos laborales y sociales, conforme a un proceso universal que se ha llamado de Constitucionalización del derecho laboral y social. Hay también puntos de convergencia importantes en torno a Normas Internacionales, en especial los Pactos y Declaraciones universales y regionales de derechos humanos y los Convenios Internacionales de Trabajo.

En relación con las técnicas jurídicas que pueden orientar la construcción de una red normativa regional que opere la convergencia, es menester observar los grados de profundidad institucional alcanzada por el proceso de que se trate. Aquí resulta interesante detenerse para analizar brevemente las herramientas que ofrece el menú técnico:

La supranacionalidad: es una cualidad de determinados órganos que se crea mediante normas de derecho internacional, las que confieren competencias y atribuciones para que, en el marco de las funciones atribuidas, dicten normas creadoras de derechos subjetivos, en favor de particulares, aplicables directamente en los estados que contribuyeron a crear dicho organismo supranacional. En otras palabras, la supranacionalidad supone desprendimiento de soberanía de los estados en favor de órganos creados con esa atribución. Desde una óptica más abarcativa y visto el concepto no sólo desde el ángulo del sujeto estatal, se dice de la atribución de gestión de los actores e instituciones sociales, que también, desde sus propias estructuras nacionales, se desprenden de soberanía parcial o total respecto de determinados aspectos o temas de su gestión, hacia espacios de decisión fuera de las fronteras espaciales de funcionamiento tradicional. La supranacionalidad se supone funcional a un grado profundo de desarrollo del proceso de integración.

La internacionalidad: supone la producción de documentos de derecho internacional clásico. Apunta a crear un derecho uniforme o a fijar los márgenes de divergencia entre derechos nacionales, estableciendo mínimos que pueden superarse pero no disminuirse. Implica la utilización de los tradicionales Convenios y Tratados de derecho internacional y su ratificación según el respectivo derecho interno. La internacionalidad también suele utilizar el mecanismo de la aprobación de Declaraciones y Cartas Sociales. Estos documentos implican formulación de propósitos que autolimitan a los estados signatarios.

Las Cláusulas Sociales: son disposiciones incorporadas a los acuerdos arancelarios o económicos que suponen el respeto a un límite mínimo de protección social. El compromiso de respetar ese límite se asume bajo pena de dejar de aplicar el tratado o acuerdo comercial. Son disposiciones que implican favorecer el comercio internacional sano combatiendo el llamado "dumping social".

La Negociación Colectiva Internacional y Supranacional: constituye una variante autónoma para la unificación de normativa. Puede ser por sector de actividad, por acuerdo marco interprofesional o por empresas multinacionales.

3) Relaciones laborales colectivas en la integración regional: el conflicto laboral y la negociación colectiva

Los procesos de integración imponen a los países que participan en ellos la necesidad de someter los diversos subsistemas que configuran su aparato de desenvolvimiento económico y social y, en especial, sus marcos jurídicos, a ciertas técnicas que hemos analizado en el punto anterior.

En el caso de los sistemas de relaciones colectivas de trabajo, conviene recordar los conceptos de Goldin[63] cuando expresa que, "... los sistemas de relaciones colectivas de trabajo de los países de la subregión mantienen asimetrías muy significativas en la configuración jurídica de las instituciones fundamentales, determinadas por sus respectivos marcos normativos y en los modos, prácticas y conductas que se manifiestan en la acción colectiva y en el relacionamiento entre los actores...", contexto en el cual "... en cada uno de los sistemas nacionales se verifica una fuerte implantación de las notas que caracterizan a los modelos imperantes, singularidad que se extiende incluso a las propias tendencias reformistas que los ponen en cuestión..." generándose desde ellos, por consiguiente, "... una consistente resistencia al rediseño de sus instituciones así como de sus prácticas y comportamientos".

El mismo autor agrega que "los sistemas de relaciones colectivas expresan íntimamente la historia política, las adscripciones y las secuencias ideológicas, la evolución de la economía, los componentes culturales, sociales y demográficos e incluso las opciones axiológicas de las sociedades en las que operan". Se demuestra con esta hipótesis las potenciales dificultades para encarar procesos de armonización de los sistemas regulatorios relativos a las relaciones colectivas.

Para el caso de América Latina, conforme Efrén Córdoba[64], aunque existen fuertes afinidades en las normas que regulan las relaciones individuales del trabajo, no sucede lo mismo en el terreno de las relaciones colectivas en el que se advierten grandes obstáculos para un proceso de armonización. Frente a esta realidad, bastante común a procesos como el

---

[63] Goldin, Adrián y Feldman, Silvio, "Relaciones Colectivas de Trabajo en el Mercosur". Revista *Relasur* N° 7.

[64] Córdoba, Efrén, "Posibilidades de armonización de la legislación laboral latinoamericana", *Revista Internacional del Trabajo,* vol. 92, N° 4, octubre de 1975.

europeo y el norteamericano, de admitir las dificultades en la posible armonización de lo colectivo, resulta aún más desafiante el intento de superar las mismas en el marco del reconocimiento de que, precisamente, los procesos de integración deben tratar y procesar las asimetrías.

Es de destacar que por las especiales características del derecho colectivo del trabajo, en el que fluye en toda su potencialidad el particular sujeto sindical, su acción específica en relación con la utilización de su capacidad negocial, los marcos de referencia que le otorga la realidad para la utilización del derecho de huelga y la profundidad de los sistemas de autocomposición de conflictos colectivos, aparece como incompleta la visión según la cual, cualquier proceso de armonización, en este particular segmento del derecho laboral, sólo se nutre de normativa estatal. Por el contrario, la autonomía colectiva y las prácticas y acciones de los sujetos estan llamados a jugar un papel sustancial en la construcción del entramado normativo en el proceso de integración regional. Cuando tratamos el derecho colectivo del trabajo y su interrelación regional estamos en presencia de una serie de principios como el de libertad sindical, derecho de la negociación colectiva, autotutela, protección contra prácticas antisindicales, etc. que constituyen ejes a través de los cuales es posible medir, en función de su despliegue en las sociedades nacionales, los factibles grados de compatibilidad en los objetivos de la integración. El nivel de respeto de estos componentes tiene que ver con las perspectivas en la dinámica de la integración, en términos de su esencialidad, como factores en la defensa y promoción de una mejor calidad de vida, del mejoramiento de las perspectivas de empleo y de prevención de prácticas de dumping social.

Nos interesa ahora dedicarnos a analizar dos de los cuatro componentes del mundo de las relaciones laborales colectivas: el conflicto y la negociación colectiva. Escapa a este curso un estudio pormenorizado sobre la huelga y la cuestión sindical, no obstante lo cual, ambos elementos, no sólo subyacen en el análisis de los dos primeros, sino que constituyen apasionantes piezas de estudio en los escenarios de la globalización y la regionalización.

Pocos temas existen en el derecho del trabajo tan "antiguos" como el de los medios extrajudiciales en la solución de los conflictos laborales colectivos. La intervención de un tercero no judicial, para solucionar, de una u otra forma, una controversia afectante al interés colectivo de un grupo de trabajadores ha sido contemplada por los ordenamientos jurídicos de los países prácticamente coincidiendo con el desarrollo de la negociación colectiva y la huelga, aunque no siempre con una misma finalidad. La conciliación, la mediación y el arbitraje a veces se han visto como complementarios de aquellos derechos de negociación y huelga y otras han sido contemplados como alternativas limitadoras a aquellos[65].

Los conflictos son algo característico de las sociedades humanas. Pertenecen a categorías diversas y ocurren en diferentes niveles de la relación. Para dirimirlos se han ideado tres grandes métodos basados en la intervención de terceros, a saber: a) solución judicial; b) conciliación y mediación, y c) arbitraje. No nos detendremos en el método judicial. Sí decir que tanto la conciliación y la mediación como el arbitraje pueden utilizarse en los conflictos dirimibles por la vía judicial. En ciertos países puede considerarse que el sistema nacional de conciliación y arbitraje consta de dos elementos: a) el sistema oficial, de cuyo mantenimiento y funcionamiento se encarga el gobierno y b) el sistema privado, que abarca los procedimientos de solución establecidos por las propias partes. Pero no es lo que aquí intentamos profundizar. Se trata del tratamiento de la conflictividad laboral desde una perspectiva de fortalecimiento de la autonomía colectiva y de la propia capacidad de autocomposición de los actores sociales en el espacio conflictual con una cada vez mayor prescindencia del tratamiento estatal del conflicto. El terreno de la recurrencia voluntaria a las capacidades propias o a terceros especialmente constituidos en organismos públicos no estatales al estilo de servicios permanentes de conciliación y arbitraje, como es el caso de EE.UU. y de la Argentina de acuerdo con la reciente normativa de la Ley 25250, parece ser el más moderno y funcional a las características del conflicto laboral contemporáneo, a los nuevos contenidos conceptuales de la empresa y a los paradigmas organizativos del proceso de trabajo.

Conviene precisar algunas líneas generales de evolución de la temática. En este como en otros temas, recurrir a la experiencia europea resulta saludable para entender algunos rasgos latinoamericanos y diferenciarlos claramente de la impronta norteamericana aunque, como veremos, no resultan esquemáticamente disímiles en estos tiempos de evolución.

En primer lugar, uno de los aspectos comunes más importantes en la experiencia europea es la de un bagaje terminológico y conceptual con un enorme grado de coincidencia. La clara identificación clasificatoria

---

[65] Del Rey Guanter Salvador, "Reflexión sobre la solución extrajudicial de los conflictos colectivos en España y América Latina", en *La negociación colectiva en América Latina*. Editores: Ojeda Avilés y Ermida Uriarte. Editorial Trotta, 1993.

de los conflictos en conflictos de intereses y conflictos jurídicos, conflictos colectivos e individuales, de conciliación, mediación y arbitraje, arroja sencillez sobre las posibilidades de identificación de similitudes y diferencias, aunque existen sistemas legales, como el inglés, en el que la distinción entre conflictos jurídicos y de intereses refleja escasa importancia.

En segundo término, pese a la existencia de regulación estatal como colectiva de los medios extrajudiciales respecto a la solución de los conflictos laborales, las mismas han sido de limitada aplicación. Esta marginalidad aparece como contradictoria respecto a la mayoría de los ordenamientos jurídicos en los que se ha favorecido el desarrollo de estos medios.

Se argumentan diversidad de causas para esta inaplicación de los medios extrajudiciales; una relacionada a los aspectos positivos de la alternativa judicial con una jurisdicción especializada, y otra, vinculada con la consideración altamente protectora de la huelga en cuanto derecho incluso de rango constitucional, lo que ha implicado una actitud de reticencia desde los ámbitos sindicales que visualizan estas herramientas como limitativas de aquél derecho.

Sin embargo, los sistemas avanzados de relaciones laborales en Europa tienen cada vez más la necesidad de plantearse una ordenación eficaz de los medios extrajudiciales que permitan su máxima aplicación. Existe un principio de valoración en lo referente a la mayor y mejor utilización de la intervención de un tercero no judicial en la solución de los conflictos laborales. La creciente presencia de sistemas y subsistemas económicos en los que la competitividad se ha transformado en la señal de referencia, los perjuicios ocasionados por la conflictividad laboral tienden a ser reducidos al máximo, básicamente lo relacionado con lo que es evitable: la conflictividad que surge de la falta de experiencia negociadora de las partes, fallas en el proceso de negociación, etc. No resulta ajeno a estas apreciaciones lo complejo y difícil del proceso de negociación colectiva moderno en el que cada vez se negocian más materias a medida que aumenta la complejidad de las relaciones laborales en la empresa y se demanda un proceso de negociación rápido y eficaz, que responda a las exigencias de cambio y flexibilidad de la organización productiva actual. En este sentido, resulta evidente que el sistema americano de "Alternative Dispute Resolution" tiene su origen y causa en el convencimiento de que, por más recursos que la sociedad ponga al servicio de la jurisdicción, el nivel de conflictividad desbordará la capacidad de funcionamiento de esta última. La búsqueda de alternativas no judiciales se convierte así en una necesidad para la propia capacidad de la sociedad de solucionar la controversia que las relaciones sociales originan, en particular, las laborales.

Otra particularidad tiene que ver con un cambio paulatino en la aplicación de los medios extrajudiciales. La tradicional funcionalidad de los distintos medios a cualquier tipo de situación conflictual tiende a mutar en una doble vía: desde la perspectiva de cada medio en sí y desde la óptica del conjunto. En el primer caso las distintas tipologías pueden responder a situaciones diversas. En el segundo, se rompe una visión secuencial estricta de conciliación, mediación y arbitraje y se da paso a una elección y ordenamiento que variará de acuerdo al conflicto.

El conjunto de estas particularidades, que como mencionamos precedentemente, se presentan como componentes de un proceso evolutivo, no es posible analizarlas en su totalidad, en su carácter a la vez conceptual y procedimental, sin hacernos una idea de la existencia de un proceso amplio y realista de que la negociación colectiva y el conflicto forman parte del mismo proceso. La primera porque constituye una etapa de entendimiento y acuerdo que aleja la exteriorización del conflicto y este último porque a partir de su exteriorización, en sus diversas modalidades, preanuncia el advenimiento de un *momentum* de negociación para intentar dar respuesta a las demandas que le dieron origen.

En relación con la integración regional, puede afirmarse que, de modo semejante a lo que ocurre con la negociación colectiva, los sistemas nacionales pueden resultar influidos por el proceso de integración y hasta regulados supranacionalmente. Sin embargo, la experiencia europea y la del Mercosur demuestran que los sistemas nacionales de relaciones colectivas, en general, y los sistemas de resolución de conflictos, en particular, no son todavía objeto de regulación supranacional. En el caso del Nafta se observa, a través de los contenidos del Acuerdo Complementario de Cooperación Laboral, el inicio de un camino tendiente a consolidar un sistema integrado de resolución de controversias laborales.

La Negociación Colectiva Supranacional

Al referirnos a la negociación colectiva supranacional lo hacemos asumiendo de antemano la trascendencia histórica y actual de este instituto sociolaboral. Desde las teorías de política laboral que lo ubican como una herramienta fundacional de la historia y las estrategias del movimiento sindical hasta las más vinculadas con la óptica del derecho del trabajo que la definen como una de las fuentes más significativas de normativa laboral.

Calificada como el corazón de las relaciones industriales, íntimamente vinculada con los sistemas políticos de pluralismo social, la negociación colectiva es un medio de determinación de las condiciones de trabajo dotado de una flexibilidad muy superior a la que cuentan otros procedimientos de producción de normas, incluido el legislativo. Asimismo, este medio logra trasladar a la vida económica los principios propios del pluralismo social, ya que permite al colectivo trabajador proteger sus intereses mediante medidas de autoorganización y representación. Por último, ha cumplido históricamente y sigue cumpliendo en la actualidad (en los países en los que su presencia es regular y habitual) un esfuerzo de democratización de las relaciones laborales, al permitir a los trabajadores, a través de sus organizaciones, la posibilidad de intervenir en la adopción de las decisiones que fijan su condición social, neutralizando o suavizando, si las hubiere, las fórmulas de imposición unilateral procedentes del Estado o del sector empresario.

A la dimensión estrictamente económica de la negociación en tanto que instrumento de ordenación y reglamentación del mercado de trabajo se adiciona o yuxtapone una dimensión política: la negociación colectiva es un mecanismo de regulación de poder pues, a través de ella los poderes del empresario y del trabajo alcanzan una situación de equilibrio, un compromiso pasajero y precario que produce la creación de nuevas reglas jurídicas. Es el especialista español Antonio Baylos[66] quien caracteriza las tres funciones, que a su entender, deben siempre tenerse presente en la regulación de la negociación colectiva: la económica, especialmente en su proyección global sobre el crecimiento económico, la política de rentas y el incremento de la productividad; la normativa, como instrumento organizador de la producción y como vehículo de la gestión de la empresa y, en fin, la que se podría denominar función político-democrática de racionalización del poder del complejo empresarial.

La negociación colectiva ha atravesado diversas etapas desde que se convirtió en uno de los instrumentos usuales del accionar del movimiento sindical. Estas etapas tienen que ver con la intensidad de su uso, con su estructura, con sus contenidos y hasta con sus características espaciales y temporales.

---

[66] Antonio Baylos. "La nueva posición de la negociación colectiva en la regulación de las relaciones de trabajo en España", en *Contextos: revista crítica de derecho social*. Ediciones del Puerto. 1997.

Previo a ingresar en el estudio de la relación existente entre negociación colectiva e integración regional, es conveniente observar, sintéticamente, la realidad y tendencias generales del instituto en los países del cono sur.

Si se analizan las legislaciones comparadas de los países integrantes del Cono Sur más Chile se observará que, no obstante sus diferencias, tanto normativas como de práctica, todas ellas han sufrido, a lo largo de la década del 90, mutaciones en sus sistemas de relaciones laborales, originadas por diversas cuestiones. Las más destacables son, por cierto, la implantación de sistemas de economía abierta portadores de importantes grados de apertura y ajustes macroeconómicos estructurales a las que debe sumarse, precisamente, el Mercosur.

Los gobiernos, para pararse en el nuevo escenario y producir normativa funcional al esquema enunciado, han recurrido a la norma estatal, dejando de lado la autonomía colectiva como herramienta dinámica de creación normativa laboral. En general, el caso latinoamericano tiene esta impronta: alto grado de intervencionismo estatal. A esta realidad sólo escapa Uruguay.

No es del caso analizar uno por uno los componentes de la negociación colectiva en cada uno de los cinco países en cuestión. Para jerarquizar la utilización de esta herramienta en el proceso integrador no alcanza con reclamar más autonomía colectiva. De hecho, una importante corriente doctrinal plantea que, precisamente, estos no son tiempos de autonomía colectiva merced a la situación de debilidad del movimiento sindical y a la presión de los índices de desempleo y precariedad de nuestras naciones. Una negociación en estos tiempos sólo arrojaría condiciones laborales y salariales a la baja. En las antípodas, existen quienes se encuadran en la necesidad de fortalecer la disponibilidad colectiva por sobre la norma heterónoma, haciendo hincapié en que un proceso regular de negociaciones colectivas traerá como consecuencia el fortalecimiento de la organización sindical y del diálogo social, sin que esto implique avalar posiciones que suponen superado el orden público laboral y las características históricas del derecho del trabajo. Esta última posición tiene como sustento nuevas tendencias de las metodologías de negociación y fuertes innovaciones en términos de contenidos de la negociación colectiva.

Teniendo en cuenta estos conceptos es posible que esta herramienta se recree en nuestros países a partir, precisamente, del proceso de integración. La existencia de empresas multinacionales que operan en la región, determinadas ramas o sectores cuyas patronales nacionales ya impulsan el diálogo intrarregión, ciertas actividades de transporte fronterizo, la saludable orientación del movimiento sindical del Mercosur de organizarse por ramas y sectores y avanzar en el conocimiento mutuo, la nueva tendencia organizativa del movimiento sindical mundial de transformar los Secretariados Profesionales Internacionales en Sindicatos Mundiales, son algunos elementos que permiten avizorar que la realidad, lentamente, marcará el compás del debate normativo.

El especialista Ermida Uriarte[67] desarrolla una interesante ponencia respecto de la relación existente entre negociación colectiva e integración regional. Su teoría reside en el carácter dual de la relación entre el instituto y el fenómeno. Por un lado, la negociación es afectada o influenciada por la integración. Ésta es la visión corriente del jurista: se analiza el instituto de derecho a la luz de su desempeño, cuando es afectado por un fenómeno externo. Pero también la negociación colectiva puede incidir sobre la integración, puede tener su influencia. Aquí el instituto se vuelve sujeto, actor, mecanismo, instrumento; se lo puede observar como un factor de la integración, como un agente que puede actuar sobre ella.

Se plantea, siguiendo el razonamiento precitado, que habría cinco efectos posibles de la integración sobre la negociación colectiva.

1) Aproximación o armonización de los sistemas nacionales de negociación colectiva.

Afrontar un proceso de integración regional lleva necesariamente, a la larga, a estudiar la conveniencia o necesariedad de la unificación, aproximación o armonización de legislaciones nacionales, como lo hemos anunciado oportunamente. La cuestión es discutible ya que exige un previo estudio de Derecho Comparado. Este estudio no se puede realizar aquí, aunque sí conviene mencionar algunas barreras inicialmente insalvables respecto a las legislaciones en materia de negociación colectiva de los países: el sujeto legitimado para negociar, la estructura de la negociación, la obligación de negociar, las diferencias de procedimentalización, los requisitos de forma o de eficacia, los efectos, tipo y grado de intervencionismo y reglamentarismo estatal.

---

[67] Oscar Ermida Uriarte. *Negociación colectiva e integración regional*. Editorial Fundación de Cultura Universitaria. 1997.

2) Regulación supranacional de las negociaciones colectivas nacionales.

El segundo efecto posible de la integración sobre la negociación colectiva puede ser el de inducir una eventual regulación supranacional unitaria de las negociaciones colectivas nacionales. Esto significaría la reglamentación, por parte de las autoridades del proceso, de las negociaciones colectivas nacionales de la región. Hacerlo o no supone una opción entre lo que en Europa se denomina el enfoque normativo y el enfoque descentralizado: según este último, a la negociación uniforme se debe llegar "descentralizadamente", autónomamente; según el enfoque normativo, en cambio, la negociación uniforme debe ser impuesta heterónomamente por las propias autoridades supranacionales.

3) Descentralización de las negociaciones colectivas nacionales.

Un tercer efecto posible de la integración regional sobre la negociación colectiva, en este caso sobre la negociación colectiva nacional, sería el de provocar eventualmente algún grado de descentralización de las negociaciones colectivas nacionales.

4) Centralización de las negociaciones colectivas nacionales.

Si bien lo habitual es sostener que el proceso de integración regional, claramente orientado hacia la apertura de las economías y hacia el regionalismo abierto provocaría objetivamente algún grado de descentralización de la negociación colectiva a nivel de los países miembros, la hipótesis inversa también es posible.

5) Supranacionalidad de la negociación colectiva.

El quinto, último y principal efecto posible de la integración regional sobre la negociación colectiva, es el de su eventual supranacionalización o internacionalización, esto es, el surgimiento de negociaciones colectivas que cubran, en una misma negociación y convenio, a todos los países del proceso de integración, sea en su totalidad (acuerdo marco o pacto social), en una misma rama de actividad (convenio supranacional de rama), o en una empresa (convenio de empresa multinacional).

En teoría, al abrirse el espacio del mercado nacional a un mercado común, existiría un espacio igualmente abierto para la acción supranacional de los actores sociales.

Esta posibilidad nos plantea dos problemas: (a) ¿es esto jurídicamente viable? y (b) ¿qué forma adoptaría esta negociación colectiva? o ¿cuáles serían las formas posibles de llevarla a cabo?

(a) Fundamentación jurídica de la negociación colectiva multinacional.

Una negociación colectiva que abarque a todos o a algunos países del proceso de integración es jurídicamente viable. De llegar a existir una reglamentación supranacional que la prevea, reglamentación que podría ser autónoma o heterónoma, ésta será la que dé un estatuto y el fundamento jurídico a la negociación colectiva supranacional.

Pero aún sin una previsión supranacional expresa, sin ninguna norma comunitaria que la prevea, si los actores sociales se pusieran de acuerdo, podrían celebrar un convenio colectivo supranacional, con validez y fundamento jurídico. En efecto, mientras no haya –y puede no haberla nunca– una reglamentación internacional emanada de los órganos de la integración, que rija la negociación colectiva supranacional de ámbito regional, nada impide el desarrollo de una negociación colectiva supranacional autónoma, informal. El fundamento jurídico es claro: el principio de libertad sindical, emanado de la mera ratificación de la Constitución de la OIT o de los Convenios Internacionales del trabajo Nros. 87 o 98, entre otros.

¿Qué tipo de eficacia jurídica tiene un convenio de este tipo? Autores europeos sostienen que tendrían sólo un efecto contractual en el sentido de que sólo obligaría a los afiliados de las respectivas organizaciones pactantes y en ningún caso podría tener un efecto extensivo, de tipo "erga omnes". Obviamente, ésta es la solución teórica de principio, salvo, tal vez, que las organizaciones pactantes tuvieran ya en el ordenamiento nacional una representatividad más allá de sus afiliados, esto es, que dispusieran del efecto "erga omnes"de por sí, como es en el Mercosur, el caso de Brasil y la Argentina. En estos casos, si las organizaciones tuvieran de por sí representatividad, no sólo representación, tal vez se podría sostener que ese convenio supranacional celebrado por estas organizaciones tendría el mismo efecto extensivo que el que se le atribuye a las organizaciones pactantes.

(b) Las formas posibles de una negociación colectiva regional

Las formas que puede adoptar una negociación colectiva supranacional –en el caso regional–, son varias.

- La primera, la de más alto nivel, la de mayor centralización es el acuerdo marco, si aceptamos que esta negociación atípica o "supranegociación" puede ser considerada como una modalidad de negociación colectiva. En este caso se trataría de un acuerdo marco o pacto social supranacional, más precisamente, regional. La dificultad mayor que se plantea acá es la de los sujetos negociadores y celebrantes.

- La segunda, también atípica e imperfecta, forma de negociación colectiva supranacional es la constitución de comisiones consultivas paritarias. Es ésta una experiencia practicada en la Comunidad Económica Europea, en diversas ramas de actividad como por ejemplo, el transporte carretero, la navegación, la pesca, la agricultura, la aviación civil y las telecomunicaciones. Estas Comisiones de la CEE cumplen una doble función: por un lado vehiculizan la participación de los actores sociales en la elaboración de la política comunitaria y, por otro lado, constituyen una "prenegociación colectiva", una suerte de negociación colectiva embrionaria, imperfecta o atípica, en cuanto emiten opiniones comunes o acuerdos recomendatorios, esto es, una suerte de acuerdos colectivos no vinculantes. Algunos de los acuerdos más difundidos son los que versan sobre la duración del trabajo en la agricultura y en la ganadería.

- La tercera forma posible de negociación colectiva regional puede estar constituida por convenios colectivos de rama de ámbito supranacional. Las formas que puede adoptar la negociación supranacional por rama de actividad económica son variadas. Una primera sería un Acuerdo Marco Regional de Rama (o acuerdo interprofesional regional) seguido de convenios colectivos nacionales articulados a aquél "en cascada". Otra de las formas que la negociación supranacional podría adoptar es la de Convenios Colectivos regionales de rama, celebrados por una federación sindical internacional de rama, como las ya existentes en algunas industrias del Mercosur. Una tercera vía radicaría en el establecimiento de comisiones negociadoras regionales con delegados de cada sindicato nacional de rama y la última posibilidad, tal vez la más artesanal, sería la celebración simultánea, paralela o coordinada de convenios colectivos nacionales de rama idénticos, con lo cual no habría una convención supranacional verdaderamente tal, sino una yuxtaposición de convenios nacionales idénticos que cubrirían el mismo espacio geográfico y económico.

- La cuarta y última forma posible de una negociación colectiva regional es la Negociación Supranacional (geográfica y políticamente centralizada) por Empresa (funcionalmente descentralizada): Convenios Colectivos Regionales de Empresa.

Vistos algunos de los posibles efectos de la integración económica regional sobre la negociación colectiva, enfoque en el cual ésta aparece como un objeto influido por un agente externo activo –la integración–, corresponde ahora invertir los términos y observar a la negociación colectiva como agente capaz de incidir sobre el proceso de integración.

Este enfoque alternativo es posible porque el convenio colectivo es fuente formal de derecho que, como tal, puede jugar un rol activo en la elaboración del Derecho Comunitario. Sistematizando la potencialidad de la negociación colectiva como agente en un marco de integración, nos parece que aquella puede incidir de tres maneras: puede ser un instrumento (fuente) de armonización o aproximación de los sistemas nacionales de negociación colectiva; puede, también, ser fuente de regulación directa de las condiciones de trabajo y las relaciones laborales regionales; y, finalmente, puede operar como instrumento de ajuste o reconversión de las empresas;

- la negociación colectiva como instrumento de armonización o aproximación: la negociación colectiva, y más precisamente, su producto, el convenio colectivo que contiene normas jurídicas, puede ser fuente de aproximación o armonización de los regímenes nacionales. Y ello, tanto de los propios sistemas nacionales de negociación colectiva, a través de acuerdos marcos regionales, como de las condiciones de trabajo y otros derechos laborales en todos los países de la región. En efecto, la doctrina ha señalado esta cualidad de la autonomía colectiva, al manifestar que "la negociación colectiva constituye un instrumento idóneo para realizar la promoción de la armonización (y) para conseguir un equilibrio entre las exigencias sociales y económicas" (Colina, Ramírez y Sala Franco).

Como hemos visto, esta labor armonizadora o aproximadora puede efectuarse, bien a través de acuerdos marcos regionales del más amplio contenido (inclusivo de la regulación de la propia negociación colectiva regional a niveles menores, como la rama o la empresa), de convenios colectivos supranacionales de rama o de empresa, o aún a través de las mismas convenciones colectivas nacionales, debidamente coordinadas en su celebración y contenido. Sin embargo, los convenios colectivos nacionales favorecerán la divergencia de los sistemas nacionales cuando sus contenidos sean muy diferentes o contradictorios;

- la negociación colectiva como instrumento de regulación laboral directa: es claro que el convenio colectivo –tal como lo acabamos de indicar– puede regular directamente las relaciones de trabajo, en todo o en parte. Puede surgir, así, un "Derecho Comunitario Sectorial Autónomo"; un convenio colectivo supranacional –de rama o de empresa–, puede regular todas las condiciones de trabajo en esa rama o empresa en la totalidad de la región. Veneziani destaca que el art. 118-B del Acta Única

Europea hace posible la "juridificación supranacional de las relaciones colectivas, también vía convenio colectivo".

Un área temática que sería particularmente apta para una regulación uniforme autónoma sería la de las reducciones de personal por causas económicas, dado el impacto en la materia que puede producir el proceso de integración regional. Por otra parte, la normativa internacional ofrece modelos y fuentes en las cuales inspirarse o sobre las cuales trabajar (el convenio internacional del trabajo N° 158 y la Recomendación N° 166 como así también la Directiva 75/129 de la Comunidad Económica Europea);

- la negociación colectiva como instrumento de ajuste o reconversión: un tercer papel importante de la negociación colectiva, puede ser el de instrumento de ajuste o reconversión de empresas o incluso de la flexibilización laboral actualmente en boga. Es un lugar común decir la integración regional requerirá reconversión de empresas, "ajustes" de alto costo social en muchas empresas y sectores. Si esto fuera efectivamente así, y la flexibilidad es, según la mejor doctrina italiana y europea en general, no la abrogación legal unilateral, impuesta por el Estado, de normas laborales de protección, como ha sucedido en nuestros países, sino la adaptación de la normativa existente a través de la autonomía colectiva, entonces la negociación colectiva, en sus diversas modalidades, es el instrumento esencial para jugar un papel transformador en forma consensuada.

D) Tres casos de integración y sus tres visiones de construcción de las relaciones laborales: Unión Europea, Nafta y Mercosur

La Unión Europea

La política sociolaboral de la Unión Europea tiene un claro punto de partida en el Tratado de Roma y se ha visto paulatinamente reforzada con la entrada en vigor del Acta única Europea, primero, y del Tratado de Maastricht, más recientemente. Esta política fue concebible como corolario indispensable de un mercado único, como el instrumento destinado a extender entre la población la mejora de las condiciones de vida y de trabajo que cabía atribuir al proceso de integración europeo. En realidad, desde el punto de vista técnico, la política social es el complemento de dos de las libertades básicas del mercado común, la libre circulación de trabajadores y la libre prestación de servicios.

El art. 117 del Tratado de la Unión Europea declara como objetivo central de la política social "promover la mejora en el nivel de vida y trabajo" y señala que dicho objetivo resultará tanto del funcionamiento del mercado común, que favorecerá la armonización de los sistemas sociales, como de los procedimientos previstos en el derecho privado de la Comunidad y aquellas otras disposiciones de aproximación de legislaciones que pudieran adoptarse.

El art. 118 encarga a la Comisión la tarea de promover una estrecha colaboración entre los estados miembros en el ámbito social, particularmente en las materias relacionadas con:

-el empleo

-el derecho del trabajo y las condiciones de trabajo

-la formación y perfeccionamiento profesionales

-la seguridad social

-la protección contra los accidentes de trabajo y las enfermedades profesionales

-la higiene del trabajo

-el derecho de sindicación y las negociaciones colectivas entre edmpresarios y trabajadores.

La legislación básica de la Unión Europea no declara como objetivo el de construir un espacio social común, aunque algunos de los elementos que podrían definirlo sí se toman en consideración para garantizar la consecución de un espacio económico más homogéneo y de derechos comunes en materia de ciudadanía de la Unión.

Existe un amplio campo legislativo cuyo desarrollo puede ampliar el contenido que posee en la actualidad el Tratado de la Unión. La Carta Social Europea, asumida por once de los países firmantes de Maastricht, pero no suscripta por el Reino Unido, es un ejemplo de ello[68]. Esta Carta fué aprobada en el Consejo Europeo de Estrasburgo en diciembre de 1989, si bien con el carácter de declaración política solemne y no de

---

[68] Nieto Solís, José Antonio, *Fundamentos y políticas de la Unión Europea*, Editorial Siglo XXI de España, 1995.

norma jurídica, se enunciaron los derechos fundamentales que en materia social deben ser respetados en todos los Estados Miembros de la Comunidad. Para la puesta en práctica de la Carta, la Comisión Europea presentó un programa de acción con cerca de cincuenta propuestas de Directivas o de modificación de Directivas anteriores en materia social. Las más importantes y ya aprobadas se refieren a:

Tres directivas en materia de contratación temporal y empresas de trabajo temporal, referidas a las condiciones de trabajo, a las distorsiones de la competencia y a la seguridad y salud de los trabajadores temporales, de las cuales ya ha sido aprobada la tercera con fecha 25 de junio 1991; una directiva sobre la obligación del empresario de informar al trabajador acerca de las condiciones de trabajo aplicables que fue aprobada el 14 de octubre de 1991; una directiva sobre despidos colectivos, aprobada el 24 de junio de 1992.

Sobre este panorama normativo armonizador incidirá la Cumbre del Consejo Europeo celebrada en Maastricht en diciembre de 1991, saldada con la autoexclusión de Gran Bretaña de la futura política social armonizadora al no firmar el protocolo relativo a la política social anexo al Tratado de la Unión Europea[69].

En un reciente trabajo, el profesor español Antonio Baylos[70], al tratar los tipos de negociación colectiva en el ámbito comunitario describe la existencia de los acuerdos "libres" o negociación colectiva europea "débil" y la negociación colectiva comunitaria propiamente dicha. Los primeros, tienen eficacia directa y versan sobre materias contenidas en el ámbito competencial de la Comunidad sobre política social definido en el art. 137 del TCE[71] y los segundos pueden celebrarse sobre cualquier materia y tienen una eficacia mediata, a través de su recepción en los diversos ordenamientos nacionales.

Estos últimos, denominados también "débiles", por carecer lo convenido de eficacia directa, se encuentran en el Tratado al establecer el mismo que pueden realizarse acuerdos colectivos que no regulen necesariamente las materias que se incluyen en el ámbito de competencias

---

[69] Soria Vida, José, "Las Cartas sociales europeas en la construcción de la Europa social", en Revista *Relasur* N° 1, 1993.

[70] Baylos, Antonio, "Las nuevas fronteras de la autonomía colectiva: negociación colectiva a nivel comunitario y derechos de información en las empresas trasnacionales", mimeo de la Facultad de Ciencias Jurídicas de la Universidad de Castilla-La Mancha para el posgrado de "Relaciones Laborales en la Globalización", 2001.

[71] Tratado de la Comunidad Europea.

comunitarias sobre política social y su aplicación se ha de realizar "según los procedimientos y prácticas propios de los interlocutores sociales y de los Estados miembros". Para obtener eficacia directa es necesaria la interiorización de sus contenidos en cada uno de los ordenamientos nacionales de los Estados miembros, lo que se realizará a través de la negociación colectiva de cada país y respetando las peculiaridades de cada sistema de negociación colectiva nacional. Esto implica la fragmentación de los acuerdos europeos "libres", en cuanto a su eficacia, a través de su recepción vía negociación colectiva en los diferentes regímenes jurídicos de los países miembros de la comunidad.

A diferencia de lo explicado precedentemente, la negociación colectiva propiamente dicha, contemplada en los artículos 138 y 139 del TCE, es promocionada, al establecerse el compromiso de la Comisión de fomentar la consulta a los interlocutores sociales comunitarios sobre las acciones que se pretenden llevar a cabo en materia de política social. Se prevee a tal efecto un procedimiento específico diferenciado en dos fases, en cuyo contexto se inserta la facultad de sindicatos y asociaciones empresariales europeas de negociar colectivamente.

A) La consulta de la Comisión a los interlocutores sociales sobre propuestas y acciones comunitarias en el ámbito de la política social.

Esta consulta se divide en dos fases. Una primera de carácter previo, "antes de presentar propuestas" en materia de política social, la Comisión debe formular esta consulta que naturalmente versará sobre la conveniencia, orientación y alcance de la iniciativa emprendida, pero que todavía no tiene los caracteres de concreción previstos para la segunda fase. En esta segunda instancia, concluido el proceso de pareceres y opiniones, se pasa a plantear en lo concreto una acción comunitaria. Una segunda ronda de consultas a los actores sociales da lugar a dictámenes de los mismos en caso de que se trate de una opinión conjunta, o recomendaciones separadas cuando no existe acuerdo entre dichos interlocutores. De producirse un dictámen común, algunos autores[72], entienden que la Comisión se hallaría obligada a elevar –o abstenerse de elevar– al Consejo lo acordado por las partes; otros autores[73], sostienen que este procedimiento de consultas no es vinculante para la Comisión.

---

[72] Aparicio Tovar, Joaquín, "Contrattazione collettiva e fonti comunitarie", en *DDLC*, 1996.
[73] Torrents Margalef, J., "La merecida normalización de la política social comunitaria", en *DL* N° 61, 2000.

En esta segunda fase de consulta los interlocutores sociales pueden informar su voluntad de iniciar el proceso de negociación colectiva al que se refiere el art. 139 del TCE, con lo cual se sustituye la consulta y se abre un proceso de negociación, prescindiendo de la dimensión territorial nacional en torno de la empresa o, más frecuentemente, a los grupos de empresa multinacionales. Los derechos de participación de los trabajadores se reconocen a través de cada sistema jurídico nacional, por lo que éste aparece fragmentado, sin que se pueda construir un mecanismo de representación de intereses frente a la unidad de decisión en que consiste la empresa trasnacional mas allá de las diferentes localizaciones territoriales de ésta.

El marco jurídico supranacional que suministra la regionalización europea ha sido también capaz de crear fórmulas de representación de intereses de los trabajadores adecuadas a la realidad multinacional de la empresa. Se trata de la muy conocida y comentada Directiva 94/45/CE del 22 de septiembre de 1994 que crea los Comité de Empresa Europeos, modificada por la Directiva 97/74/CE del 15 de diciembre, por la que se amplía a Gran Bretaña, aunque esta idea se prolonga en algunos proyectos normativos que parecen próximos a ser aprobados, como la propuesta de directiva sobre el Estatuto de la Sociedad Europea y los modelos de participación de los trabajadores en las misma.

Merced a esta normativa comunitaria se inserta en el espacio de la empresa trasnacional una estructura representativa interna, un elemento de participación en la toma de decisiones que puede reducir la opacidad de las mismas, a través del reconocimienmto de derechos de información y de consulta sobre las cuestiones "generales" de la empresa, es decir, relativos al ámbito trasnacional en el que se fija la unidad de decisión y de control de la empresa. Los Comité de Empresa Europeos desempeñan así una función "institucional", en el sentido de que los derechos de los que se dotan tienden a ser el contrapeso de un poder empresarial que ignora las fronteras nacionales. Esta estructura representativa tiende a evitar la dispersión de la iniciativa sindical, fragmentada en las distintas sedes de la empresa, acudiendo al "empresario unitario" que adopta una política económica y laboral para el conjunto de la empresa y a reaccionar frente a previsibles intentos de enfrentar concurrentemente los intereses de las distintas filiales de la multinacional.

El propio proceso de creación del Comité de Empresa Europeo requiere entablar una negociación colectiva a nivel trasnacional, sobre la estructura y funcionamiento del mismo, y previsiblemente los períodos de consulta que prevé la Directiva y, consecuentemente, también las leyes que la trasponen en los ordenamientos jurídicos nacionales, podrán desembocar en verdaderos procesos de negociación. He aquí un reto para los sujetos sindicales que impulsan este tipo de representación, tanto en lo que respecta a la coordinación con cada uno de los sindicatos que actúa en el resto de países en que la empresa trasnacional tenga centros de trabajo, como en la incorporación a la acción sindical del sindicato, en el Estado de que se trate, de esta visión global sobre la empresa trasnacional que el trabajo en común le ha permitido conocer.

El Nafta

El Tratado de Libre Comercio de América del Norte fué suscrito luego de tensas negociaciones en diciembre de 1992, entre Canadá, Estados Unidos y México y permitió el libre flujo de bienes y servicios entre sus territorios, mas no estableció el libre tránsito de personas, por lo que en esa oportunidad, no se incorporaron al Tratado normas de naturaleza laboral. Este Tratado, entre sus elementos clave, establece:

- Una reducción progresiva de los aranceles hasta su eliminación total en un plazo de 10 años.

- Reglas de orígen para garantizar que se dé un trato arancelario favorable a los de los poductos de los países partes del TLC y no a otros que usen a algunos de los socios como "plataforma" para entrar en el mercado de América del Norte.

- La unificación de estándares técnicos en consonancia con normas internacionales.

- El acceso de los socios del TLC a los programas de adquisiciones públicas.

- Un trato de inversión no discriminatorio entre los socios del TLC.

- La unificación de la política de competencia.

- La apertura del comercio transfronterizo en los sectorers de servicios, incluyendo los servicios financieros.

- Garantías de derecho de propiedad intelectual.

- Derechos de entrada temporal para comerciantes profesionales.

El trato diferencial para los sectores textil, del vestido, automotriz, de la eneregía, agricultura, transporte terrestre y telecomunicaciones.

El TLC no aborda la política de inmigración ni el movimiento de trabajadores, a través de las fronteras de los países miembros.

Posteriormente, a instancias de la AFL-CIO y del Partido Demócrata norteamericano, se suscribió el Acuerdo Paralelo de Cooperación Laboral, cuyo objetivo principal es lograr el cumplimiento de las normas laborales de cada país, dentro del marco de la promoción, bajo las condiciones señaladas en su respectiva legislación interna, de una detallada relación de importantes principios laborales.

El ALC surgió de una promesa que hiciera Clinton durante su contienda electoral de 1992 contra George Bush (padre). Organizaciones laborales, ambientalistas y de derechos humanos presionaron al candidato Clinton para que repudiara el TLC en su campaña por la presidencia. Para los detractores del Tratado, éste reflejaba una agenda neoliberal que favorecía a las corporaciones multinacionales y a los inversionistas, a costa de los trabajadores y el mediombiente. Para responder a las fuerzas pro y anti Tratado, en un marco de equilibrio, Clinton optó por apoyar el Tratado si en el paquete que se iba a presentar en el Congreso se incluían "acuerdos complementarios" en materia laboral y de medio ambiente. Después de la toma de posesión, en enero de 1993, el nuevo gobierno procedió a negociar los pactos complementarios con México y Canadá. En agosto de 1993 se llegó a acuerdos sobre el Acuerdo Complementario Laboral y a otro convenio acompañante, el Acuerdo de Cooperación Ambiental de América del Norte. En noviembre de 1993 el Congreso estadounidense aprobó el TLC y sus dos acuerdos complementarios. Los tres entraron en vigencia el 1 de enero de 1994.

La obligación fundamental que asume cada una de las partes del ACL es la de "aplicar efectivamente su legislación laboral". Esa noción de "aplicación efectiva" es la escencia del acuerdo. Aunque los países no cedieron soberanía en cuanto al contenido de sus leyes o a las autoridades y los procedimientos para aplicarlas, trascendieron los conceptos tradicionales del término, al abrirse a revisiones críticas, evaluaciones e incluso arbitrajes internacionales e independientes sobre su actuación en la aplicación de la legislación laboral. En tres áreas claves —salario mínimo, trabajo de menores y seguridad y salud ocupacionales— crearon una posibilidad de multas o de pérdida de beneficios comerciales (ajustándose a las normas del TLC) en casos de conductas persistentes de omisión en la aplicación efectiva de las leyes internas del país.

Conforme el anexo 1 del ACL, EE.UU., México y Canadá "se comprometen a promover" los siguientes principios laborales, aclarando que no constituyen normas mínimas comunes para su legislación interna:

-Libertad de asociación y protección del derecho a organizarse.

-Derecho a la negociación colectiva.

-Derecho de huelga.

-Prohibición de trabajo forzado.

-Restricciones sobre trabajo de menores.

-Condiciones mínimas de trabajo.

-Eliminación de la discriminación en el empleo.

-Salario igual para hombres y mujeres.

-Prevensión de lesiones y enfermedades ocupacionales.

-Indemnización en los casos de lesiones de trabajo o enfermedades ocupacionales.

-Protección de los trabajadores migratorios.

En la segunda parte del ACL los tres países adoptan seis obligaciones en áreas importantes de legislación laboral y de su aplicación. Ellas son:

Niveles de protección: las partes garantizarán que sus leyes y reglamentos laborales prevean altas normas, que guarden consonancia con lugares de trabajo de alta calidad y productividad, y continuarán esforzándose por mejorarlas en ese contexto.

Acciones gubernamentales para la aplicación de la legislación laboral: cada una de las partes promoverá la observancia de su legislación laboral y la aplicará efectivamente a través de medidas gubernamentales adecuadas.

Acciones de los particulares: cada una de las partes garantizará que las personas con un interés jurídicamente reconocido conforme a sus leyes internas tengan acceso adecuado a los recursos legales para la aplicación de sus derechos.

Garantías procesales: cada una de las partes garantizará que los procedimientos para la aplicación de su legislación laboral sean justos, equitativos y transparentes.

Publicación: las partes asegurarán de que sus leyes y reglamentos esten a disposición del público y que los cambios propuestos se publiquen por adelantado y se abran a la discusión pública.

Información y conocimientos públicos: cada una de las partes promoverá el conocimiento público de su legislación laboral.

La estructura de la Comisión para la Cooperación Laboral

El Consejo

La Comisión para la Cooperación Laboral esta integrada por un Consejo Ministerial y un Secretariado con personal permanente. El Consejo está compuesto por los secretarios de Trabajo de Estados Unidos y México y el ministro de Trabajo de Canadá. En su carácter de entidad única, el organismo supervisa la aplicación del ACL y las actividades del Secretariado. El Consejo promueve también actividades de cooperación trinacional en una amplia gama de asuntos en las áreas del derecho laboral, normas laborales, relaciones laborales y mercados de trabajo.

El Secretariado

Tiene dos funciones principales. En primer lugar, elabora informes comparativos sobre legislaciones y mercados laborales en los tres países, incluyendo estudios especiales que el Consejo solicite. En segundo lugar, el Secretariado sirve como brazo administrativo general de la Comisión. También ofrece la asistencia de sus funcionarios al Consejo y a cualquier Comité Evaluador de Expertos o Panel Arbitral establecido conforme al Acuerdo.

Oficinas Administrativas Nacionales (OANs)

El ACL demanda también que cada gobierno mantenga una OAN dentro del Departamento de Trabajo de cada país. Las OANs sirven como puntos de contacto y fuentes de información entre ellas, con otras dependencias gubernamentales, el Secretariado que tiene su sede en Dallas y con el público.

Las OAN reciben, asimismo, quejas contempladas en el Acuerdo (comunicaciones públicas y presentaciones, en el lenguaje ACL) referentes a asuntos de legislación laboral que surjan en otro país del TLC. Éste es un rasgo inusual e importante: los trabajadores o sindicatos agraviados o sus aliados deben presentar sus quejas ante la OAN de otro país y no del suyo, para iniciar el proceso de revisión. Cada OAN establece sus proipios procedimientos internos para revisar las quejas. En Estados Unidos y Canadá se incluyen audiencias públicas, no así en México.

Como parte de su "informe de revisión", una OAN tiene la facultad de recomendar consultas ministeriales a nivel del Consejo en cuestiones que involucren cualesquiera de los once Principios Laborales. Estas consultas pueden ser bilaterales entre el país cuya OAN emitió el informe y aquel donde ocurrieron las presuntas violaciones de los derechos de los trabajadores, o trilaterales, caso éste en que se invita al ministro del tercer país a participar en la consulta.

Comités Evaluadores de Expertos

Después de las consultas –excepto las que involucren los Principios Laborales 1, 2 y 3– a solicitud de cualquiera de las partes puede establecerse un CEE (Comité Evaluador de Expertos). Es significativo el hecho de que no se requiera de una queja previa o un informe de una OAN para que se proceda a una consulta ministerial o al establecimiento de una CEE. En efecto, cualquiera de los ministros está en capacidad de proponer la realización de una consulta aunque no haya recibido "comunicación pública" o "presentación" alguna o dar inicio a un CEE si el asunto en cuestión así lo amerita. Al utilizar este procedimiento la parte solicitante debe poner a disposición del CEE un expediente con las normas que rigen la aplicación de la legislación laboral nacional respecto de la materia sometida a evaluación.

Los CEE están facultados para evaluar los expedientes (tanto del país objeto de la consulta como del país que la solicita) en una o más de las siguientes cuestiones de legislación laboral, según el ámbito de la solicitud:

-Prohibición de trabajo forzado.

-Restricciones sobre trabajo de menores.

-Condiciones mínimas de trabajo.

-Eliminación de la discriminación en el empleo.

-Salario igual para hombres y mujeres.

-Prevención de lesiones y enfermedades ocupacionales.

-Indemnización en los casos de lesiones de trabajo y enfermedades ocupacionales.

-Protección de los trabajadores migratorios.

Paneles arbitrales

Después de que un CEE presenta un informe, si uno de los países considera que el otro aún está incurriendo en una pauta persistente de omisiones en la aplicación efectiva de sus normas técnicas laborales en materia de seguridad e higiene en el trabajo, trabajo de menores o salario mínimo, tiene la facultad de solicitar el establecimiento de un Panel Arbitral independiente. Tras considerar la cuestión, esta instancia puede emitir una resolución según la cual las partes contendientes pueden acordar un "plan de acción". Si éste no se pone en práctica, el Panel Arbitral está en capacidad de imponer una contribución monetaria al gobierno infractor. La multa será usada para mejorar la aplicación de la legislación laboral en la parte demandada. Si ésta no la paga, se le puede aplicar sanciones comerciales.

La revisión por parte de la OAN

Para la revisión inicial por parte de una OAN y para las consultas ministeriales el campo de acción es extremadamente amplio: "las cuestiones de legislación laboral que surjan en el territorio de otra de las Partes", en el primer caso, y, "cualquier cuestión dentro del ámbito de este acuerdo", para las segundas. Además, la no aplicación efectiva de la ley interna no constituye un motivo indispensable para una revisión o consulta.

Otro motivo importante es la ausencia de requisitos "establecidos" para presentar una queja. Cualquier ciudadano u organización de cualquier país puede someterla a consideración de una OAN, en forma individual o colectiva. No es necesario demostrar el presunto daño o el interés que reviste la cuestión. La OAN debe responder aceptando la queja para su revisióno, caso contrario, explicando por escrito al querellante las razones del rechazo.

Las consultas ministeriales

Más allá de la revisión en una OAN, el proceso comienza a moverse a niveles gubernamentales. Únicamente la OAN puede recomendar consultas ministeriales y, a su vez, solamente un ministro puede aceptar la recomendación y solicitar las consultas y, cuando lo considere pertinente, iniciar la formación de un CEE. Para instituir un Panel Arbitral se necesita la anuencia de dos ministros. En este contexto, las partes requieren de destrezas para el *lobbying* y de capacidad de presión política para impulsar sus demandas a lo largo del proceso.

La evaluación

Para que las quejas pasen a ser examinadas por un Comité Evaluador de Expertos se precisan dos elementos. En primer lugar, la cuestión tiene que estar "relacionada con el comercio" y concernir a compañías que comercien en el ámbito del TLC o que compitan con mercancías o servicios de un socio del TLC. En segundo lugar, debe estar incluida en las "leyes laborales mutuamente reconocidas", es decir, es necesario que ambos países dispongan de legislación sobre la materia en discusión.

El alcance de una evaluación de un CEE es más restringido que el de una revisión de una OAN o el de una consulta ministerial. Dando por sentado que la cuestión esté relacionada con el comercio y se encuentre comprendida en leyes laborales mutuamente reconocidas, el ACL especifica que el Comité "analizará, a la luz de los objetivos de este Acuerdo, y en forma no contenciosa, las pautas de conducta de cada una de las Partes en la aplicación de sus normas técnicas laborales...(Principios Laborales 4-11)".

Esto introduce tres nuevos factores:

Los Principios Laborales 1, 2 y 3 quedan excluídos del procedimiento del CEE.

La exigencia de examinar "pautas de conducta" antes que "cuestiones de legislación laboral" o "cualquier cuestión".

La exigencia de examinar "la aplicación" antes que "cuestiones de legislación laboral" o "cualquier cuestión".

El arbitraje

La solución de controversias por medio de un panel arbitral entraña los mismos requisitos de relación del asunto con el comercio y con las leyes laborales mutuamente reconocidas. Sin embargo, el ACL contiene una nueva e importante formulación en la esfera de acción del panel arbitral: la "presunta pauta persistente de omisiones de la parte demandada en la aplicación efectiva de sus normas técnicas laborales en materia de seguridad e higiene en el trabajo, trabajo de menores o salario mínimo". Esto reduce a tres los Principios Laborales susceptibles de solución de controversias. También introduce el concepto de una "pauta persistente de omisiones en la aplicación efectiva de sus normas técnicas laborales", aunque sin determinar qué se entiende por "pauta persistente" y por "omisiones en la aplicación", para lograr que un panel arbitral decida en favor de los derechos de los trabajadores.

El Mercosur

Entre los acontecimientos más salientes que se han producido en América Latina en la última década del siglo xx, se registra la constitución del Mercado Común del Sur (Mercosur). Lo constituyen la Argentina, Brasil, Paraguay y Uruguay como miembros plenos y Chile y Bolivia como miembros asociados. El Mercosur se destaca por la alta concentración de fuerzas productivas y sociales, por los niveles de actividad económica e intercambios comerciales, por el nivel de desarrollo industrial, por la elevada concentración de población y la complejidad de los mercados de trabajo existentes en su seno.

Uno de los aspectos singulares del Mercosur es que, desde su incio en 1991, contempla la necesidad de dotar a este proceso de integración de un sistema de relaciones laborales supranacional. Así, a) en 1991 se crea el Subgrupo de Trabajo N° 11, denominado de Asuntos Laborales, transformado en 1994 en Subgrupo de Trabajo N° 10 de Asuntos Laborales, Empleo y Seguridad Social (SGT 10); b) en 1996 se crea el Foro Consultivo Económico y Social (FCES) y c) en 1998, en la reunión de los Presidentes de los países del Mercosur, se aprueba la Declaración Sociolaboral del Mercosur, que establece un conjunto de normas laborales y sociales que dan cuerpo a la dimensión sociolaboral de este proceso. Estas instituciones y otras prácticas sociolaborales, han ido articulando una compleja y rica red de relaciones y negociaciones supranacionales y a nivel de cada uno de los países y por sectores y ramas de actividad.

El Tratado de Asunción, instrumento fundador del proceso de creación del Mercosur, ignoraba casi totalmente la faceta laboral y social que inevitablemente tiene, como hemos visto, toda experiencia de integración regional. El Tratado de Asunción sólo previó normas comerciales y orgánicas, sin incluir en los órganos por éstas diseñados mas que representantes de los poderes ejecutivos de los Estados Partes, y más específicamente, sólo de los Ministerios de Economía y de Relaciones Exteriores. Lo social no aparece en el Tratado de Asunción. Tampoco aparecen los ciudadanos y sus organizaciones (partidos, sindicatos, organizaciones empresarias, organizaciones no gubernamentales, etcétera).

El impulso inicial para la construcción de un espacio social y laboral en el nuevo proceso fue fundamentado por la doctrina del Derecho laboral que rápidamente puso de manifiesto la existencia, en el propio texto del Tratado de Asunción, del germen jurídico legitimante de la construcción de ese espacio. El Prefacio del Tratado incluía entre sus objetivos el "desarrollo económico con justicia social" y la mejora "de las condiciones de vida" de la población.

Desde el inicio de la constitución del Mercosur, las organizaciones de trabajadores nacionales de los países miembros y diversas organizaciones empresarias nacionales coincidieron en la necesidad de dotar al Mercosur de mecanismos para regular el nuevo mercado de trabajo. Los gobiernos de cada país comenzaron a recibir propuestas de las organizaciones empresarias y de trabajadores en tal sentido. Así, el 9 de mayo de 1991 los ministros de Trabajo de la Argentina, Brasil, Paraguay y Uruguay emitieron la Declaración de Montevideo, en la cual señalaban: 1) la necesidad de atender los aspectos laborales del Mercosur; 2) la propuesta de creación de un subgrupo de trabajo sobre asuntos laborales dentro de la estructura orgánica del Mercosur y 3) la iniciativa de estudiar la posibilidad de adoptar una Carta Social del Mercosur. Sin decirlo, la Declaración dejaba en evidencia que el Tratado de Asunción no sólo había desplazado a la ciudadanía y a las organizaciones sindicales, sino incluso había desplazado a los mismos órganos gubernamentales específicamente competentes en materia laboral.

Esta ofensiva sociolaboral obtuvo su primer fruto en ese mismo año, cuando el Grupo Mercado Común, máximo órgano ejecutivo del Mercosur, creó, por Resolución N° 11/91, el Subgrupo de Trabajo N° 11 sobre Asuntos Laborales. Dicho Subgrupo de Trabajo fue la primera institución laboral del Mercosur, subordinada al órgano ejecutivo. Le sucedería, en 1995, el Subgrupo de Trabajo N° 10 de "Relaciones Laborales, Empleo y Seguridad Social".

En diciembre de 1994 se suscribe el Protocolo de Ouro Preto que establece la estructura orgánica definitiva del Mercosur. Dicha estructura privilegia lo diplomático y lo económico. Pero la novedad trascendente que introduce el Protocolo es que prevé en la estructura orgánica definitiva, dos órganos que podrían ser considerados de representación ciudadana: la Comisión Parlamentaria Conjunta y el Foro Consultivo Económico y Social. Este último es el único órgano laboral permanente de la estructura definitiva del Mercosur. Su constitución y puesta en funcionamiento supusieron la consagración formal de la participación de los sectores sociales privados en la integración regional, sin participación de los estados.

Finalmente, el 10 de diciembre de 1998 los Jefes de Estado del Mercosur acordaron una "Declaración Sociolaboral". La misma fue elaborada sobre la base de a) una propuesta elaborada por el Subgrupo de Trabajo N° 10 y b) el dictamen del Foro Consultivo Económico y Social, ambos producidos en 1998.

El Subgrupo de Trabajo N° 10 sobre Asuntos laborales, empleo y seguridad social

El Subgrupo de Trabajo 10 no es más que la reconstitución, a partir de 1995, de lo que fué el Subgrupo 11, de muy importante actuación hasta 1994.

En efecto, el funcionamiento de este Subgrupo 11, mientras existió, fué fundamental. En su seno se constituyeron ocho (8) comisiones que trataron los siguentes asuntos: 1) relaciones individuales del trabajo; 2) relaciones colectivas del trabajo; 3) empleo; 4) formación profesional; 5) salud y seguridad en el trabajo; 6) seguridad social; 7) sectores específicos y 8) principios.

Uno de los aspectos más destacados del Subgrupo de Trabajo 11 fue su funcionamiento tripartito. Tanto el Subgrupo como cada una de sus comisiones sesionaban no sólo con delegados gubernamentales, provenientes de los ministerios de Trabajo, sino también con nutridas representaciones de las organizaciones de empleadores y de trabajadores, llegando, generalmente, a adoptar sus recomendaciones por consenso. La representación sectorial era asumida por las principales centrales sindicales y empresariales de cada país.

Los avances y logros de las diversas comisiones del Subgrupo fueron desparejos. Se destaca la recomendación de ratificación de un elenco mínimo común de convenios internacionales del trabajo por parte de los cuatro países y los debates sobre la adopción de una Carta Social del Mercosur. Parece claro que el Subgrupo de Trabajo 11 y sus comisiones fueron, durante variuos años, la única instancia de participación tripartita en la consideración de los aspectos laborales del proceso. En 1995 y casi con un año sin funcionar se reconstituyó el Subgrupo bajo la numeración 10 y la denominación de Relaciones Laborales, empleo y seguridad social. Esta nueva versión del Subgrupo si bien no tuvo la dinámica de su predecesor, fué el motor de la aprobación del anteproyecto de Convenio Multilateral de Seguridad Social del Mercosur, aún sin ratificar por los países miembros y de la Declaración Sociolaboral del Mercosur.

El Subgrupo es el ámbito tripartito natural de procesamiento de las asimetrías que existen en el campo laboral entre los países miembros y el lugar de búsqueda permanente de mayores niveles de armonización.

El Foro Consultivo Económico y Social

El Foro Consultivo Económico y Social, previsto en los arts. 28 a 30 del Protocolo de Ouro Preto, es el único órgano, de competencia laboral, de entre los previstos como permanentes en los tratados constitutivos del Mercosur, ya que, como surge de lo antes expuesto, el actual Subgrupo de Trabajo N° 10 ha sido creado por resolución del Grupo Mercado Común (derecho derivado, en la terminología europea) y forma parte de la estructura interna de éste.

De conformidad con lo dispuesto en el art. 28 del Protocolo, el FCES es un "órgano de representación de los sectores económicos y sociales". La misma disposición establece que el FCES "estará integrado por igual número de integrantes de cada Estado parte".

El art. 29 aclara que tendrá "función consultiva", lo cual viene dado desde su propio nombre: si bien lo normal, en el derecho comparado, es que los Comités o Consejos Económicos y Sociales sean consultivos y no ejecutivos o decisorios, no lo es que este carácter se incluya en la denominación del órgano.

Finalmente, el art. 30 dispone que "el FCES someterá su reglamento interno al Grupo Mercado Común, para su homologación". De tal forma, el FCES redactará su propio reglamento interno, el que no requerirá de aprobación ni autorización en otra instancia, salvo la mera homologación por el Grupo Mercado Común.

Las organizaciones sociales de los cuatro países negociaron un Reglamento interno y formaron "Secciones Nacionales del FCES", cada una con su propia conformación, no necesariamente igual a las otras. Cada Sección Nacional designaría 9 representantes al FCES del Mercosur, el que, de tal forma, suam un total de 36 miembros. En cada representación nacional se observa el principio de paridad numérica entre representantes de empleadores y trabajadores. Observado este principio, cada Sección Nacional determina si incluye a otros sectores (consumidores, ambientalistas, estudiantes, etc.), así como el peso de éstos en la respectiva delegación.

La dificultad mayor del Foro, que fue consultado en algunas ocasiones por los órganos ejecutivos del Mercosur, es su carácter meramente consultivo y sin poder de decisión, y además, carente de presupuesto y de un soporte administrativo.

Cabe agregar, asimismo, que en parte por las referidas dificultades de funcionamiento y en parte por la inercia de las estructuras, hasta ahora ha predominado una lógica nacional: el FCES ha sido, en los hechos, más una conjunción de Secciones Nacionales que un órgano inter o supranacional.

La Comisión Sociolaboral del Mercosur

Es el más reciente órgano laboral del Mercosur y su constitución fue prevista en la Declaración del mismo nombre. Allí se la define como "órgano tripartito auxiliar del Grupo Mercado Común", "dotado de instancias nacionales y regionales". Es decir, que existirá una Comisión Sociolaboral Regional y sendas comisiones nacionales, todas de composición tripartita.

La Comisión Sociolaboral Regional deberá sesionar por lo menos una vez al año para analizar las memorias presentadas por los estados y preparar un informe al Grupo Mercado Común y se manifestará por consenso de los tres sectores.

El principal cometido de la Comisión es el de promover la aplicación de los derechos fundamentales previstos en la Declaración. A tales efectos, analizará las memorias anuales que al respecto deberán elaborar los estados parte y las observaciones y consultas que se le formulen sobre dificultades e incorrecciones en la aplicación y cumplimiento de las disposiciones de la Declaración. También examinará las dudas sobre su aplicación y propondrá aclaraciones. En este marco, elaborará análisis e informes sobre la aplicación y el cumplimiento de la Declaración y formulará planes, programas de acción y recomendaciones. También puede proponer reformas del texto de la Declaración y debe redactar, por consenso, su reglamento interno, que deberá ser aprobado por el Grupo Mercado Común.

La Declaración Sociolaboral del Mercosur es el producto de un proceso que se inicia con la primera Declaración de Ministros de Trabajo del Mercosur, de mayo de 1991, en la que se alude a la conveniencia de estudiar la viabilidad de adoptar una Carta Social del Mercosur. Las negociaciones tendientes a producir este instrumento se dilataron de forma tal que recién en 1997, el Subgrupo de Trabajo N° 10, reincorporó el tema en su agenda, constituyendo un grupo ad hoc de integración tripartita, que debería "analizar las diversas propuestas tendientes a la aprobación de un instrumento que contenga un núcleo duro de derechos fundamentales y un mecanismo de supervisión con participación de los actores sociales" (Acta 2/97, de la V Reunión del SGT 10). Dicho grupo se abocó a la discusión de un "Protocolo Sociolaboral del Mercosur" que, como su nombre lo indicaba, debería adoptar la forma de un protocolo adicional al Tratado de Asunción. En el curso de los debates y negociaciones, se dejó de lado dicha idea y se optó por una Declaración de los Presidentes de los Estados parte del Mercosur, la que luego de aprobada por los diversos órganos del Mercosur, fue firmada por los jefes de Estado el 10 de diciembre de 1998, en Río de Janeiro, Brasil.

Según sus propios términos, la Declaración Sociolaboral del Mercosur consolida los progresos ya logrados en la dimensión social del proceso de integración y sirve de sostén o soporte a los avances futuros y constantes en el campo social, "sobre todo mediante la ratificación y cumplimiento de los principales convenios de la OIT". Así, proclama una serie de principios y derechos en el área laboral, "sin perjuicio de otros que la práctica nacional o internacional de los Estados parte haya instaurado o vaya a instaurar".

La posibilidad interpretativa de asignar la máxima eficacia jurídica a la Declaración, se ve facilitada por la redacción de algunos de sus preceptos, que admiten una aplicación directa e inmediata por los operadores jurídicos nacionales. En efecto, sus cláusulas no son solamente programáticas, sino que las hay también de tipo operativo, o sea, susceptibles de aplicación directa e inmediata (primer párrafo art. 1, primer párrafo art. 2, primer párrafo art. 8, etcétera).

En cuanto al contenido de la Declaración, hay que distinguir su contenido específico de su contenido genérico. Este último es mucho mayor que el específico, ya que es el de todos los Tratados, Pactos o Declaraciones sobre Derechos Humanos, a los cuales esta Declaración remite y enumera en su 5° considerando.

Su contenido específico, es decir, el de los derechos y principios expresamente consagrados en el articulado, incluye:

- no discriminación,

- derechos de trabajadores migrantes y fronterizos,

- eliminación del trabajo forzoso,

- edad mínima de ingreso al trabajo,

- derechos de los empleadores de organización y dirección técnica de la empresa,

- libertad de asociación y protección de la actividad sindical,

- negociación colectiva,

- derecho de huelga,

- promoción de formas preventivas y alternativas de autocomposición de conflictos,

- fomento del diálogo social e internacional,

- fomento del empleo y protección de los desempleados,

- derecho a la formación profesional,

- derecho a la seguridad y salud en el trabajo,

- derecho del trabajador a la protección en las condiciones y el ambiente de trabajo, y compromiso de instituir y mantener los servicios de inspección del trabajo, y

- derecho de los trabajadores a la seguridad social.

Finalmente, como hemos visto *ut supra*, la Declaración prevé la constitución de la Comsión Sociolaboral del Mercosur, órgano auxiliar del Grupo Mercado Común, de composición tripartita, destinada a promover el cumplimiento de los derechos y principios previstos en aquélla.

El Convenio Multilateral de Seguridad Social del Mercosur

El Subgrupo de Trabajo N° 10, el Grupo Mercado Común y el Consejo Mercado Común (órgano de decisión política del proceso) han dado aprobación a un proyecto de Convenio Multilateral de Seguridad Social del Mercosur y a un proyecto de Acuerdo Administrativo para su aplicación.

El convenio dispone que los derechos de seguridad social previstos en este documento "se reconocerán a los trabajadores que presten o hayan prestado servicios en cualquiera de los estados contratantes reconociéndoles, así como a sus familiares y asimilados, los mismos derechos, estando sujetos a las mismas obligaciones que los nacionales de dichos Estados" (art. 2).

En general, este documento recoge los principios materiales básicos del Derecho Internacional de Seguridad Social, a saber: aplicación de la ley del lugar de ejecución, igualdad, conservación de derechos adquiridos, totalización y prorrata.

Capítulo 3. "Las cuestiones sindicales en el entorno global"

A) La Confederación Sindical Internacional y el movimiento sindical de la región: desafíos y nueva agenda

El movimiento sindical de la región se enfrenta en estos tiempos, no sólo a las vicisitudes propias de una organización que se encuentra debatiendo su visión estratégica respecto del proyecto político sindical para las Américas que desea abrazar en la actual coyuntura internacional, sino también de un escenario sindical mundial caracterizado por la marcha hacia un nuevo internacionalismo sindical, iniciada en noviembre de 2006, con la creación de la Confederación Sindical Internacional. Esta nueva central sindical internacional contiene en su seno a las organizaciones nacionales afiliadas a la ex Confederación Internacional de Organizaciones Sindicales Libres (CIOSL) y a la ex Confederación Mundial del Trabajo (CMT), así como también a las centrales sindicales nacionales que no poseían afiliación sindical internacional. Este nuevo escenario internacional requerirá de esfuerzos extras en materia de participación de las organizaciones nacionales en el esquema global.

El escenario es útil para establecer nuevas líneas de política y acción a nivel internacional que, como veremos, deberán estar indisolublemen te ligadas con cambios necesarios a producir en los planos internos. Constituye asimismo, este proceso, una oportunidad para expandir las potencialidades de los sindicalismos nacionales puertas afuera de los respectivos paises, al estar presente en un debate crucial del movimiento sindical internacional respecto de su futuro y sus capacidades para ser sujeto activo de la construcción de la democracia en la globalización.

En el mes de diciembre de 2004, se realizó el decimoctavo Congreso Mundial de la CIOSL en Miyasaki (Japón). Dicha organización resolvió, como uno de los puntos trascendentes de la agenda del Congreso, avanzar puntualmente en la unificación del sindicalismo a nivel mundial en aras del establecimiento de un movimiento sindical para el futuro y de sentar las bases para una nueva confederación internacional de trabajadores.

Dicho Congreso, en la Resolución dedicada al tema votado por unanimidad, "reconoce que muchos de los complejos y crecientes retos a que se enfrenta el movimiento sindical en todo el mundo son una consecuencia directa de, o están estrechamente vinculados con el actual modelo de globalización y la presión que ejerce sobre los derechos de los trabajadores/as y sus condiciones de trabajo".

Asimismo se declara que "los principios y valores perdurables del movimiento sindical están sometidos a constantes ataques como consecuencia de la imposibilidad de garantizar una regulación social de los mercados globales, la falta de voluntad por parte de los dirigentes políticos para abordar esta cuestión y la facilidad con que muchos empleadores están dispuestos a explotar este déficit social mundial".

Así las cosas, conforme la aprobación por unanimidad de la respectiva resolución en el mencionado Congreso, el movimiento sindical internacional se encaminaba hacia la construcción de un nuevo escenario global en materia de políticas y gestión sindical dotado de componentes de cuasi supranacionalidad que, sin desconocer la existencia y poder de las organizaciones sindicales a niveles nacionales, será omnicomprensivo de los ámbitos nacionales, subregionales, regionales y globales e interactuará al mismo tiempo en cada uno de ellos. Es de hacer notar también que la CIOSL solicitó que este debate no debía limitarse a un dialogo entre superestructuras internacionales. El mismo debía situarse firmemente en el programa de los movimientos sindicales nacionales.

Este nuevo ciclo histórico, que encuentra sus raíces en los primeros debates postestallido de la globalización y que se formaliza en el Congreso unificador de Viena en 2006, dando nacimiento a la Confederación Sindical Internacional (CSI), es propicio para jerarquizar un debate al interior de los movimientos sindicales nacionales sobre su visión y participación en la creación de un sindicalismo global eficiente y eficaz, que pueda dar respuesta a la diversidad de demandas sindicales y que permita elevar la calidad de vida de las y los trabajadores del planeta.

Sin dejar de reconocer diversos niveles de compromiso de las organizaciones sindicales con la cuestión internacional del movimiento obrero, históricamente hablando, en la región, la definición de la política sindical internacional como de prioridad estratégica parece referida, hoy, a otra cuestión. Trasunta en este concepto la idea de un mayor despliegue cualitativo de la acción sindical internacional. Es dable notar que este debate se inscribe en uno más profundo respecto de las mutaciones sufridas en los escenarios del trabajo y su impacto en relación con el tratamiento sindical de temas internacionales, otrora ubicados en uno o varios escalones por debajo de las prioridades de las direcciones sindicales nacionales. La crisis del 2008 y el nacimiento del G20 parecen dar aún más la razón a esta prioridad estratégica.

El sindicalismo de la región deberá profundizar su comprensión de que los márgenes de acción sindical nacional no han desaparecido aunque sí se han acotado, por lo menos, en términos de incidencia del poder sindical sobre decisiones en materia política que impactan en temas tan sensibles como empleo, inversiones, comercio regional e internacional, deslocalización y relocalización de empresas, inversión extranjera directa, políticas de las multinacionales, políticas de los organismos financieros regionales e internacionales de crédito, etcétera.

No es ajena a este razonamiento la percepción de que los márgenes acotados de poder mencionados, poder que en otras épocas constituía la esencia o factor determinante de la vitalidad para reclamar elaboración de políticas sociales y laborales nacionales, tengan que ver con una fuerte desarticulación entre la economía globalizada y la direccionalidad social que las políticas nacionales pueden eventualmente asumir.

Como lo manifiesta Sastre Ibarreche de la Universidad de Salamanca: "Lo que está en juego es un modo de actuación sindical dominante en la mayor parte de los países desarrollados a partir de la Segunda Guerra Mundial y que se ha sustentado, básicamente, en dos elementos: la negociación en las mejoras de productividad y el intervencionismo estatal en la regulación del mercado de trabajo o en el reconocimiento de derechos sociales.[74] Un modelo, en suma, dirigido al mantenimiento del crecimiento económico y articulado en los particulares ámbitos nacionales".

En esta etapa, aunque este modelo no haya mutado en forma absoluta, las tendencias indican que la matriz del mismo se encuentra, por lo menos, amenazada. En primer lugar, hay una transformación en el papel

---

[74] También se ha manifestado este modelo en los países subdesarrollados aunque en forma más difusa. El caso argentino tal vez sea uno en los que sobresale la presencia de estos elementos de configuración del mercado laboral, con más visibilidad, habida cuenta de la existencia de una sociedad salarial con sindicatos fuertes, práctica de la negociación colectiva y seguridad social pública.

de los marcos estrictamente nacionales. Cuando una empresa se desloca-liza, buscando menores costos laborales, facilidades impositivas, incenti-vos, etc. las leyes y procedimientos a escala nacional se debilitan, la sobe-ranía estatal se desdibuja. Las empresas multinacionales que operan en el territorio nacional lo hacen con un restringido margen de autonomía en lo que tiene que ver con decisiones de políticas de recursos humanos, inversión, proveedores. Estos temas son establecidos en sus casas matri-ces a escala global. Esto trae consecuencias objetivas en materia de acción sindical.

En segundo lugar, la ruptura con un esquema productivo centrado en el proceso taylorista-fordista de organización del trabajo, asentada en una fuerte incorporación de tecnologías de la información al proceso productivo, da origen a una nueva empresa, básicamente organizada en red, impactada por la revolución científico-tecnológica. Esto también trae consecuencias relacionadas con el hecho social del trabajo, las posibili-dades de control sociolaboral de la incorporación de tecnología y una nueva tipología y perfil de trabajador, sustancialmente disímil al trabaja-dor industrial tradicional.

Así las cosas, la crisis política y económico-social en la región al inicio del siglo XXI, empujó al sindicalismo, a pesar de los cambios descritos *ut supra* en el escenario internacional de los 90, a continuar jerarquizando su accionar local. Su vinculación con la acción sindical internacional naciente fue irregular, fragmentada y esporádica. Para colmo, tal cual lo expresáramos, ésta fue iniciando un proceso de transformaciones que ubico al actor sindical internacional en un estadio de desarrollo cualita-tivamente superior al de las décadas anteriores. Las mismas relaciones internacionales adquirieron otra vorágine, acompañadas de otros objeti-vos y componentes. El internacionalista Juan Gabriel Tokatlian plantea que es menester "contemplar a los actores no estatales[75] (vg. los sindica-tos) como unidades de análisis significativas, dada su ascendente rele-vancia en el escenario internacional".

Al mismo tiempo, Susan Strange, citada por el mismo Tokatlian, con-sidera a las fuentes de poder como una estructura compleja de cuatro elementos: seguridad, conocimiento e información, finanzas y producción.

---

[75] Se hace referencia aquí a una diversidad de organizaciones: de la sociedad civil, dentro de la cual ubicamos a las organizaciones sindicales y las organizaciones no gubernamenta-les diversas.

Dice Strange que "tener control sobre estos elementos implica tener poder estructural". Hay en este concepto una referencia indirecta hacia las organizaciones sindicales teniendo en cuenta la cada vez mayor demanda de conocimiento e información en un mundo dominado por estos factores. Las organizaciones sindicales necesitan trabajar en red e interconectarse, multiplicar sus capacidades e incidir al mismo tiempo en diferentes niveles. Por otra parte la referencia a la producción como fuente de poder, cuestión históricamente vinculada con el poder sindical, continúa siendo un componente nuclear de las relaciones del sindicalismo con el resto de la sociedad y de las potencialidades del mismo en términos de incidir en procesos sociolaborales y económico-políticos. Este análisis se completa con la ascendente relevancia mencionada, a raíz de la dinámica de poder generadora de una continua fluctuación entre tendencias globales y locales. Esto es, el poder se desdobla y juega un rol en el centro de esta dinámica y en sus extremos local y global.

En este marco, las propias organizaciones internacionales, las de carácter político[76] y las instituciones financieras y comerciales multilaterales[77], iniciaron un derrotero de cambio en sus estructuras y dinámicas, impactadas por la globalización, algunas de ellas; otras, sin abandonar automáticamente sus posiciones y contenidos, aceptando ciertos niveles de debate sobre su pasado, otrora impensables, presionadas por la sociedad civil y las propias organizaciones sindicales. Es hoy común en los ámbitos internacionales y en los nacionales especializados escuchar debates y propuestas sobre la necesidad de modificar las estructuras de las Naciones Unidas, replantear el funcionamiento de los organismos financieros internacionales y rever los mecanismos y equilibrios al interior de la Organización Mundial del Comercio. Esto mismo es parte de la agenda del G20 en la actualidad y motor de un fuerte debate en su interior.

A esto habría de sumarse la demanda de presencia sindical en los ámbitos de la integración en sus diversas formas (Unión Europea, Pacto Andino, Mercosur, Asean, etc.). El movimiento sindical ha ido paulatinamente acomodando sus estrategias para dar respuesta a este y otros desafíos que traen a colación temas como nuevos instrumentos de acción

---

[76] Las Naciones Unidas (como tal) y la Organización de Estados Americanos.

[77] El Fondo Monetario Internacional, el Banco Mundial, el Banco Interamericano de Desarrollo y la Organización Mundial del Comercio.

sindical, preparación de nuevos cuadros y, fundamentalmente, instalarse en la primera fila como actor protagónico de la primera y más cercana posibilidad de vincular lo nacional con lo internacional.

En síntesis, se trata de establecer una matriz de funcionamiento de las organizaciones sindicales que contemple el conjunto de vicisitudes mencionadas y permita abarcar el complejo cuadro de interrelaciones que la globalización establece entre lo local y lo internacional. Aparecen en esta nueva matriz las ideas de yuxtaposición y articulación. La yuxtaposición nos permite inferir ciertas dosis de conexión objetiva entre las temáticas, sus dinámicas y los ámbitos en el que se resuelven las mismas. En la etapa anterior, respecto de los temas a abordar, aunque ligados entre sí, resultaba más difusa la naturaleza de esa ligazón. Un ejemplo de ello es el tema del libre comercio y su relación con el mundo del trabajo. Comercio internacional y libertad para ejercerlo existieron siempre y, por supuesto, impactos del mismo también, aun en la etapa de la economía cerrada. Sin embargo, la envergadura y los componentes del comercio internacional en la etapa de la globalización, sin duda exceden los marcos de análisis precedentes. Los impactos y consecuencias en relación con los mercados de trabajo, con los niveles de inversión y empleo, sus impactos en la provisión de servicios públicos y con el puntual cumplimiento de normas laborales internacionales mínimas, aparecen más nítidos. Libre comercio y mundo del trabajo se yuxtaponen con más visibilidad. Dicho en otras palabras, la yuxtaposición permite comprender los diversos escenarios temáticos sobre los cuales incidir, al mismo tiempo, para lograr una cierta direccionalidad de las decisiones y las políticas.

Por su parte, la articulación implica la idea de que es necesario incidir desde distintos niveles interconectados y organizados de respuesta. El movimiento sindical debe responder en los niveles multilaterales, continentales, regionales, subregionales y nacionales (locales), tanto global como sectorialmente, en forma ordenada y con acciones y metodología de gestión sindical preparadas desde una lógica de cada vez mayor supranacionalidad. Hablar de sindicatos globales no es una moda sino un objetivo cada vez más sentido y necesario para el movimiento sindical mundial. La cuestión local se resignifica al interior de un modelo de interdependencias conexas a escala global.

La yuxtaposición nos remite a cierta imbricacion temática; la articulación, a los niveles de tratamiento e incidencia.

La pregunta entonces parece ceñirse a si será posible articular, particularmente en la región, un movimiento sindical que efectivamente pueda dar respuesta a sus colectivos, tradicionales y ya no tanto, en un entorno de mutaciones que, a esta altura, no obstante las contingencias de una direccionalidad sesgada hacia el hoy desacreditado y siempre destructivo orden neoliberal, presenta, como lo vimos, señales inequívocas de transformaciones de época que han incidido en los escenarios productivos, de las empresas y de los procesos organizacionales del trabajo y realidades políticas en la región que produjeron un alejamiento pausado de dichas políticas generadas desde las usinas del Consenso de Washington, aun en el marco del intento de retorno a ese pasado por parte de quienes predican una salida de la actual crisis desde la ortodoxia económica.

El impacto de esta nueva realidad incorpora una fuerte impronta de pluralidad de mundos productivos a los que, más allá de denuncias y diagnósticos, habrá que dar respuestas, en términos de la conformación de un mundo del trabajo signado por la heterogeneidad de las realidades y experiencias laborales y por el crucial desafío del momento: cómo lograr un desarrollo sustentable en el mediano y largo plazo con generación de empleo decente en el corto plazo y poder iniciar la salida real de la crisis de empleo generada por la crisis económica.

La organizaciones sindicales del hemisferio deberán comprender que no sólo hay un nuevo escenario de actuación sindical, sino que el mismo se vio invadido desde mayo del 2006 por un nuevo sujeto sindical internacional, en el que convivirán la totalidad de las centrales y confederaciones nacionales del planeta, prácticamente sin exclusiones. Será necesario adquirir una nueva visión de las relaciones sindicales, del debate sindical nacional y sus imbricaciones con el debate sindical global. Se trata de ser jugadores globales. Así las cosas, es cierto que sumado a su tradición de lucha y su historia unitaria, el movimiento sindical de la región posee un peso específico importante en las realidades nacionales. Sin embargo, hay varios elementos a tener en cuenta. Salvo contadas excepciones a pesar de ciertos avances, no todas las organizaciones sindicales priorizan en sus agendas la cuestión internacional. Otras que sí lo hacen, encaran su política en términos de prioridades de representación en dicho ámbito, de su organización. Esto, como veremos, no es suficiente. Constituye sólo una parte de la moderna estrategia sindical global. Hoy se habla de gestión sindical internacional. Hay una reconversión en el sujeto sindical que se refleja en su compórtamiento global a raíz de las mutaciones en el escenario tradicional de presencia e impacto, fundamentalmente local o nacional.

Hoy, caminamos hacia un plano de protagonismos múltiples y de incidencias concretas en temas y cuestiones, que aunque no lo parezcan, influyen sobre nuestra realidad.

Las cuestiones del comercio internacional y el debate mundial acerca de los instrumentos necesarios para, al mismo tiempo evitar el dumping social y promover un comercio justo, se inscriben en ese protagonismo. Prueba de ello son las cada vez más constantes convocatorias al sindicalismo para participar, como actor interesado, en las reuniones de la OMC y la preocupación creciente por jugar un rol protagónico en la necesaria transformación de las instituciones financieras internacionales.

Por su parte, como lo manifestamos precedentemente, los procesos de integración subregional y regional ubican a los actores sindicales como demandantes legítimos de la dimensión social y laboral que deben observar estos procesos para que el objetivo de potenciar la presencia de nuestros países en el mercado mundial, tenga en cuenta los costos e impactos que el mismo puede acarrear desde el punto de vista de los derechos del trabajo y el empleo.

También los mecanismos de deslocalización y relocalización de empresas trasnacionales, característicos de un mundo global carente de regulaciones supranacionales, pugnando, en una lucha descarnada por la competitividad y la utilización del salario y las condiciones de trabajo como variables de inversión, implican un espacio de estudio y acción para aportar a la creación de una re-regulación internacional de los derechos laborales y sociales, desde la óptica sindical.

Los aún tibios, aunque no menos importantes, instrumentos y canales de participación global sindical en el seno de estas empresas, reflejan las raíces de un sindicalismo que busca la gestión sindical sectorial en el mismo campo en el que se desenvuelven dichas empresas. Nuestro movimiento sindical puede convertirse en cabecera de playa a la hora de trabajar por un sindicato fuertemente implantado en los lugares de trabajo a nivel de América. En este campo, pese a la disimilitud de modelos y prácticas sindicales, a partir de algunas realidades, es posible articular hacia el futuro presencias sindicales en los lugares de trabajo de mayor envergadura. En este campo las realidades que ya tienen una práctica de representación sindical en la empresa, como la Argentina, Brasil, Chile y Uruguay, a pesar de diferencias en sus modelos, pueden aportar, junto al accionar de los sindicatos globales sectoriales, hacia mecanismos que permitan recuperar fisonomía unitaria en aquellos países y regiones de escasa densidad de representación y negociación colectiva. Un ejemplo interesante sobre este tema lo constituyen los procesos de armado de

Redes Sindicales regionales o globales por multinacional. Estos procesos y las Redes constituidas y funcionando permiten irradiar desde el campo internacional del movimiento sindical (los Sindicatos Globales) una acción sindical unitaria en el nivel nacional. Mucho más se puede hacer si esa acción arroja como resultado la existencia de algún instrumento de negociación entre la multinacional y el Sindicato Global (por ej., un Acuerdo Marco Global o Regional o un Memorándum de Entendimiento entre los mismos actores, etc.). Suponemos como muy difícil avanzar hacia modelos de unidad sindical y mayor representación sindical en la empresa, sólo por impulso de las propias organizaciones sindicales nacionales y las políticas gubernamentales. En América Latina, dada la presencia de una histórica intervención del Estado en el mercado de trabajo, es posible encontrar legislación laboral destinada a regular, en algunos casos la actividad sindical y en la mayoría, destinada a regular la práctica de la negociación colectiva. No obstante ello, y como resulta lógico, la diversidad de modelos en general y los propios modelos a su interior no promueven la unidad sindical, al menos en los espacios de trabajo. Existe una tendencia a sobrevalorar uno de los aspectos de la libertad sindical, cual es el de la libre creación de sindicatos, subvalorando otro aspecto determinante de la existencia de libertad sindical, cual es el de la eficacia de la acción sindical, cuya matriz, como todos sabemos, es la unidad del colectivo trabajador. La matriz unitaria del movimiento obrero es la que marca la capacidad de impacto real del sindicato. Por ende la excesiva proliferación sindical con escasa tasa de afiliación y/o baja representatividad en los lugares de trabajo, no aparece como aconsejable para ser respetado y tenido en cuenta por el complejo de poderes frente al cual el sindicalismo debe pararse.

Es también menester mejorar cualitativamente la presencia y el trabajo con la Organización Internacional del Trabajo. El sindicalismo internacional ha elegido privilegiar su relación con la OIT. En su seno también se juega la partida por el control de las decisiones en la globalización. El aferrarse al Informe de la Comisión Mundial sobre la Dimensión Social de la Globalización, el movimiento sindical no ha hecho otra cosa que pararse en el marco de un debate sobre el futuro de la globalización. El trabajo con y en la OIT se debe intensificar en sus diversas áreas: control de normas, empleo decente, género, diálogo social, sectores y fundamentalmente en las actividades de ACTRAV.

En fin, pareciera que el momento actual invita a reflexionar en un sindicalismo nacional y regional fuertemente articulado con el sindicalismo internacional. Sin ataduras a esquemas inflexibles; con la humildad de quien se sabe fuerte por su bagaje histórico y de representatividad, sumando a la tendencia general del desarrollo de un sindicalismo unido.

Es cierto que el movimiento sindical, frente a estos desafíos, se encuentra en un escenario complejo porque, sin reemplazar las incertidumbres, problemas y demandas cotidianas, muchas de ellas históricas e irresueltas, debe atender las nuevas problemáticas a las que hemos hecho referencia que, en algunos casos, agravan las preexistentes pero que en otros, su tratamiento permite redescubrir nuevas potencialidades en el accionar sindical fortaleciendo el papel recivilizador que le ha correspondido jugar a lo largo de la historia.

B) La Federación Argentina de Empleados de Comercio y Servicios: el proceso de sindicalización en el sector comercio de la Argentina

1) Aproximacion histórica

En los primeros meses de de 1881, nace la Sociedad de Dependientes de Comercio de la Capital Federal. Han transcurrido apenas tres años de la primera huelga organizada que se conoce en la historia del movimiento sindical argentino: la de los tipógrafos; y la creación del primer sindicato obrero moderno: la Sociedad Tipográfica Bonaerense.

Las condiciones de trabajo del sector comercio eran sumamente retrógradas. Faltan algunos años todavía para que el movimiento obrero emprendiese la lucha por las 8 horas de trabajo y la conquista de reivindicaciones mínimas. No se conocía entonces la estabilidad en el trabajo, ni leyes de seguridad industrial, ni de protección de la mujer trabajadora. No había central sindical y sólo existían en la realidad nacional tres o cuatro sindicatos de oficio importantes.

En septiembre de ese mismo año, 1881, los trabajadores de comercio se movilizan para solicitar una ordenanza que estableciera el cierre de los comercios el día domingo. La solicitud se apoya en el "carácter higiénico" de la iniciativa. La Municipalidad de la ciudad de Buenos Aires, frente a la receptividad de la solicitud por parte de los trabajadores, acuerda poner en vigencia una Ordenanza de 1857 que había sido derogada, instaurando, de esa forma, el descanso dominical.

La disposición municipal origina un extraordinario revuelo. El Club Industrial, cuna de la actual Unión Industrial Argentina, encabeza la protesta patronal, acompañada por algunos funcionarios del gobierno y por la casi totalidad de la prensa de entonces. Ante la posibilidad de la no aplicación de la Ordenanza, los trabajadores de comercio organizan un acto en Plaza Lorea, el 11 de octubre de 1881. Asisten al mismo alrededor de 5.000 trabajadores quienes a posteriori se encolumnan y en señal de protesta recorren la calle Victoria (hoy Hipólito Irigoyen) hasta la Plaza del mismo nombre (hoy Plaza de Mayo). Lo que significó para los trabajadores del sector comercio el bautismo de fuego sindical para su flamante organización, determinó que las patronales del sector cumplieran la ordenanza, no sin antes iniciar las acciones judiciales pertinentes por considerarla inconstitucional.

La realidad concreta de los años siguientes a este movimiento, durante los cuales, en la práctica la Ordenanza se aplicó sólo parcialmente, testimonian harto elocuentemente cuán grande fue la influencia de los sectores empleadores de la actividad para frustrarla. También demuestra que aquel primer mojón de la larga historia de los trabajadores del sector no fue en vano porque, junto a otras luchas y a una enorme dedicación a este y otros temas vinculados con los derechos laborales, permitió, un cuarto de siglo más tarde, que se incorporase este derecho a la legislación del trabajo por inspiración del diputado socialista Alfredo Palacios.

En 1903 los dependientes de comercio constituyen en congreso la Federación de Dependientes de Comercio de la República Argentina. Efectivamente, a lo largo de los años transcurridos desde 1880, los denominados "Centros de Empleados de Comercio" o "Asociaciones de Obreros y Empleados de Comercio", según la localidad, se habían multiplicado en el territorio de la nación, principalmente en las grandes capitales de provincias y demás ciudades importantes. La Federación, entonces, fue la respuesta organizativa y política adecuada para evitar que las distorsiones salariales y de condiciones de trabajo producidas por las diferencias de regiones, ciudades, tamaños de mercado, etc. se constituyeran en materia de dumping intrasectorial.

Concurrieron a este Congreso, el 15 y 16 de agosto de 1903, 27 sindicatos de base y un delegado fraternal de los dependientes de comercio del Paraguay. El Congreso se abocó a los problemas relacionados con las necesidades y aspiraciones inmediatas del gremio. Proclama, como programa de realizaciones, el descanso dominical, la jornada de 8 horas, la no admisión en el trabajo de los menores de 14 años, la prohibición de alojar a los dependientes en los despachos de los centros de trabajo por ser "antihigiénico e inmoral" y por último, el reconocimiento patronal de la Federación. Estiman los dependientes de comercio una "honra en proclamar bien alto que pertenecían a la digna clase trabajadora". A tenor de esta afirmación, adhieren a la Unión General de Trabajadores.

En 1905, al producirse la Revolución Radical, el régimen liberal desata una brutal represión que, obviamente, alcanza a la propia clase trabajadora. La UGT, que contaba con alrededor de 80.000 miembros, organiza un acto de repudio que cuenta entre sus participantes más numerosos a los trabajadores de comercio y su organización sindical. En 1907, los empleados de comercio impulsan con gran fuerza desde la UGT, la unidad del movimiento obrero que se concreta en el Congreso de la Unidad ese mismo año.

En los años siguientes, los trabajadores de comercio bregan incansablemente por los derechos de los trabajadores constituyéndose en ejemplo para el movimiento obrero demostrando su capacidad para vincular la lucha sindical con las propuestas parlamentarias que a la postre se transformarían en las primeras leyes obreras de la Argentina y el punto de partida para la creación del Derecho del Trabajo nacional. Así, los trabajadores del sector comercio presentan ante el Congreso Nacional, ya sea a través de su Federación o de la propia UGT, proyecto de ley de jornada de 8 horas, reglamentación del trabajo de mujeres y niños, proyecto de creación de una caja de pensiones, responsabilidad patronal por los accidentes de trabajo y descanso dominical obligatorio.

En 1919, más precisamente el 24 de agosto, se funda, sobre la base de la estructura de la vieja Sociedad de Dependientes de Comercio, la Federación de Empleados de Comercio de la Capital Federal. Su primera sede fue una humilde pieza en una casona de la calle Moreno al 2000, que albergaba también a otras organizaciones sindicales. A comienzos de la década del 30 la expansión de la Federación hizo necesario un cambio de domicilio. Con gran esfuerzo se alquiló primero y se adquirió más tarde la histórica sede de Rivadavia 1445. Fue un impacto para la época ya que el sindicato de los trabajadores de comercio se instalaba en el palacete de los Goñi Moreno. Hubo críticas desde diversos sectores, incluso laborales. Aunque la firmeza de los trabajadores del sector sirvió para reafirmar el derecho inalienable de todos los trabajadores: el derecho a tener, en este caso la organización sindical, acceso a una vivienda digna y poder desarrollar sus actividades sindicales en un edificio propio y apto que brindaba las máximas posibilidades.

Ya para entonces se había empezado a debatir entre los trabajadores del sector el problema de la estabilidad laboral. Conscientes de que el solo pensar de que se pudiese realizar una acción tendiente a obtener determinadas conquistas vinculadas con la estabilidad laboral chocaría con fuertes resistencias por parte de las grandes patronales comerciales y ante la fuerte representación conservadora en el Parlamento, particularmente en la Cámara de Senadores de la Nación, los trabajadores de comercio, de la mano de un joven dirigente gremial de extracción socialista, oriundo de la Capital Federal, Angel Gabriel Borlenghi, inician junto a los pocos diputados de la bancada socialista, la tarea de, por un lado, reorganizar nacionalmente a los trabajadores del sector, para lo cual el 24 de marzo de 1932 crean la Confederación General de Empleados de Comercio de la República Argentina, ungiendo a Borlenghi como secretario general; por otro lado, se abocan a la elaboración de un proyecto de reformas al Código de Comercio, que ante la inexistencia de legislación laboral específica, regía la relación laboral de los entonces dependientes de comercio. El proyecto implementaba la indemnización por despido sin justa causa y el preaviso, las vacaciones anuales pagas y el pago de sueldo en caso de enfermedad. A la postre, cuatro institutos pilares de lo que sería el derecho individual del trabajo del país.

Presentado el proyecto, la discusión del mismo comienza en el año 1932, aprobándolo la Cámara de Diputados por unanimidad. Al año siguiente, la Cámara de Senadores lo mutiló por completo. La Confederación General de Empleados de Comercio crea entonces el Comité Gremial Pro-reforma del Código de Comercio con la presidencia de Borlenghi e integrado por los trabajadores del sector comercio, los cortadores de confección, los bancarios, los viajantes de comercio y los empleados de farmacias. Este Comité inicia una campaña de movilizaciones en todo el país para esclarecer a los trabajadores acerca de los beneficios de la reforma planteada. Se realizan actos en las ciudades más importantes, con concentraciones que superan los 20.000 trabajadores; asimismo se realiza una profusa difusión en todos los medios políticos y sociales de la época.

Devuelto el proyecto por el Senado, Diputados insistió y el Senado terminó por aceptar la sanción de Diputados. El 2 de octubre de 1933 el Poder Ejecutivo vetó parcialmente la ley. Por tal razón, un Congreso Extraordinario de la CGECRA otorga mandato al Comité Gremial Pro-reforma para adoptar cualquier medida, incluso la huelga general del gremio, para conseguir las reformas. Tras una intensa agitación en todo el país, la Cámara de Diputados por unanimidad y el Senado con un solo voto de abstención resuelven convertir en ley, para todo el territorio de la República, las reformas a los artículos 154 a 160 del Código de Comercio. El

Poder Ejecutivo con fecha 26 de septiembre –fecha en que se celebra el Día del Empleado de Comercio– promulgó esa ley que llevó el número 11.729.

En su momento la organización sindical expresó: "Ésta no es una ley de vigilancia o de control del trabajo, sino una ley que reconoce una cantidad de derechos que deben ejercerse si no se desea traicionarlos; y para que exista la fuerza que imponga el ejercicio de tales derechos no hay otro camino que la organización de los trabajadores".

A partir de esta conquista son innumerables las leyes aportadas al país por iniciativa de los empleados de comercio. Entre las más importantes encontramos:

- Ley 11.640 de 1932: implanta el "sábado inglés" prohibiendo trabajar los sábados después de las 13 horas.

- Ley 11.837 de 1934: sobre trabajo de mujeres y niños en la Capital Federal.

- Ley 11.932 de 1934: también sobre trabajo de mujeres y niños.

- Ley 11.934 de 1934: sobre protección a la maternidad.

- Ley 12.383 de 1938: sobre prohibición de despido por matrimonio.

- Decreto-ley 31.665 de 1944: creación de la Caja de Jubilaciones para empleados de comercio.

- Decreto 33.302 de 1945: sobre salario mínimo. Crea el Instituto de las Remuneraciones. Asegura la estabilidad en las suspensiones. Duplica las indemnizaciones por despido.

- 1948: primer convenio colectivo que fija el sueldo mínimo para los empleados de comercio de todo el país.

El advenimiento del peronismo, como es sabido, mejoró ostensiblemente la calidad de vida de los asalariados en general y de los empleados de comercio en particular, siendo los mismos partícipes directos de lo acontecido durante esta etapa.

En 1957, a través del Decreto-ley 7913, y en base al Convenio Colectivo de los empleados de comercio se instrumentan los subsidios familiares y se crea la Caja de Asignaciones Familiares para Empleados de Comercio (CASFEC).

En 1964, bajo el gobierno del doctor Illia, se logra la implantación del salario mínimo, vital y móvil, merced al despliegue de los trabajadores del sector, entre otros.

En 1970, a través de la Ley 18.913, se logra incluir a los empleados de comercio en la Ley de Accidentes de Trabajo.

Sobre la base del Instituto Médico de los trabajadores del sector, se crea en 1972, por Ley 19.772, OSECAC, Obra Social para los Empleados de Comercio y Actividades Civiles.

Particularmente importante fue el accionar desplegado por la CGE-CRA en la elaboración y sanción, en 1974, de la Ley 20.744 de Contrato de Trabajo, máxima referencia legal del derecho individual del trabajo en nuestro país.

La participación de los trabajadores del sector comercio en la vida política y sindical de nuestro país, especialmente su actuación en el campo de la legislación social y laboral, se produce en el marco de una realidad económica del país que es conveniente mirar.

A partir de la década del 80 del siglo XIX se produce en la Argentina un espectacular desarrollo de su proceso productivo. Se registra en el ámbito social el surgimiento de una significativa clase media cuya base humana esta constituida por las corrientes inmigratorias que alcanzaron para esa década elevados índices en nuestro país. Esta clase media se componía de pequeños propietarios de la ciudad y del campo, por aquellos que se dedicaban a la intermediación, es decir al comercio. La posibilidad entonces de existencia y desarrollo de los sectores medios, en las décadas de 1880 y 1890, se favorece por el gran salto adelante dado por la economía del país. Se duplican las hectáreas cultivadas y se completa la estructura exportadora. Este proceso fue acompañado de un notable crecimiento del sistema fabril, promoviéndose un índice de expansión de la economía y dentro de ella, del comercio. Es precisamente, como vimos, en esta década del 80, en que se desarrolla esta actividad comercial, que nace la Sociedad de Dependientes de Comercio de la Capital Federal.

La mayoría de sus miembros, activistas y delegados, eran inmigrantes que todavia, incluso, hablaban sus idiomas de origen. Sus lugares de trabajo fueron, en un principio, los viejos almacenes de ramos generales que servían de intermediación comercial entre la ciudad y el campo. Ya para los últimos años de la década se establecen los grandes establecimientos comerciales, en su mayoría de capitales extranjeros, cuya presencia se mantuvo hasta inicios de la década de los 90 del siglo pasado. Son las famosas "grandes tiendas": Gath y Chaves, Ferretería Francesa, Bazar Inglés, Ferretería Inglesa, etc. Albergaban estas empresas al típico trabajador de comercio de entonces, al motor del gremio: el vendedor, el denominado trabajador "white collar" (de cuello blanco).

Constituían la enorme mayoría de la membresía de la organización sindical. No existían todavía grandes secciones administrativas y contables. En general la contabilidad era llevada fuera de la empresa por grandes estudios. Son los que dieron la lucha por las 8 horas de trabajo, los que pelearon por la implantación del descanso dominical, los que necesitaron de la "Ley de la Silla", los que en alguna oportunidad debían pedir permiso al empleador para casarse. Éstos fueron los trabajadores del sector comercio que, en el marco de las luchas del movimiento obrero a fines del siglo XIX y principios del siglo XX, comprendieron la necesidad de organizarse y participar activamente en su sindicato. Son los presentes en las multitudinarias demostraciones en el Luna Park, convocados por el Comité Gremial Pro-reforma del Código de Comercio en la lucha por la sanción de la Ley 11.729. Son los trabajadores que, merced a las agotadoras jornadas de trabajo, sufren várices y desviación de columna. Junto a estos trabajadores y con el desarrollo de los barrios y ciudades del interior del país, aparecen los trabajadores del sector empleados en pequeños comercios de barrio.

La participación de los empleados de comercio en las décadas del 30 y del 40 del siglo pasado en la iniciativa y elaboración de la frondosa legislación laboral es vanguardia dentro del movimiento obrero argentino y escribe una de sus páginas más importantes.

Ya desde algunos años antes de 1946, el nuevo movimiento obrero que se iba delineando en la nueva realidad económico-social, veía con simpatías a quien conducía la Secretaría de Trabajo y Previsión de la Nación, Juan Domingo Perón. En esos años previos y bajo su conducción, los trabajadores argentinos obtuvieron una serie de reivindicaciones y conquistas hasta entonces impensadas en la Argentina de aquellos años. Especialmente los trabajadores del sector comercio, que tanto habían tenido que luchar, más de medio siglo, por conquistas que ahora se lograban gracias al reconocimiento hacia la difícil situación por la que atravesaba la clase obrera. Ya a partir de 1946 esta política se profundiza, no sólo merced a este reconocimiento sino por una clara coparticipación política del movimiento sindical en el citado proceso que habría de marcar los perfiles políticos del movimiento sindical hacia el futuro.

Mientras tanto la organización de los empleados y trabajadores del sector comercio seguía creciendo, no siendo ajeno a dicho crecimiento la política económico-social del citado proceso político.

La política industrial liviana y de sustitución de importaciones tuvo, como era de prever, su efecto multiplicador y las ciudades, a la par que aumentaba el consumo popular producto de la política salarial del nuevo gobierno y al funcionamiento de las negociaciones colectivas, se llenaban de casas comerciales intermediarias en la compra y venta de artículos de consumo masivo dando, consecuentemente, un impulso a la apertura de fuentes de trabajo y un crecimiento cuantitativo de la membresía de la organización.

En los años 60 aparecen en forma aislada los primeros supermercados y sus trabajadores quedan encuadrados en la CGECRA. Ya en la década de los 70, pocos años antes de obtener los trabajadores del sector uno de los convenios colectivos más importantes de su historia, los supermercados hacen su irrupción en forma masiva. Los trabajadores de supermercados, sin constituir la mayoría del sector de comercio, se multiplican y se esparcen en cadenas de supermercados con sus numerosas sucursales a lo largo y ancho del país. Sin duda, la concentración de trabajadores, no muy común en el sector, impregna la nueva realidad, otorgándole una nueva fisonomía. Ya no están los "white collar", los vendedores; ahora están los repositores, las cajeras/cajeros en línea, los administrativos, los recibidores, los trabajadores de depósito con manejo de máquinas, los stockeadores, etc. Ya no son solamente trabajadores de sectores medios que otrora tuvieron cierta estabilidad económica y ciertos niveles de educación formal. Se incorporan a la organización trabajadores provenientes de sectores sociales más humildes que, por tratarse de ámbitos de trabajo más concentrados, facilitan las tareas de organización, sindicalización y movilización en los lugares de trabajo. Esta nueva realidad trae aparejado ciertos cambios en la dinámica de la organización sindical. El sindicato deberá canalizar la militancia sindical de cuerpos de delegados numerosos, con comisiones internas de 30, 40 o 50 integrantes y afrontar nuevas demandas producto de esta nueva realidad.

En 1975, los trabajadores del sector comercio logran uno de los convenios colectivos sectoriales más importantes de su historia, el 130/75.

La realidad de los supermercados se irá profundizando y modificando al mismo tiempo en los 80 y 90 como resultado de las transformaciones causadas por el impacto de la globalización en las empresas supermercadistas.

Recuperada la democracia en 1983, la CGECRA, habiendo sufrido, como el resto del movimiento sindical argentino, los impactos de la dictadura militar, con despidos de delegados, desaparecidos, represión de la actividad sindical, se lanzó a rediseñar la organización, a potenciar la actividad de sus filiales y a prepararse para un nuevo tiempo que habría de generar nuevos desafíos para la organización sindical.

El 25 de agosto de 1989, como consecuencia de la sanción de la nueva Ley de Asociaciones Sindicales N° 23.551 del año anterior, la Confederación General de Empleados de Comercio de la República Argentina se transforma en la Federación Argentina de Empleados de Comercio y

Servicios y la vieja Federación de Empleados de Comercio de la Capital Federal en el Sindicato de Empleados de Comercio de la Capital Federal, su más numeroso sindicato de base.

En diciembre del mismo año el secretario general de la Filial Capital Federal, Armando Cavalieri, asume la conducción de la FAECYS, encabezando una lista de unidad en la que confluyeron la totalidad de las filiales y de los movimientos internos, iniciándose una nueva etapa en la vida de la Federación Nacional caracterizada por una fuerte presencia federal, engrandecimiento patrimonial de la organización y destacada presencia de los trabajadores del sector en la vida política, económica y social del país.

Siendo una de las organizaciones sindicales más antiguas del movimiento obrero argentino, la FAECYS, con sus 350 filiales y sus instituciones colaterales, a saber, Obra Social de Empleados de Comercio y Actividades Civiles (OSECAC), Instituto Asegurador Mercantil (IAM), Federación Nacional de Mutuales de trabajadores del sector comercio (FENAM) y el Instituto Tecnológico Mercantil Argentino para la formación de los trabajadores del sector comercio (ITMA), cuenta con 700.000 miembros y su Obra Social atiende a 1.700.000 beneficiarios (miembros y su grupo familiar).

2) Principales aspectos de la normativa sindical estatal. El sindicalismo del sector comercio: estructura organizativa

Resulta importante, a los efectos de desentrañar los orígenes de la fortaleza del movimiento sindical argentino en general y de la organización de los trabajadores del comercio en particular, realizar un somero análisis, no sólo de la tradición prenormativa sino también de la intervención del Estado desde el punto de vista normativo y administrativo. A nadie escapa la existencia de dos etapas significativas en la historia del movimiento sindical argentino y el impacto de ambas en la conformación de la legislación obrera primero y del derecho del trabajo más tarde. Por supuesto no son ajenas a estas dos etapas las difusas y más adelante diáfanas estructuras del derecho colectivo del trabajo.

La primera etapa está caracterizada por dos fuertes corrientes inmigratorias que modificarían drásticamente, desde lo cuantitativo y cualitativo, el escenario demográfico y socioeconómico de la Argentina. Importantes contingentes de inmigrantes, fundamentalmente europeos, se incorporaron a fines del siglo XIX y principios del XX a un país que iniciaba lentamente su ingreso en el sistema capitalista manufacturero temprano y que se desarrollaría en forma paralela al crecimiento de un importante sector de comercio de la mano de los tradicionales almacenes de ramos generales y de almacenes tradicionales de capital extranjero, fundamentalmente europeos.

No resulta extraño entonces que un importante componente de la naciente clase obrera argentina estuviera compuesto por trabajadores extranjeros que poseían experiencia sindical y de lucha política, fundamentalmente enrolados en sus orígenes en las corrientes sindicales de la izquierda europea. Organizaciones aguerridas en la defensa de los derechos laborales más elementales, como la jornada de trabajo o la reivindicación de los derechos de la mujer trabajadora, se impusieron en la realidad sindical de la Argentina de principios de siglo XX. Un sindicalismo básicamente organizado por oficio o profesión arraigado en talleres, pequeñas y medianas empresas artesanales y manufactureras, comercios, etc., arrojó una metodología de acción sindical de fuerte presencia en la base a través del representante o delegado en el lugar de trabajo imbricado en estructuras sindicales muy simples, de escasa envergadura, las más de las veces, clandestinas y perseguidas.

Estamos en el período de persecución de la actividad sindical, el no reconocimiento del sindicalismo como interlocutor social y la represión a la actividad sindical. Las huelgas que se recuerdan permanentemente de esta época, indefectiblemente, arrojaron represión, asesinatos y muertes. Algunas veces selectivos; otras, masivos.

La segunda etapa, como se sabe, se referencia a partir del advenimiento del proceso que desembocaría en el primer gobierno del general Juan Domingo Perón. Para entonces otra era la realidad económica y social de Argentina. Para la década del 40 del siglo XX, importantes contingentes de trabajadores se trasladaron del campo a la ciudad bajo el influjo de una política económica signada por el obligado proceso de sustitución de importaciones. La instalación de una industrialización liviana ligada precisamente con ese proceso de sustitución de importaciones, generó lentamente las bases para la incorporación de masas de trabajadores que se instalarían, no ya en los tradicionales barrios obreros poblados de inmigrantes e hijos de los mismos, sino en los cordones suburbanos de las grandes ciudades.

El panorama internacional, pasado el primer quinquenio de la década, mostraba un mundo finalizando la segunda gran conflagración, orientado hacia nuevos esquemas económicos. La economía clásica en crisis había conducido inevitablemente hacia dos experiencias bélicas de envergadura. El escenario de posguerra había dibujado un nuevo sistemamundo caracterizado por el papel protagónico de los Estados Unidos que, acompañado del resto de las potencias vencedoras, estableció no sólo nuevas instancias e instituciones políticas internacionales como las Naciones Unidas, sino también organismos internacionales cuya función sería la de regular ciertos aspectos de la economía mundial a los efectos de evitar situaciones de crisis mundial que desembocaran en escenarios de tensión entre países y regiones. La pronta llegada de la Posguerra Fría no minimizaría el papel de estas instituciones financieras internacionales. Por el contrario, Occidente necesitaba reorganizar sus economías frente al auge y promesas de resolución de la cuestión social y el rol de potencia mundial asumido por parte de la Unión Soviética. Así, el keynesianismo proveyó de cobertura teórica a esta nueva fase de desarrollo del sistema capitalista proponiendo, sintéticamente, un nuevo rol de los estados en las economías nacionales caracterizado por un mayor intervencionismo y un papel planificador que habría de tener importantes consecuencias en los mercados de trabajo nacionales. Este papel debía tener lugar en el marco del respeto a la propiedad privada y el reconocimiento de la existencia de los interlocutores sociales, los que, lejos de abandonar la naturaleza conflictiva de su relación, debían elegir un nuevo escenario de tratamiento del conflicto laboral y social.

En este escenario, la organización sindical sería "tolerada" en su función de defensa y promoción de los intereses profesionales de los trabajadores en tanto y en cuanto el procesamiento del conflicto no pusiera en riesgo los ejes centrales del modelo económico. El sindicato ya no sería visto como un obstáculo al funcionamiento transparente del mercado, a la ley de la oferta y la demanda. La ya experimentada Organización Internacional del Trabajo, nacida en 1919, se incorporaba al sistema de Naciones Unidas con su práctica de tripartismo como metodología, para evitar, a través de los convenios internacionales del trabajo, el dumping social en la economía y el comercio internacional. En su Conferencia de 1945 establece que el trabajo no es una mercancía. Al poco tiempo se produciría el nacimiento de los dos convenios internacionales de la OIT constitutivos del eje nuclear de la presencia y la actividad sindical: el Convenio 87 de Libertad Sindical y el 98 de Negociación Colectiva.

Es precisamente al calor de este proceso en el que se inicia la consolidación del derecho del trabajo en la Argentina. La preexistencia de leyes laborales se debía a la presencia tozuda del sindicalismo de principios de siglo y a la pujante tarea de los pocos legisladores de la izquierda que lograron acceder al Congreso Nacional. Muchos de sus proyectos se transformaron en leyes, sin embargo, muchos otros quedaron en proyectos que, merced a las mayorías conservadoras, no lograban constituir las mayorías necesarias.

Ahora, en el nuevo escenario, la coparticipación del sindicalismo en el proceso político y la apuesta fuerte de modificar el estado de cosas en materia social, por parte del nuevo gobierno, le imprimieron al mundo del trabajo fuertes transformaciones, funcionales, por otra parte, al nuevo esquema de construcción del particular Estado de bienestar argentino, en el que el tripartismo y un Estado presente en el tratamiento del conflicto laboral posibilitó la presencia institucional, la expansión y el fortalecimiento del movimiento sindical en la Argentina.

Los sindicatos profundizaron su proceso de fusión en organizaciones por rama de actividad lo que les otorgó mayor fortaleza negociadora y presencia nacional, dos elementos claves para la fijación de un movimiento obrero nacional que, heredero de grandes tradiciones y luchas sindicales, se presentaba ahora con mayor institucionalidad, reconocimiento político y poder de gestión.

La impronta social del peronismo quedó reflejada, desde el punto de vista jurídico fundante, en la sanción de la Constitución de 1949.

Efectivamente, una lectura ligera de su Preámbulo y de los capítulos dedicados a la consagración de los derechos del trabajador, de la familia, de la ancianidad y de la educación y la cultura, así como también del capítulo en el que se hace referencia a la función social de la propiedad, el capital y la actividad económica, permite visualizar la reorientación filosófica en materia constitucional, enmarcada en las tendencias del constitucionalismo social.

Otro tanto se vislumbra en el entramado normativo que va a regular de modo integral la constitución, organización y funcionamiento de las asociaciones sindicales en la Argentina. En 1943 se sanciona el Decreto N° 2.669 y en 1945, ya bajo el gobierno del general Perón, se dicta el Decreto-Ley N° 23.852, ratificado luego por la Ley N° 12.981.

La sanción, en 1957, del nuevo precepto constitucional, plasmado en lo que dio en llamarse el art. 14 bis o "nuevo", dispositivo que permanece en vigor luego de la última reforma de 1994, marca un punto de inflexión en el derecho del trabajo nacional. Este artículo, luego de dedicarse en su primer párrafo a los contenidos mínimos relacionados con el derecho individual del trabajo, incursiona, en su segundo párrafo, en una serie de garantías otorgadas a las asociaciones sindicales que habrán de ser la base para una importante legislación y consecuente práctica sindical. Dice textualmente dicho párrafo: "Queda garantizado a los gremios: concertar convenios colectivos de trabajo; recurrir a la conciliación y al arbitraje; el derecho de huelga. Los representantes gremiales gozarán de las garantías necesarias para el cumplimiento de su gestión sindical y las relacionadas con la estabilidad de su empleo".

Ya con el apoyo de una norma constitucional, se sanciona en septiembre de 1958 la Ley de Asociaciones Profesionales N° 14.455. Uno de sus datos sobresalientes es el reconocimiento de la existencia de los "delegados sindicales" quienes ejercen su calidad de representantes de los trabajadores en el seno de la empresa donde se desempeñan, sin dejar su puesto de trabajo.

En 1973, esta ley fue reemplazada por la Ley N° 20.615 que promocionó aún más la actividad de las organizaciones sindicales y profundizó la protección de los delegados en los lugares de trabajo.

Producido el derrocamiento del gobierno constitucional en 1976, uno de los primeros actos de gobierno de la dictadura militar fue el dictado de la Ley N° 21.263 que derogó importantes artículos. Asimismo, la Ley 21.356 suspendió la realización de actos eleccionarios y celebración de asambleas en las asociaciones profesionales de trabajadores, autorizando al Ministerio de Trabajo a prorrogar la vigencia de los mandatos de los dirigentes que ocuparan cargos gremiales y a designarlos en las asociaciones cuya intervención se dispusiese.

En noviembre de 1979 el gobierno de facto dicta la Ley N° 22.105 que contiene, en términos generales, previsiones bastante similares a las de la Ley N° 14.455.

Esta normativa rigió hasta 1988, año en que se sancionó la vigente Ley de Asociaciones Sindicales N° 23.551.

La actual ley sindical, sancionada, como se ve, ya bajo el imperio de la democracia, es no sólo el producto de una importante maduración en términos de contenidos democratizantes de la vida sindical sino también de un singular acuerdo parlamentario entre los bloques mayoritarios del Congreso Nacional lo que permitió atenuar las rispideces generadas entre el movimiento sindical y su principal referencia política, el Partido Justicialista, perdidoso en las elecciones de 1983 y el Partido Radical, vencedor en dicha contienda electoral, por lo menos en sus posiciones respecto de las organizaciones sindicales.

La Ley 23.551 de Asociaciones Sindicales avanza positivamente sobre la tutela de la libertad sindical, a través de los 9 artículos que componen el título preliminar. La ley asegura la garantía de vigencia de la misma para las normas referidas a la organización y acción de las asociaciones sindicales. Asimismo la ley otorga una amplia gama de posibilidades organizativas a los sindicatos, sobre la base de tipos y formas organizativos que reflejan la preexistencia del sujeto sindical a la ley. Así, los sindicatos en la Argentina se pueden estructurar por actividad, por oficio, por profesión o categoría y por empresa y asumir formas federativas, de unión y confederativas.

Las asociaciones sindicales poseen la llamada facultad constituyente que integra el concepto de "autarquía sindical" y que consiste en el derecho de elaborar sus propios estatutos.

Conforme la ley, las asociaciones sindicales, a partir de su inscripción, adquieren personería jurídica, lo que les otorga los siguientes derechos:

· peticionar y representar, a solicitud de parte, los intereses individuales de sus afiliados;

· representar los intereses colectivos, cuando no hubiere en la misma actividad o categoría asociación con personería gremial;

Promover:

· la formación de sociedades cooperativas y mutuales;

· el perfeccionamiento de la legislación laboral, provisional y de seguridad social;

· la educación general y la formación profesional de los trabajadores;

· imponer cotizaciones a sus afiliados;

· realizar reuniones o asambleas sin necesidad de autorización previa.

Asimismo, la ley establece el principio de entidad sindical más representativa, para el ejercicio de los denominados derechos exclusivos surgidos de la obtención de la denominada personería gremial. Ésta se obtiene una vez cumplido el requisito de la inscripción previa y una actuación como tal durante un período no inferior a seis meses y la demostración de una afiliación de los trabajadores del sector superior al 20% del total de los trabajadores que se intenta representar. La ley contempla, por supuesto, mecanismos para el desplazamiento de la personería gremial por parte de otra asociación que pretende la representación del sector.

Las organizaciones sindicales con personería gremial poseen los siguientes derechos exclusivos:

· defender y representar ante el Estado y los empleadores los intereses individuales y colectivos de los trabajadores;

· participar en instituciones de planificación y control de conformidad con lo que dispongan las normas respectivas;

· intervenir en negociaciones colectivas y vigilar el cumplimiento de la normativa laboral y de seguridad social;

- colaborar con el Estado en el estudio y solución de los problemas de los trabajadores;

- constituir patrimonios de afectación que tendrán los mismos derechos que las cooperativas y mutualidades;

- administrar sus propias obras sociales y, según el caso, participar en la administración de las creadas por ley o por convenciones colectivas de trabajo.

Hay que recordar también los derechos consagrados en la Constitución Nacional, a través del art. 14 bis, esto es, el ejercicio del derecho de huelga, el sometimiento de los conflictos a conciliación y arbitraje y la protección de las representaciones sindicales, a nivel de las estructuras y en los lugares de trabajo, esto último legislado en la propia ley 23.551 en el Título XI.

Resulta importante resaltar, en este resumen de contenidos de la Ley de Asociaciones Sindicales 23.551, el derecho a la protección contra las prácticas desleales de los empleadores. En efecto, la ley enumera una serie de acciones u omisiones de los empleadores, que se consideran contrarias a la ética de las relaciones del trabajo y contra cuyas posibles consecuencias se estatuye una protección especial.

Por otra parte, la 23.551 trae una novedosa y trascendente disposición en virtud de la cual toda asociación sindical que se encontrara obstaculizada en el ejercicio regular de los derechos de la libertad sindical, garantizados por la misma, podrá recabar el amparo de dichos derechos ante el tribunal competente conforme un procedimiento sumarísimo, a fin de que éste disponga el cese inmediato del comportamiento antisindical. Se trata de una importante norma que se aplica tanto a las entidades con personería gremial como a las simplemente inscriptas.

La FAECYS entonces, con aproximadamente 500.000 miembros y que cuenta con la Personería Gremial N° 1, ha adoptado un estatuto asociativo que cumple los recaudos planteados por la ley, a la par que ha aprovechado, en toda su potencialidad, las posibilidades que otorga la misma en materia de derechos. Al tratarse de una federación nacional, agrupa en su seno sindicatos denominados de primer grado o de base que son las entidades que afilian o sindicalizan directamente a los trabajadores en cada región, ciudad o pueblo. Sin embargo, independientemente de la tarea desplegada localmente por cada sindicato miembro, hoy la federación de los trabajadores del sector irradia una política sindical de mínima hacia el conjunto del gremio, fundamentalmente en materia de negociación colectiva, conflicto y ciertos servicios al afiliado, básicamente en materia de atención de la salud.

A esta altura y antes de profundizar en los aspectos estatutarios que posibilitan analizar la estructura propiamente dicha de FAECYS y a los efectos de establecer un patrón de estudio piramidal, es decir comenzando por la base de actuación sindical de la organización para luego arribar a los ámbitos de dirección estratégica, es conveniente echar una mirada al Título XI de la Ley 23.551 denominado "De la representación sindical en la empresa". A propósito de este título, es menester señalar que el sindicalismo argentino, como lo hemos visto precedentemente, arrastra un perfil histórico tradicional de fuerte implantación en los lugares de trabajo por parte de la organización sindical. Esta implantación está íntimamente relacionada con la presencia en los lugares de trabajo del denominado por la Ley "delegado del personal" y, en la jerga cotidiana, "delegado gremial" o "delegado sindical". Como veremos, no se trata de un emisario o representante de la organización, nombrado por ésta para indicarles a los trabajadores de la empresa cómo tienen que actuar frente a determinado conflicto o frente a la resolución de determinado problema. Por el contrario, el "delegado sindical" es directamente elegido por los trabajadores de la empresa, sean estos afiliados o no afiliados a la organización sindical respectiva.

Esta institución reconocida en este Título por la Ley resulta vital para comprender las dinámicas en la vida interna de las organizaciones sindicales y fundamentalmente, el nivel de conocimiento del lugar de trabajo y la capacidad de conflicto y movilización del movimiento obrero argentino.

La ley define el novedoso sistema de representación que ejercen los delegados sindicales en los lugares de trabajo. Se trata de una doble representación:

- de los trabajadores ante el empleador; la autoridad administrativa del trabajo cuando ésta actúe de oficio en los sitios mencionados y ante la asociación sindical;
- de la asociación sindical ante el empleador y el trabajador.

Para el ejercicio de estas funciones de representación se requiere "estar afiliado a la respectiva asociación sindical con personería gremial y ser elegido en comicios convocados por ésta, en el lugar donde se presten los servicios o con relación al cual este afectado y en horas de trabajo, por el voto directo y secreto de los trabajadores cuya representación deberá ejercer. La Autoridad de Aplicación podrá autorizar, a pedido de la organización sindical, la celebración en lugar y horas distintos, cuando existieren circunstancias atendibles que lo justificaran.

Cuando con relación al empleador respecto del cual deberá obrar el representante, no existiera una asociación sindical con personería gremial, la función podrá ser cumplida por afiliados a una simplemente inscripta.

En todos los casos se deberá contar con una antigüedad mínima en la afiliación de un año."

La norma también exige una edad mínima de 18 años para ser candidato y revistar al servicio de la empresa durante todo el año aniversario anterior a la elección.

El mandato de los delegados electos no podrá exceder de dos años pudiendo ser revocado por asamblea de sus mandantes convocada por el órgano directivo de la asociación sindical, por propia decisión o a petición del 10% del total de los representados.

Sin agotar lo que agregue la práctica sindical, la ley establece los siguientes derechos de los delegados sindicales:

· verificar la aplicación de las normas legales o convencionales, pudiendo participar en las inspecciones que disponga la autoridad administrativa del trabajo;

· reunirse periódicamente con el empleador o su representante;

· presentar ante los empleadores o sus representantes las reclamaciones de los trabajadores en cuyo nombre actúan, sin previa autorización de la asociación sindical respectiva.

Por su parte los empleadores están obligados a facilitar un lugar para el desarrollo de las tareas sindicales, reunirse periódicamente con los delegados y conceder a cada uno de los delegados del personal, para el ejercicio de sus funciones, un crédito de horas mensuales retribuidas de conformidad con lo que se disponga en la convención colectiva aplicable.

La Ley autoriza como mínimo la cantidad de 10 trabajadores y como máximo 50 para tener un representante o delegado sindical. De 51 a 100 trabajadores se pueden elegir 2 representantes o delegados sindicales y de 101 en adelante, 1 cada 100. En los establecimientos que tengan más de un turno de trabajo habrá un delegado por turno, como mínimo.

En el Título siguiente se legisla sobre la "Tutela Sindical", bajo los parámetros del precepto constitucional que dice "...Los representantes gremiales gozarán de las garantías necesarias para el cumplimiento de su gestión sindical y las relacionadas con la estabilidad de su empleo...". La Ley entonces reconoce la licencia automática sin goce de haberes, la reserva del puesto de trabajo y la reincorporación al finalizar el ejercicio de sus funciones, no pudiendo ser despedidos durante el término de 1 año a partir de la cesación de sus mandatos, a los trabajadores que ocupen cargos electivos o representativos en asociaciones sindicales o en organismos que requieran representación gremial. En cuanto a los representantes del personal o delegados sindicales, continuarán prestando servicios y no podrán ser suspendidos, modificadas sus condiciones de trabajo, ni despedidos durante el tiempo que dure el ejercicio de sus mandatos y hasta 1 año más. Inclusive la Ley otorga tutela a quienes se postulen para un cargo de representación sindical por el término de 6 meses.

Como se puede observar, el delegado sindical constituye parte vital del modelo sindical argentino. Su accionar en la empresa y su presencia en la vida interna de la organización sindical constituye un dato insoslayable a la hora de evaluar la matriz de funcionamiento de un sindicato en la Argentina. Es un fiscal permanente de la gestión del convenio colectivo y se torna en un proveedor de insumos para los delegados paritarios sindicales en la estructuración del mismo; irradia la política general de la organización hacia la base; para los trabajadores que representa es el sindicato en la empresa; integra a los trabajadores de la empresa o del lugar de trabajo, canaliza la prestación de los servicios sindicales, garantiza la presencia de los trabajadores en las instancias de decisión de la organización (asambleas, plenarios, congresos, movilizaciones, etc.) y por lo tanto enriquece la gestión sindical.

FAECYS prioriza sus cuerpo de delegados que, en realidad, se encuentran organizados a través de las organizaciones de primer grado o de base de la Federación. Esto es, son las filiales, desplegadas a lo largo y a lo ancho del país, quienes organizan los cuerpos de delegados, canalizan sus inquietudes y responden a sus demandas. La Federación nacional, al encargarse de la discusión y puesta a punto del convenio colectivo del sector, al procesar los eventuales conflictos de envergadura nacional o al tener que resolver algún tema que requiere consultas a niveles locales, como así también al trabajar las cuestiones que tienen que ver con la formación político-sindical y la coordinación de la política de formación profesional, realiza innumerables reuniones de delegados, a través de las Secretarías respectivas. Sin embargo, al ser autónomas, las filiales tienen amplias capacidades para la conformación y acción sindical de sus cuerpos de delegados. Se puede calcular en aproximadamente entre 3500 a 4000 la cantidad de delegados sindicales o representantes del personal en los lugares de trabajo bajo el encuadramiento de la FAECYS.

Como se puede observar, el sistema federativo de organización sindical habilitado por la Ley y adoptado por un sinnúmero de organizaciones sindicales en la Argentina, es el modelo adoptado por FAECYS. Ello obliga a analizar las estructuras de la organización sindical del sector comercio en sus dos caras: la local y la nacional.

Cada filial de la Federación es autónoma. Esto es, se da su propio estatuto, organiza y administra sus recursos y establece, en el marco de la política nacional del sector, sus propias estrategias sindicales locales. Estas organizaciones locales, denominadas comúnmente filiales, conforme el tamaño de la localidad o ciudad y la envergadura del encuadramiento del sector, tienen una estructura simple y dinámica; la mayoría tiene su edificio propio, una mutual, centros de formación profesional, centro de recreación para los afiliados, etc. Las filiales, por su historia y por sus propias características, constituyen un poderoso movimiento de representación sectorial. Su presencia, en las más importantes ciudades del país, independientemente del tamaño de ellas, desde hace tantos años, junto a las instituciones fundantes de cada una de ellas, las convierte en un pilar constitutivo de cada comunidad local. Sus edificios suelen ser sede de importantes acontecimientos políticos, sociales, deportivos y culturales de cada ciudad. Sus dirigentes son activos participantes en la vida política y comunitaria de cada localidad.

Continuando con el esquema de análisis, la Federación Argentina de Empleados de Comercio, entonces, es una asociación sindical de segundo grado. Agrupa a las asociaciones sindicales de primer grado (filiales) con personería gremial reconocida o debidamente inscriptas, que se hayan constituido para asumir la representación de los trabajadores que se desempeñan en relación de dependencia en las actividades que más adelante se enuncian, sin distinción de nacionalidad, sexo, raza, credo político o religioso, con prescindencia de la tarea o cargo que cumplan o desempeñen así como también de que el empleador sea una persona física o haya adoptado la forma de un ente societario o asociacional de cualquier naturaleza, incluidas expresamente las cooperativas, y cualquiera sea el régimen aplicable a la actividad desarrollada.

No obstante que en el régimen argentino el ámbito personal y territorial de actuación se encuentra definitivamente fijado en el acta de otorgamiento de la personería gremial que realiza el Ministerio de Trabajo y Seguridad Social de la Nación, los estatutos de las organizaciones sindicales suelen predefinir ambos ámbitos.

Están comprendidas en este ámbito de representación:

Las asociaciones sindicales de primer grado que agrupen a trabajadores que presten servicios en relación de dependencia para empleadores cuya actividad consista en el intercambio de bienes o en la intermediación para el intercambio de bienes o en la prestación de servicios por cuenta propia o ajena.

Las asociaciones sindicales de primer grado que agrupen al personal técnico, administrativo o de ventas que se desempeñe en establecimientos industriales.

Las asociaciones sindicales de primer grado que agrupen a los trabajadores que presten servicios dependientes en actividades civiles con o sin fines de lucro, que cumplan tareas administrativas o de ventas para empleadores que posean bocas de expendio de los productos que elaboren o administrativas en actividades transportistas o agropecuarias o que se desempeñen en empresas de provisión de personal y todo tipo de servicios cuyo personal esté comprendido en las convenciones colectivas suscriptas por la FAECYS.

El estatuto de la organización prevé, asimismo, 11 apartados en los que, a título ilustrativo, se enuncian las actividades cuyo personal está representado por las asociaciones sindicales que integran la Federación.

La FAECYS, por otra parte, persigue fines de carácter sindical propiamente dichos, de carácter cultural y social.

Entre los objetivos de carácter estrictamente sindical se encuentran:

- Procurar a los trabajadores representados por las organizaciones sindicales que la integran el acceso a empleos adecuados, la estabilidad laboral y las condiciones más propicias para su pleno desenvolvimiento y el de sus familias.

- Defender los intereses profesionales de esos trabajadores y los de las organizaciones sindicales que la componen.

- Ejercitar la representación de los trabajadores incluidos en su ámbito en todos los entes en los que se prevea la participación de los mismos y/o ante el Estado y/o ante los empleadores y/o ante las asociaciones de éstos, en tanto el interés en cuestión exceda del ámbito donde actúe una organización sindical adherida o ésta requiera su intervención.

- Propender al mejoramiento de las normas que integran el derecho laboral y el de la seguridad social, propiciando la modificación de reglas nacidas de actos del Poder Público o de convenciones colectivas.

- Asegurar el estricto cumplimiento de las normas a que se refiere el inciso anterior.

- Fomentar la sindicalización de los trabajadores respectivos en todo el ámbito del país; coordinar la acción de las organizaciones sindicales integrantes de la Federación y coadyuvar en procura de la más eficaz actuación de las mismas.

- Promover el desarrollo de la conciencia sindical en los trabajadores que representa sobre la base de la comprensión de sus derechos y obligaciones y fomentar su espíritu de solidaridad, así como el de las organizaciones sindicales que la integran.

- Estrechar vínculos con otras organizaciones de trabajadores, tanto del país como del extranjero, con miras al mejor cumplimiento de sus fines y para coadyuvar en el logro de sus propósitos, así como formar parte de una central sindical nacional y de organizaciones de trabajadores de carácter internacional.

Entre los objetivos de carácter cultural la FAECYS procura la formación técnica de los trabajadores representados; propicia su acceso al conocimiento; atiende a su capacitación sindical, organiza cursos, conferencias y actividades educativas; otorga becas; propicia toda actividad que haga a la elevación cultural de los trabajadores; edita publicaciones; funda o sostiene bibliotecas y otras entidades relativas a estos fines.

En relación con los objetivos de marcado carácter social, la FAECYS fomenta la creación y mantenimiento de:

- Servicios de medicina asistencial, preventiva o curativa y servicios de asistencia jurídica.

- Servicios que posibiliten la adquisición de vivienda a los afiliados.

- Sistemas que faciliten la obtención de préstamos y la cobertura de riesgos sociales.

- Servicios que procuren la adecuada ocupación del tiempo libre de los trabajadores y su esparcimiento; atiendan a su cultura física; que fomenten la práctica de deportes y el turismo social.

- Proveedurías, farmacias, cooperativas y mutuales.

No obstante la prioridad otorgada por la FAECYS a estos objetivos, resulta interesante extractar textualmente los contenidos del artículo 5 del estatuto de la organización, que reza lo siguiente: "La acción sindical de la Federación no se limita a las cuestiones de carácter meramente corporativo, pues integran sus fines la defensa irrestricta de los principios de democracia y libertad; la realización de los postulados de justicia social; el desenvolvimiento institucional del país en el marco del sistema político democrático, propiciando la más amplia participación popular, así como el desarrollo socioeconómico, contribuyendo a remover los escollos que se oponen a la plena realización de la Nación y del pueblo trabajador. No admite interferencias políticas, religiosas o filosóficas que pudieran lesionar su independencia orgánica y procura gravitar en la solución de los problemas del país –conforme a los principios expuestos– adoptando las medidas de participación activa que estime conducentes a esos fines".

Queda claro entonces que el accionar de la FAECYS se despliega en el marco del concepto de "sindicalismo sociopolítico", esto es, de un sindicalismo con una visión de respuestas concretas a las demandas inmediatas de su colectivo y la permanente presencia sociopolítica para la profundización de la democratización de la economía, la construcción de un modelo de desarrollo sostenible que haga realidad la redistribución justa de la riqueza y la vigencia del respeto a los derechos laborales. Un sindicalismo sociopolítico que no se encuentre adscripto a ningún partido político, ni al Estado ni a los gobiernos. En definitiva, un sindicalismo que construye cotidianamente su independencia y su autonomía, fuertemente comprometido con la realidad que le toca vivir y, fundamentalmente, un sindicalismo participativo, afincado en su estructura, en su tradición histórica y en el peso de su representatividad.

La Federación cuenta con órganos de gobierno y administración, de contralor y de consulta, coordinación y gestión zonal o regional.

Son sus órganos de gobierno y administración:

- El Congreso Nacional

- El Plenario Nacional

- El Secretariado Nacional

De contralor:

- El Tribunal de Etica Sindical

- La Comisión Revisora de Cuentas

- De consulta, coordinación y gestión zonal o regional:

- Las Juntas Regionales

El Congreso Nacional es el organismo resolutivo supremo de la Federación. Se integra con representantes de los trabajadores agrupados en las organizaciones sindicales de primer grado adheridas que cuenten con un mínimo de 400 afiliados cotizantes o que, aún sin tener dicha cantidad, actúen en una ciudad que sea capital de provincia o de territorio nacional.

El Plenario Nacional es un órgano resolutivo y la instancia de consulta del Secretariado Nacional. Sus funciones son considerar los anteproyectos de convenciones colectivas del sector que la Federación presentará como base de negociación y el resultado a que se arribe en las tratativas pertinentes. Sus conclusiones revestirán el carácter de dictámenes y no enervarán las facultades propias del Congreso que es quien en definitiva aprueba el convenio colectivo logrado. Asimismo, el Plenario resuelve sobre la adopción de medidas de acción directa y se pronuncia sobre toda cuestión que el Secretariado Nacional estime necesario consultar y que por su urgencia no consienta la convocatoria al Congreso Nacional Extraordinario o por su naturaleza no lo requiera.

Por su parte, el Secretariado Nacional cuenta con 21 miembros titulares. Ellos son:

- Secretaría General
- Subsecretaría General
- Secretaría de Organización
- Secretaría de Finanzas
- Secretaría de Actas y Documentación
- Secretaría de Asuntos Laborales
- Secretaría de Higiene, Medicina y Seguridad en el Trabajo
- Secretaría de Convenciones Colectivas
- Secretaría de Encuadramiento Sindical
- Secretaría de Estudios y Estadísticas
- Secretaría de Administración
- Secretaría de Prensa y Difusión
- Secretaría de Asuntos Legislativos y Relaciones Institucionales
- Secretaría de Cultura y Capacitación
- Secretaría de la Mujer
- Secretaría de la Juventud
- Secretaría de Previsión Social
- Secretaría de Asistencia Social
- Secretaría de Mutual, Cooperativa y Vivienda
- Secretaría de Turismo, Recreación y Deportes

· Secretaría de Asuntos Internacionales

La Comisión Revisora de Cuentas se encarga de fiscalizar la administración, examinando cada tres meses, como mínimo, la documentación. Debe confeccionar un informe para ser sometido a consideración del Congreso, emitiendo opinión sobre el inventario y balance, así como también sobre el cálculo de gastos y recursos.

Las Juntas Regionales son órganos de consulta, coordinación y gestión zonal, constituidas por todas las organizaciones sindicales adheridas a la Federación. Cuentan con un Plenario y una Mesa Directiva. El Plenario se integra proporcionalmente a la cantidad de afiliados cotizantes. Los representantes son elegidos por el voto directo y secreto de los afiliados en la misma oportunidad en que se eligen delegados al Congreso Nacional.

Las Juntas Regionales son las siguientes:
· Región Metropolitana (Capital Federal)
· Región Bonaerense (Pcia. de Buenos Aires)
· Región Central (Pcia. de Córdoba)
· Región Santafecina (Pcia. de Santa Fe)
· Región Noroeste (Pcias. de Salta, Jujuy, Catamarca, La Rioja, Tucumán y Santiago del Estero)
· Región Noreste (Pcias. de Entre Ríos, Corrientes, Misiones, Chaco y Formosa)
· Región Cuyana (Pcias. de Mendoza, San Juan y San Luis)
· Región Patagónica Norte (Pcias. de Río Negro, La Pampa y Neuquén)
· Región Patagónica Sur (Pcias. de Chubut, Santa Cruz, Tierra del Fuego y Antártida e Islas del Atlántico Sur).

Las Juntas Regionales consideran los asuntos que hagan al interés del gremio en el orden regional; emiten opinión sobre los temas que el Secretariado Nacional remite en consulta y coordina las acciones que se emprenden en la región.

3) Estrategia, práctica e instrumentos de sindicalizacion en el sector comercio

Como se puede apreciar en los puntos precedentes, la estrategia de sindicalización en el sector esta íntimamente vinculada con una superposición de acciones que posibilitan abordar al colectivo laboral específico desde distintos ángulos. La fortaleza de la organización sindical de los trabajadores del comercio en la Argentina está asentada, como en la mayoría de las organizaciones integrantes del movimiento sindical argentino, en dos componentes centrales de la representación sindical: la afiliación individual al sindicato de primer grado o de base, denominado en el sector comercio, "filial", y en la vertebración de los cuerpos de delegados sindicales en dichas organizaciones de base.

En el sindicalismo argentino, como lo hemos visto, la capacidad de la organización de adquirir el ejercicio de los denominados derechos exclusivos de conflicto, negociación, huelga y tutela sindical, se encuentra estrechamente ligada con el impacto cuantitativo que manifiesta el sindicato a través de su masa de afiliados. Esto no solamente queda de manifiesto en la Ley 23.551 sino en la práctica de la propia negociación colectiva: el sector empresario no se sienta a negociar, salvo casos muy puntuales, convenios de sector o actividad con organizaciones sindicales débiles en cuanto a representatividad se refiere. Es cierto que el número de afiliados no es el único dato a tener en cuenta a la hora de evaluar la representatividad de una organización, sin embargo es un punto de partida vital: el peso cuantitativo de una de las partes de la negociación laboral puede no ser suficiente pero indefectiblemente es necesario.

Por otra parte, la presencia de cuerpos de delegados sindicales en las organizaciones gremiales, como lo hemos visto, también permite la salud participativa y democrática de las mismas.

Estos dos componentes deben compartir la dinámica de la renovación democrática contemplada en los estatutos de las organizaciones de primer grado los que a su vez deben tener cierta consonancia con el estatuto federal, esto es de la FAECYS y con los contenidos de la Ley 23.551.

Las elecciones para renovar las conducciones locales y la de la FAECYS se produce cada 4 años y los cuerpos de delegados se renuevan cada 2 años y no existen restricciones mayores para ser candidato tanto en un nivel como en el otro ni para el armado de listas para los procesos electorales.

¿Por qué resulta importante al analizar la estrategia de sindicalización en el sector mencionar estos dos componentes? En primer lugar porque los procesos de afiliación y de conformación de los cuerpos de delegados son en si mismos procesos fuertemente vinculados con la estrategia de sindicalización. En segundo lugar porque ambos procesos se producen al unísono y son los que le otorgan volumen cualitativo y cuantitativo a la sindicalización. Hay una yuxtaposición e interdependencia entre las tareas de afiliación y las tareas de representación en los lugares de trabajo. La posibilidad que otorga el derecho del trabajo colectivo nacional, de que las representaciones sindicales en las empresas sean electas por la totalidad del personal, independientemente de su calidad de miembros afiliados o no de la organización, no obsta a que el sindicato y los propios representantes sindicales del personal tengan como objetivo prioritario la mayor afiliación posible a la organización. La eficacia universal del convenio colectivo, esto es la aptitud del mismo de abarcar a la totalidad de los trabajadores del sector, nuevamente, sean éstos miembros afiliados o no de la organización, tampoco obsta al intento de obtener la mayor afiliación posible de la totalidad de la plantilla de trabajadores de la empresa. Este objetivo permanente se apoya en diversas causas que tienen que ver con las características propias del sindicalismo argentino y con los instrumentos de sindicalización en el sector.

El convenio colectivo 130/75

Por entender que la negociación colectiva constituye la herramienta del colectivo de trabajadores por excelencia, es que la ubicamos como uno de los más trascendentes instrumentos de sindicalización.

Es necesario realizar un gran esfuerzo para ubicar la temática de la negociación colectiva al margen de las vicisitudes con las que habitualmente se aborda su tratamiento. Suele suceder que la coyuntura, en términos de conveniencias políticas, intereses sectoriales, falta de visualización teórica de fenómenos muy nuevos en el escenario económico, productivo y laboral, dificulta encarar de la manera más científica posible las diversas aristas que presenta el instituto.

Son ciertas también las dificultades que se presentan cuando se intenta estudiar aisladamente un instituto de estas características, complejo y dinámico. La configuración de la negociación colectiva como el principal instrumento de fijación de condiciones de trabajo y salariales, en su sentido más laxo, y, más ampliamente, de regulación de las complejas relaciones laborales, es una idea tan firmemente asentada en la observación de la realidad, que pertenece al reino de los lugares comunes y sobre lo que no es necesario insistir. Merli Brandini[78] la califica como el corazón de las relaciones industriales, íntimamente vinculada con los sistemas políticos de pluralismo social.

---

[78] Merli Brandoni P.: "Ruolo e prospettive della contrattazione confederale", en *Prospettiva Sindicale*. 1980.

La negociación colectiva es un medio de determinación de las condiciones de trabajo dotado de una flexibilidad muy superior a la que cuentan otros procedimientos de producción de normas, incluido el legislativo. Asimismo, este medio logra trasladar a la vida económica los principios propios del pluralismo social, ya que permite a los trabajadores proteger sus intereses mediante medidas de autoorganización y representación. Por último, ha cumplido históricamente y sigue cumpliendo en la actualidad un esfuerzo de democratización de las relaciones laborales, al permitir a los trabajadores, a través de sus organizaciones, la posibilidad de intervenir en la adopción de las decisiones que fijan su condición social, neutralizando o suavizando las fórmulas de imposición unilateral procedentes del Estado o del sector empresario.

Como se ve, a la dimensión estrictamente económica de la negociación en tanto que instrumento de ordenación y reglamentación del mercado de trabajo se adiciona o yuxtapone una dimensión política: la negociación colectiva es un mecanismo de regulación de poder pues, a través de él los poderes del empresario y del trabajo alcanzan una situación de equilibrio, un compromiso pasajero y precario que produce la creación de nuevas reglas jurídicas. El autor francés Adam[79] caracteriza a la negociación colectiva como la difícil mezcla de arte, institución y procedimiento que permite establecer una situación de transitorios equilibrios entre fuerzas en situación de oposición y conflicto. Baylos[80] resume claramente las tres funciones que deben siempre tenerse presente en la regulación de la negociación colectiva: la económica, especialmente en su proyección global sobre el crecimiento económico, la política de rentas y el incremento de la productividad; la normativa, como instrumento organizador de la producción y como vehículo de la gestión de la empresa y, en fín, la que se podría denominar función política-democrática de racionalización del poder del complejo empresarial.

El maestro Otto Kahn-Freund al afirmar en su obra *Trabajo y Derecho*, que este último constituye "una técnica de regulación del poder social", no hace más que hacer notar la entidad socioeconómica y profundamente política del derecho del trabajo. Al mismo tiempo, permite inferir que la negociación colectiva organiza el diálogo entre los poderes, los mejora,

---

[79] Adam G.: "La Négociation collective en France. Eléments de diagnostic", en *Droit Social*, 1978.
[80] Baylos Grau A. : "La negociación colectiva en España", en *Revista Contextos*, 1997.

los pone en tensión para el reparto, los obliga a estudiar, a recurrir a sus fortalezas cuantitativas y cualitativas.

De allí la profunda imbricación entre las estrategias de sindicalización y la negociación colectiva. Hay quienes manifiestan que no existe sindicato sin negociación colectiva. Tal vez sea, mucho más en la actualidad, una afirmación extrema. Sin embargo, a nadie escapa la trascendencia del instituto. El sindicato moderno, aunque orientado a dar respuestas multifacéticos a sus colectivos, sigue siendo, esencialmente, una organización preparada para la puja capital-trabajo.

El convenio colectivo en el sector comercio ha sido siempre un organizador sindical nato. Efectivamente, al tratarse de un sector numeroso dentro del mercado de trabajo, la actividad convencional del sector comercio resulta importante. El conjunto de la organización se tensa en los momentos previos a la negociación. Los cuerpos de delegados más importantes se preparan para la elaboración de los proyectos de convenios, se constituyen los grupos paritarios que se preparan para la puja, se comienzan a vislumbrar los grandes grupos de temas a tratar y los márgenes de negociación. Los órganos de conducción funcionan al compás de las vicisitudes de la negociación. Los miembros de la organización se informan permanentemente, a través de los delegados y activistas sindicales, sobre la marcha de las negociaciones. Los distintos niveles y sectores acercan información. En definitiva, el conjunto de la organización ingresa en una dinámica de gestión y acción sindical, hasta el nacimiento del convenio colectivo. A partir de allí nace otro proceso que consiste en gestionarlo y administrarlo, en cada lugar de trabajo, en cada empresa, en cada sector. Vigilar su cumplimiento, interpretar sus contenidos y enriquecerlo en la práctica cotidiana.

El último convenio colectivo de los trabajadores del sector comercio en la Argentina es el N° 130/75 con sus complementos y actualizaciones pertinentes.

Conviene recordar que la vida de la negociación colectiva en nuestro país ha sido accidentada. No obstante que las organizaciones sindicales vislumbraron desde el inicio al convenio colectivo como un mecanismo apto para una mayor estabilidad de las relaciones laborales en las empresas, las recurrentes crisis de la economía en nuestro país han minado en forma permanente la cultura de la negociación. De allí la lentitud y sinuosidad del escenario negocial. No obstante ello, al margen de las dificultades planteadas, los sindicatos en la Argentina han tenido y tienen una permanente vocación negociadora, que se ha visto aflorar, no sólo en la negociación cotidiana del conflicto laboral, sino también en oleadas de negociación colectiva del conjunto de los sectores de la economía que han quedado marcadas a lo largo de la corta historia del instituto.

Sin entrar en detalles de tipo cronológico, conviene recordar que la Ley 14.250/53 de convenios colectivos es la que rige la vida del instituto en cuestión. Gracias al dictado de esta Ley, las cláusulas contenidas en un convenio, celebrado conforme los recaudos legales, pasarán a regir obligatoriamente las relaciones contractuales de todos los trabajadores que se desempeñen en la actividad objeto del acuerdo, sean afiliados o no a la organización sindical. La sanción de esta Ley provocó, como lo manifiesta Julio César Simón, un cambio fundamental en el sistema de relaciones laborales. Debido al fuerte incremento de la actividad negociadora, casi el conjunto de las actividades quedaron bajo el amparo de un convenio colectivo.

El año 1975 quedará grabado en la historia de la negociación colectiva en la Argentina por la intensidad del funcionamiento de la misma, en una realidad particularmente difícil desde lo político y económico. En ese año, encontrándose la Argentina sumida en una profunda crisis inflacionaria que a la larga impactaría políticamente, con la instalación de la más sangrienta de las dictaduras militares, la mayoría de las organizaciones sindicales firmaron importantes convenios colectivos, que, aunque muchos de ellos fueron renovados, total o parcialmente y otros complementados con acuerdos posteriores con el correr de los años, seguirán siendo convenios referenciales a los efectos de estudiar el marco de las relaciones laborales autónomas de la década del 70. Esta gran oleada de negociaciones colectivas se produjo al calor de grandes movilizaciones sindicales que mantuvieron al país prácticamente pendiente de aquellas, básicamente por el impacto de los incrementos salariales y su relación con la suba de precios, como decíamos, en el marco de una economía peligrosamente inflacionaria.

El Convenio Colectivo 130/75 fue suscripto entre la entonces Confederación General de Empleados de Comercio de la República Argentina y 21 cámaras empresariales del sector comercio.

El Convenio describe en detalle, por la vía de la formulación en general de la actividad del sector y por la enumeración específica de actividades del sector, a qué trabajadores se aplica el mismo.

Asimismo, en el capítulo dedicado a los agrupamientos y categorías profesionales, enumera un total de 5 agrupamientos, a saber: maestranza y servicios, administrativos, auxiliares, auxiliares especializados y ventas.

Para cada agrupamiento, a su vez, describe categorías, qué tipo de trabajo se inscribe en cada agrupamiento.

Al fijar las escalas salariales, establece un sistema de adicionales por antigüedad y adicionales por fallas de cajas para el rubro de personal obligado al cobro de dinero de la clientela. Fija un régimen de ingresos y promociones detallado; se crea una Comisión de Estudios sobre la Salubridad, la Higiene y la Seguridad en el trabajo. El Convenio fija normas respecto de las condiciones generales de trabajo, obviamente mejorando los pisos de la normativa estatal (Ley 20.744/74 de Contrato de Trabajo).

Una mención especial merece el capítulo dedicado a la representación del personal en la empresa. El Convenio obliga a la empresa a que en caso de aplicación de medidas que afecten al personal, se encuentren presentes en la audiencia previa los delegados del personal. Asimismo, toda suspensión o medida disciplinaria será informada al delegado del personal procurando en lo posible hacerlo en forma previa.

Como se sabe, muchos años han pasado desde la puesta en vigencia de este Convenio. El mismo, en virtud de la Ley 14.250, se encuentra ultraactivo en las cláusulas no vigentes. No obstante, las actualizaciones salariales y de condiciones de trabajo que han sido motivo de negociación con el correr de los años, reconocen las transformaciones habidas en el sector y, particularmente, el crecimiento e incorporación de nuevas subramas al mismo que han motivado que se hayan suscripto numerosos convenios, complementarios al 130/75, precisamente representativos de dichos subsectores e inclusive de empresas.

Es por estas razones que el Convenio Colectivo constituye en sí mismo una formidable herramienta de sindicalización para el sector. La organización sindical recurrentemente capacita a los activistas y delegados del personal acerca del mismo y mantiene vivo el debate sobre su actualización y sobre las nuevas formas y metodologías de negociación laboral.

En estos momentos, la FAECYS se encuentra en los prolegómenos de una importante negociación con las cámaras del sector que generará un nuevo Convenio Colectivo que seguramente contendrá las respuestas a las nuevas demandas de los trabajadores de comercio.

La vision y el tratamiento del conflicto laboral

No vamos a hacer hincapié en el conflicto individual de trabajo que se canaliza, a nivel de la organización sindical, a través de dos vías: o por el reclamo individual del damnificado por el incumplimiento de la ley laboral o por denuncia del delegado del personal. Ambas vías sirven de traslado de la problemática conflictual hacia las Secretarías Gremiales de las organizaciones de base o filiales que generalmente tienen organizados los cuerpos de asesores gremiales que indican los primeros pasos a seguir por el reclamante. Agotada esta instancia el reclamo es instalado en las asesorías jurídicas de las mismas organizaciones, que continúan, en caso de que sea necesario, con el proceso judicial en los tribunales laborales de la jurisdicción respectiva.

El conflicto laboral colectivo, por su parte, en el sector comercio está íntimamente ligado con los niveles de concentración de los trabajadores del sector, que, históricamente, se encontraba en las denominadas "grandes tiendas" y que hoy se ubica mayoritariamente en las cadenas de los grandes supermercados. La presencia en aquéllas y éstos de numerosos cuerpos de delegados, que se reúnen en forma permanente en la organización sindical para, precisamente, procesar las distintas vicisitudes del conflicto que aflora en forma cotidiana en las grandes concentraciones mencionadas, otorga un valor agregado a la hora de decidir estrategias de la organización en materia de resolución de conflictos.

El delegado del personal en el lugar de trabajo constituye un componente central en términos de orientar las estrategias de las organizaciones de base y de la FAECYS en la lucha sindical.

Así las cosas, la mirada que tiene la dirección estratégica del sector sobre el conflicto colectivo tiene que ver con un criterio de máxima objetividad posible cuando de sacar un conflicto a la superficie y decidir alguna estrategia se trata.

Sólo un 15 a un 18 % del encuadramiento sindical total de la FAECYS se encuentra instalado en grandes concentraciones. El resto de la masa de miembros de la organización se distribuye en pequeñas y medianas empresas, muchas de ellas con imposibilidad de tener representación sindical en la empresa por no cumplir con el requisito de Ley 23.551, que indica un mínimo de 10 trabajadores para poder elegir un representante.

No obstante, la organización de tipo federativo de la FAECYS le otorga un rol protagónico a las filiales en sus respectivas ciudades o regiones para el tratamiento del conflicto.

Para FAECYS, todo aquello que se pueda lograr sin tener que llegar a la decisión de la toma de medidas de acción directa, hay que ejercitarlo. Para ello la organización suele operar como una cascada en la elaboración de la decisión respecto a un determinado conflicto. El diálogo directo en el lugar de trabajo entre la empresa y los delegados suele ser un primer paso que promueve el sindicato. Las instancias siguientes demandan la intervención de activistas y asesores sindicales, luego se produce la intervención directa del área en cuestión, que suele ser el encargado de las cuestiones gremiales y por último la conducción de la organización. Las medidas a adoptar tienen que ver con la dureza del conflicto y todas suelen ser complementarias.

Por otra parte, la organización sindical cuenta con los ámbitos de canalización del conflicto cuando el mismo ha entrado fase de tratamiento vía administración del trabajo, básicamente a través de la aplicación de la Ley 14.786, que prevé un procedimiento de conciliación obligatoria y de arbitraje voluntario.

El tratamiento del conflicto de trabajo es un fuerte indicador de las capacidades de sindicalización del sector y de la organización sindical. Los trabajadores se sienten protegidos y correctamente representados cuando los eslabones de la entidad sindical funcionan de manera tal que se produce una correcta canalización del conflicto. Un conflicto se puede ganar o perder total o parcialmente; sin embargo lo importante es que la organización sepa evaluar con el conjunto de sus componentes una estrategia adecuada que contemple, en una realidad determinada, los costos, en estos casos, humanos, en términos de un correcto equilibrio de obtención de reivindicaciones o conquistas y conservación de la fuente de trabajo. En mercados de trabajo fuertemente segmentados como los de América Latina, el desempleo, la precariedad/informalidad y el incumplimiento puntual de la legislación laboral vigente, deben ser cuidadosamente observados a la hora de dirimir un conflicto laboral colectivo.

Los centros de trabajo y la cuestion federal

Al ser la Federación Argentina de Empleados de Comercio y Servicios una entidad sindical de rama y, como su nombre lo indica, de forma federativa, resulta importante destacar las características de este sistema de organización sindical que se diferencia, en el modelo sindical argentino, de otra forma que se denomina de uniones o sindicatos nacionales.

El modelo federativo se realiza a partir de la existencia previa de sindicatos de base o locales del sector diseminados a lo largo y a lo ancho del país, allí, por supuesto, en ciudades en las que la cantidad de trabajadores del sector ameritó, en su momento, la creación de una entidad sindical. Estas organizaciones locales se fueron creando con el correr de los años. Son autónomas y autárquicas: recaudan sus propias finanzas a partir del aporte directo de los trabajadores miembros, redactan sus estatutos y eligen su propia conducción. Aquellas que gozan de la personería gremial ejercitan los derechos exclusivos marcados por la Ley 23.551. La mayoría de las organizaciones miembros de la FAECYS tienen personería gremial.

Ellas son las que concurren a la conformación de la Federación nacional. Es decir, las filiales preexisten a la Federación y ésta lleva adelante la política sindical establecida en Congreso, en el que la soberanía reside en los delegados de las filiales, que lo son en forma proporcional a la cantidad de miembros de cada filial.

Por lo tanto, la cuestión federal, en este modelo, juega un papel sustancial. Efectivamente, la presencia federal en las instancias, organismos de dirección y entes colaterales de la organización se encuentra garantizada, cultural, histórica y políticamente en la FAECYS. El entramado político de la dirección estratégica de la Federación refleja un crisol de representaciones geográficas y de visiones heterogéneas que posibilitan la expresión plural nacional de los trabajadores del sector.

La representación en los lugares de trabajo también otorga a cada sindicato local y a la propia Federación el componente de la heterogeneidad representativa y el pluralismo para una gestión equilibrada. Existe un sustrato, un proyecto de mínima que no se encuentra escrito, pero que se verifica en el tipo de vida interna de las filiales y la Federación y en el tratamiento de una variedad de temas que tienen que ver con la acción sindical cotidiana y de mediano y largo aliento. Los liderazgos locales y de los lugares de trabajo, esto es, los delegados sindicales, se encuentran, desde el vamos, fuertemente identificados con sus organizaciones y con la FAECYS, independientemente de la diversidad de las visiones políticas.

El impacto de esta impronta es la adopción natural de las estrategias puntuales de sindicalización. Un ejemplo de ello lo constituye la tensión que se vive en el conjunto de la organización nacional en las etapas de la lucha por un nuevo convenio colectivo. La organización se tensa para lograr un objetivo y se multiplican los debates internos.

Los denominados "institutos colaterales"

Históricamente, la política de la Confederación, continuada luego por la Federación, fue la de activar en otros campos de acción, más allá de lo estrictamente sindical. A tal efecto se fueron creando, con el correr de los años, verdaderas instituciones de gestión sindical, en algunos casos y de gestión obrera-empresaria, de implementación a través del convenio colectivo, en otros.

Mencionaremos, en primera instancia, el Instituto Asegurador Mercantil. Fue autorizado a operar como entidad aseguradora en julio de 1965 por la Superintendencia de Seguros de la Nación, habiendo sido creado el año anterior a través de un laudo arbitral del Ministerio de Trabajo de la Nación. Sus dos principales accionistas fueron la Confederación General de Empleados de Comercio de la República Argentina y la Cámara Patronal. En una primera etapa de su trayectoria actuó en la atención del Seguro de Vida Obligatorio para los trabajadores del sector comercio, conforme a sus estatutos, que determinaban, como objeto de la entidad, la atención, administración y funcionamiento de ese seguro y de otros que persiguieran la misma finalidad social.

Durante 4 décadas el Instituto consolidó su estructura en el mercado, transformándose en una de las empresas con mayor solvencia en la actividad. Esta solvencia se ha basado en una correcta administración del primaje producido por contrataciones de seguros en cerca de 20.000 empresas del sector y 250.000 personas aseguradas.

El IAM es una institución de cogestión obrero-empresaria y brinda los siguientes servicios:

· Seguro de Vida Individual

· Seguro Combinado Familiar

· Seguro de Vida Obligatorio

· Seguro Integral de Comercio

· Seguro de Vida según Leyes Laborales

· Seguro de Vida Colectivo.

El Convenio Colectivo del sector comercio establece, en su capítulo XVIII la creación del Instituto Nacional de Capacitación Profesional y Tecnológico para el Empleado de Comercio. El mismo se financiaría con un aporte a cargo de los empleadores y debía ser puesto en marcha por la organización sindical. Tras algunas vicisitudes y la presencia de otras prioridades, más la virtual suspensión de los convenio colectivos durante los períodos de dictadura militar, el 26 de septiembre de 2000 se crea el Instituto Tecnológico Mercantil Argentino para la Formación de los Trabajadores de Comercio (ITMA). En cumplimiento del mandato convencional se firma el acta fundacional entre la Federación Argentina de Empleados de Comercio y Servicios y la Coordinadora Empresaria Mercantil Argentina, en el marco del Convenio Colectivo 130/75.

Este Instituto que consta de un rector, un vicerrector, un director de formación profesional, un director de formación sindical y un director de investigaciones, es el encargado de la creación, articulación y coordinación de la estructura educativa de la FAECYS. Los centros de formación profesional y los centros educativos en sus distintos niveles pueden ser creados por las filiales y por la misma Federación. Existen casos de creación y funcionamiento previo, como es el caso de la filial Capital Federal, que consta de una estructura educativa en la que pasan por sus aulas entre 5.000 y 6.000 alumnos-trabajadores al año y otras filiales que realizan sus actividades educativas y de formación profesional a través de la gestión llevada adelante por el ITMA, que depende de la Secretaría de Cultura y Capacitación de la FAECYS.

En el área de la prestación de salud, FAECYS creó y conduce la Obra Social para los Empleados de Comercio y Actividades Civiles (OSECAC). Esta Institución se analiza por separado por tratarse de una entidad fundamental en la estructura de los trabajadores del sector comercio.

Durante muchos años, la Confederación primero y la FAECYS después, coparticiparon, junto al sector empresario y también mediante la Convención Colectiva de la denominada Caja deAsignaciones Familiares para Empleados de Comercio (CASFEC). Tratábase de un ejemplo de administración cogestionada de fondos y aportes para cubrir un aspecto vital de la seguridad social como son los subsidios y asignaciones familiares. Durante los años 90, esta Caja y otras fueron estatizadas.

La vigencia de estas instituciones bajo la administración y gestión de los empleados de comercio también fortalece las capacidades de la organización sindical. Son un componente básico a la hora de evaluar, por parte de los trabajadores del sector y la sociedad toda, las cualidades de una entidad gremial de administrar fondos de terceros puestos a funcionar en función social y realizar políticas que complementan y hasta suplen las actividades estatales.

La politica de servicios al afiliado

No resulta casual que las organizaciones sindicales argentinas desplieguen una abundante actividad en materia de prestación de servicios a sus miembros y sus grupos familiares. Como se sabe, la Argentina supo iniciar la construcción de su particular estado de bienestar a partir de mediados de la década del 40 del siglo pasado. Tal construcción, que modificó la estructura estatal del país en el término de 10 años, en lugar de avanzar hacia un mayor perfeccionamiento, comenzó a mediados de la década del 50 un franco proceso de debilitamiento. Las recurrentes crisis políticas simbolizadas en las permanentes rupturas del orden constitucional en nuestro país, ayudaron a poner en duda y a debilitar, consecuentemente, a una todavía débil organización estatal. La prestación de servicios básicos a la población, característica sobresaliente de este tipo de estados, orientados hacia la concepción de economía de demanda, para la satisfacción, precisamente, de demandas básicas de la población, se tornó gradualmente complicada e insuficiente.

Este dato no sólo se percibió en la realidad, sino que se verificó en los presupuestos nacionales, como por ejemplo en lo atinente a la prestación de la salud, a través del desfinanciamiento de la salud pública y más tarde, de la educación pùblica.

Frente a esta realidad y a las dificultades planteadas al sindicalismo durante los gobiernos dictatoriales en materia de represiòn, las organizaciones sindicales comenzaron a desarrollar una tarea de prestación de servicios a los que sus miembros no podìan acceder en el mercado.

Así las cosas, los sindicatos incursionaron en servicios relacionados al turismo y al esparcimiento, a la educación y a la formación profesional, a la cultura y formación integral, a la construcción y acceso crediticio a viviendas populares, a la atención de colectivos específicos como jóvenes y jubilados y, finalmente, a la prestación de salud.

Las filiales que lo ameritan, en función del número de miembros que tienen, cuentan con los denominados Centros de Formación Profesional, institutos de educación secundaria, institutos de educación terciaria y hasta convenios con universidades locales. Para ello cuentan con infraestructura edilicia (aulas) y cuerpos docentes especializados.

En muchas ciudades del interior y en la propia Capital Federal se pueden observar viviendas en propiedad horizontal o barrios con viviendas exclusivas para trabajadores del sector comercio, construidas por la organización sindical, a través de planes de acceso a vivienda propia con financiamiento accesible.

Otra actividad mencionada precedentemente es la desarrollada en materia de turismo. La FAECYS cuenta con 7 hoteles propios. Uno en Mar del Plata, uno en Mendoza, uno en San Luis, uno en Monte Hermoso y 3 en Capital Federal. Cuenta además con un camping recreativo en Cosquín, Provincia de Córdoba. Estos hoteles son los conocidos "hoteles sindicales" que posibilitan a los miembros de la organización la concurrencia a lugares de veraneo en sus vacaciones anuales o en fines de semana largos. Los 3 hoteles de Capital Federal se utilizan, prioritariamente para el alojamiento de los afiliados que llegan desde el interior del país a realizarse operaciones quirúrgicas o tratamientos especiales a la obra social. Los gastos de hospedaje, incluyendo las comidas, en estos casos son cubiertos en su totalidad por la obra social. Las filiales no poseen hoteles propios pero, para la temporada alta, suelen contratar hoteles y hosterías en las ciudades de veraneo para sus afiliados.

En materia de esparcimiento y deporte, la mayoría de las filiales de la Federación poseen los denominados "parques recreativos" o "centros deportivos", que son verdaderos clubes de trabajadores de comercio. En ellos, además de concurrir a descansar o practicar deportes los fines de semana y feriados, las Secretarías de Deportes de las filiales desarrollan toda una tarea organizativa y formativa en materia de práctica deportiva para los miembros y sus hijos. Estos clubes cuentan con una importante infraestructura deportiva. Familias enteras del sector que no pueden acceder al turismo social aprovechan, en épocas de verano, de estas instalaciones, en forma gratuita.

La atención a jubilados y pensionados constituye una prioridad para la Federación del sector. La FAECYS y las filiales, coordinadamente, realizan las gestiones y demandas previsionales. El conjunto de la organización está al servicio de los jubilados y ellos participan activamente en la estructura y en la vida interna de la organización.

Existe un viejo debate sobre la prestación de servicios sindicales y su naturaleza en términos de reconocer a los mismos como inconvenientes para una organización de la naturaleza de un sindicato. En la Argentina, éste no es el caso: todas las organizaciones sindicales, en más o en menos, practican dicha política. Se trata de mantener los equilibrios entre este tipo de actividades y las gremiales propiamente dichas.

La obra social de empleados de comercio y actividades civiles (OSECAC): la cobertura de la salud de los trabajadores del sector comercio

En el año 1964, más precisamente el 28 de febrero, el Ministerio de Trabajo de la Nación, mediante laudo arbitral, homologa, en el marco del Convenio Colectivo de los trabajadores del sector comercio No. 40/ 61, la creación (art. 35) de un organismo conducido por los representantes de ambos sectores por partes iguales (trabajadores y empleadores), quien se encargará de reglamentar el funcionamiento a los efectos de proceder a la administración y prestación de los servicios médicos para todo el personal beneficiado en dicho convenio colectivo de trabajo y sus grupos familiares. Dicho organismo se financiará con el aporte del 1% de los haberes mensuales de todo el personal con más una suma igual aportada por el sector empresario.

De esta manera nace el Instituto Médico Mercantil Argentino (IMMA), antecedente directo de la actual OSECAC.

Es conveniente, a esta altura, observar la cuestión del financiamiento de la prestación de la salud. En la Argentina algunas de las características de los rasgos actuales en las características de la financiación de la atención de la salud ya estaban presentes a comienzos del siglo pasado.

Se reconocían, por un lado, la financiación del Estado a través de rentas generales, el aporte directo de las personas y un aporte voluntario que las personas realizaban a través de incipientes formas de seguridad social, fundamentalmente mutuales, que tuvieron su importancia como gérmen de un desarrollo posterior.

En esta etapa el financiamiento estatal estaba dirigido fundamentalmente al hospital público, además de actividades de saneamiento y prevención. El gasto de las personas estaba orientado a la medicina privada que era contratada en forma directa, tanto a las instituciones (hospitales y sanatorios privados) como a los prestadores individuales. Las mutuales estaban reducidas a iniciativas de trabajadores de algunas ramas de producción y a colectividades de inmigrantes.

Este esquema de financiamiento se mantuvo hasta la época actual, aunque con variaciones.

Lo más importante de aquellos cambios se produjo al final de la década del 60 y comienzos de la década del 70 cuando a través de la Ley 18.610 se sancionó, para todos los asalariados, la institución de un seguro obligatorio. Esta ley obligaba a todos los trabajadores y se financiaba con un aporte del 3% de su salario y un aporte del 6% del los empleadotes sobre los salarios de sus trabajadores. La ley, asimismo, autorizó la creación de Obras Sociales, que eran cajas por rama de actividad, administradas por los sindicatos de las mismas. Estas formas permitieron la creación de centenares de obras sociales.

El panorama creado a fin de esa década con la extensión de la cobertura a través de la seguridad social transformó profundamente el esquema de financiamiento de la salud en la Argentina. Ya a fines de la década del 80 el sistema de Obras Sociales cubría a gran parte de la población del país.

OSECAC, creada en el año 1972, a partir de la sanción de la Ley 18.610 y cuyo antecedente directo fue el IMMA, vivió las vicisitudes propias de una entidad de esta naturaleza, colateral a una organización sindical, con intervenciones en épocas de gobiernos militares y hasta democráticos.

Esta obra social de los trabajadores del sector comercio se encuentra hoy dirigida y administrada en su totalidad por la FAECYS. Cuenta con 1.704.262 benficiarios. Esta cifra abarca a todos los empleados de comercio en actividad, a los jubilados y pensionados del sector, a sus grupos familiares y a aquellos trabajadores independientes que se afilian a ella en su calidad de monotributistas.

Para realizar su actividad, la obra social cuenta con 56 delegaciones, 3 subdelegaciones, 160 agencias, 74 subagencias y 509 corresponsalías, todas desplegadas a lo largo y a lo ancho del territorio nacional. OSECAC contrata instituciones médicas privadas y públicas para las prestaciones y atiende a sus beneficiarios en 21 policonsultorios propios a los que se sumarán 9 más que se encuentran en construcción y una clínica de internación propia en la Capital Federal.

A los efectos de ofrecer una somera idea de la actividad de OSECAC se detallan a continuación algunas de las prestaciones y coberturas que realiza la Obra Social a los trabajadores del sector comercio:

- Cobertura en salud a nivel nacional.

- Red de centros de atención ambulatoria e instituciones de reconocida trayectoria para la internación.

- Acceso a todas las prestaciones médicas (ambulatorios, internación, radiología, laboratorio, etc.) desde los niveles más sencillos hasta estudios y tratamientos de alta complejidad (trasplante de órganos, cirugía endovascular, implante de prótesis, embolizaciones, etcétera).

- Cobertura de todo tipo de enfermedades, incluso las preexistentes, congénitas, genéticas, infecto-contagiosas (sida, tuberculosis, etc.) y crónicas (diálisis y psiquiatría), terapia intensiva y neonatal en prematuros, sin topes de ninguna naturaleza.

- 100% de cobertura en medicamentos de alto costo en ambulatorio (fármacos específicos para cáncer, leucemia, sida, trasplantes, enfermos renales y hemofílicos según protocolos nacionales aprobados).

- Cobertura en drogadicción y alcoholismo.

- 40% de descuento para beneficiarios activos y el 50% de descuento para beneficiarios pasivos en medicamentos generales en ambulatorio, sobre productos incluidos en su vademécum.

- 3200 farmacias en todo el país.
- Traslados de urgencia en ambulancias sin límites de distancia.
- 100% de cobertura, tanto en traslados (inclusive en avión sanitario, si así se necesitara), alojamiento y atención integral de pacientes derivados que requieren mayor complejidad que la existente en su lugar de orígen.
- Tratamiento de rehabilitación en fonoaudiología y kinesiología en ambulatorio e internación.
- Internación domiciliaria cuando la patología del paciente así lo requiera.
- Rehabilitación de pacientes con afecciones cardiológicas.
- Odontología conforme lo estipulado y el Nomenclador Odontológico Nacional, con excepción de prótesis e implantes.
- Cobertura de 100% de prótesis médicas implantables.
- Segunda opinión: servicio de consultas al exterior por sistema de teleconferencia con centros médicos y universidades líderes en el mundo.
- Cobertura 100% de internación (incluye medicamentos y materiales descartables)
- Atención psiquiátrica ambulatoria, internación en patologías agudas y atención integral en patologías crónicas.
- Servicio de urgencias domiciliarias clínica médica y especialidades de pediatría y cardiología.
- Plan de Provisión Gratuita de DIU.
- Plan Privilegio Infantil
- Subsidios por discapacidades
- Programa de pacientes guiados.

Para tener una idea cabal de la envergadura de la actividad desplegada por la organización sindical nacional de los trabajadores del sector comercio en este rubro resulta conveniente observar el Ejercicio 2005, conforme la Memoria y Balance aprobados en el reciente Congreso Nacional de la organización:

- 101.681 internaciones
- 6.475.951 consultas y prácticas médicas
- 33.659 partos

- 3200 farmacias en todo el país
- 2852 pacientes con discapacidades
- 1314 pacientes con HIV
- 5821 pacientes en ontología
- 455 pacientes en hemodiálisis
- 73 trasplantes.

OSECAC, por cada peso que ingresa de los beneficiarios, destina el 5,57% a gastos administrativos; el 10,31% a gastos de inversión (37.586 m2 propios) y el 84,12% a prestaciones médicas.

La Obra Social resulta, entonces, una formidable herramienta de respuesta sindical a una de las grandes demandas del sector, de los miembros de la organización y de los beneficiarios del convenio colectivo. La cuestión de la salud es un tema de debate en nuestro país, al igual que la educación. Las posibilidades de aportar a este debate en términos de establecer un mecanismo que posibilite un sistema integrado nacional de salud es una de las expectativas de estas obras de solidaridad activa. No se puede concebir un sistema de tal naturaleza sin el componente de la obra social incluso como parte del sostén de la salud pública del sistema.

La política internacional

La Federación Argentina de Empleados de Comercio y Servicios, en representación de los trabajadores del sector comercio, ha tenido y mantiene una activa participación en el campo internacional.

Históricamente, el gremio estuvo afiliado a su ex Secretariado Profesional Internacional, la FIET (Federación Internacional de Empleados y Técnicos), ocupando en dicha organización diversos cargos en los niveles mundial y regional.

Creada la UNI (Union Network Internacional) en el año 2000, la FAECYS aplaudió y apoyó la iniciativa de la fusión con otros secretariados hermanos en la certeza de que el movimiento sindical, en las actuales etapas de globalización económica, debe realizar ingentes esfuerzos por lograr fuertes canales unitarios del movimiento sindical local y mundial.

Así las cosas, FAECYS tiene responsabilidades concretas en su sector específico, comercio, y en ámbitos de dirección también a niveles mundial y regional. La organización ocupa cargos en el Ejecutivo Mundial, en el Ejecutivo Continental, en el Sector Comercio de UNI-Américas, en el Comité de Mujeres, en el Comité de Jóvenes y en el Consejo Nacional de Enlace. Desde el año 2007, FAECYS ejerce la presidencia de UNI-

Américas y desde el 2009 la vicepresidencia del Sector Comercio de UNI-Américas.

Asimismo, se destaca la participación inicial de la Confederación General de Empleados de Comercio de la República Argentina como miembro observador de la ORIT, previa a la incorporación definitiva de la CGTRA a esa central continental de la CIOSL. Posteriormente, con el nacimiento en 2006 de la Confederación Sindical Internacional, la CGT integra su dirección.

La FAECYS ha ejercido también la responsabilidad de la Secretaría de Relaciones Internacionales de la CGT realizando una tarea que tuvo como prioridad la presencia activa de la confederación nacional en el escenario internacional. Durante su gestión en CGT, FAECYS junto con otras organizaciones hermanas, desarrolló una intensa labor a nivel de la Coordinadora de Centrales Sindicales del Cono Sur, siendo el representante ante el Plenario de dicha organización un miembro de FAECYS. La CGT desarrolló también una fuerte política de inserción en la ORIT, ocupando un lugar en su Ejecutivo Continental y la Dirección de Gabinete del Secretariado, en manos precisamente de la FAECYS.

FAECYS es una organización pilar de UNI y desarrolla una intensa actividad internacional estratégica con otras organizaciones nacionales del sector comercio, tanto en los distintos países de Europa como en toda América.

Resulta interesante resaltar algunos aspectos de las orientaciones en materia de política sindical internacional de la FAECYS. Desde el nacimiento de la CCSCS, la FAECYS abogó por el establecimiento de ámbitos sectoriales en el seno de la Coordinadora mercosureña. La idea de que el rol del movimiento sindical en la integración no se agotaba en la presencia institucional de las centrales obreras nacionales y su quehacer político-institucional en el proceso de integración, sino también con una fuerte imbricación sectorial que permitiera apuntalar políticas de complementación y desarrollo productivo, siempre tuvo a la FAECYS como su principal impulsora. Esta orientación se basaba en varios criterios. La economía de complementación productiva para el proceso de integración, impulsada desde la Coordinadora, siempre tuvo una impronta que intentaba ubicar el proceso en un escalón superior respecto del cual se encontraba. Si bien el Mercosur nacía en 1991 como un mercado ampliado en la idea de avanzar más allá de una zona de libre comercio, el imperio de las tesis de la economía neoclásica para la época centralizó el tema de la integración en las conveniencias coyunturales de los dos principales socios del proceso permitiendo, al mismo tiempo, que las empresas multinacionales operaran sus procesos de inversión y giro midiendo las conveniencias locales más que regionales. El proceso fue un éxito desde el punto de vista del intercambio comercial, principalmente, entre Brasil y la Argentina, aun cuando entre los dos existieran zonas de crisis en relación con sus estructuras productivas, industriales y comerciales, entre ellas la industria automotriz, la textil y la línea blanca.

La lógica estrictamente comercial de la integración en el Cono Sur fue resistida por el movimiento sindical y, desde la esfera oficial, por los Ministerios de Trabajo, dos ámbitos que pujaron, desde el inicio, por espacios de consulta de las temáticas laborales y sociales en el proceso. Instalados que fueron las instituciones sociolaborales, los sindicatos comprendieron que la integración, además de necesitar estos espacios de tratamiento, se construye en ámbitos múltiples. La integración sectorial tenía, entonces, una importancia estratégica. De allí que la Coordinadora, ya en su Primera Cumbre Sindical, lanza las Comisiones Sectoriales. En el sector comercio queda constituída la Comisión de Entidades Sindicales de Comercio y Servicios (CESCOS), integrada por CONSFECOVE de Chile, SEPROSCOS y CONTRACS-CUT de Brasil, SINACOM de Paraguay, FUECI de Uruguay y FAECYS de la Argentina. Como dato adicional vale la pena recordar que estas organizaciones excepto la FUECI de Uruguay eran, para entonces, afiliadas a UNI.

Durante una primera etapa, la CESCOS funcionó al impulso de sus propios miembros, en forma irregular. Su plan de acción establecía la realización de algunos relevamientos e investigaciones en el sector y la publicación de un boletín que no alcanzó mayor regularidad. Gran parte de las comisiones sectoriales lanzadas por la Coordinadora, aunque generalmente se reunían en ocasión de las Cumbres Sindicales, no tuvieron continuidad y mucho menos regularidad en su funcionamiento. La CESCOS y la comisión bancaria fueron, junto con alguna otra, las únicas que lograron un funcionamiento modestamente regular.

En una segunda etapa, las comisiones sectoriales quedaron encuadradas bajo la responsabilidad de la Comisión de Desarrollo Productivo de la Coordinadora. Esta Comisión fue creada como respuesta sindical a un intento por constituir, desde los estados y, en algunos casos con la anuencia de sectores patronales, los denominados Foros de Complementación Sectorial. La idea era elegir algunos sectores en los que básicamente la Argentina y Brasil competían o se complementaban y así trabajar sobre la complementación de la cadena productiva de valor. Algunos sectores sindicales vieron en este mecanismo la posibilidad de introducir, en el sector específico, temas de empleo y relaciones laborales. El ejemplo más visible fue el sector de la madera, que incluso funcionó a escala nacional.

Finalmente, queda la etapa en la que los Sindicatos Globales sectoriales empiezan tibiamente a ocuparse de algunos sectores organizados en la Coordinadora.

No fue lineal este proceso. Los sindicatos globales, en general, acostumbrados a trabajar sindicalmente en forma paralela a las líneas de acción de la CIOSL a escala global y de la ORIT a escala hemisférica, no visualizaban con facilidad los espacios de integración subregional como ámbitos específicos de gestión gremial, particularmente el caso del Mercosur y la ORIT. Siempre se miró al proceso de integración europea como el escenario a imitar, como el ámbito de intereses comunes frente al cual, ya la Confederación Europea de Sindicatos desde 1973, acometía como espacio-objetivo de acción. Aun así, no fue en un inicio fácil, para la organización hemisférica de los trabajadores de las Americas, aceptar la presencia de los procesos de integración subregional en términos de reconocerlos como pasibles de incidir en la conformación de mercados de trabajo ampliados en los que el movimiento sindical de los países integrantes pudiesen desplegar su accionar conforme las características especiales de cada subregión. Ciertas posiciones sindicales argumentaban que dichos procesos no eran viables o que los propios países no los tomaban en serio, siendo por lo tanto una pérdida de tiempo dedicar insumos, apoyos y cooperación. Algunos sindicatos globales, en la región, también lo entendieron así, entre ellos la UNI. Así las cosas, no faltaron momentos en que la política de potenciar los sectores de la Coordinadora de Centrales Sindicales del Cono Sur colisionó con los objetivos y estrategias de los sindicatos globales generando contradicciones y, obviamente, falta de articulación entre ellos.

Nuestra Federación siempre estuvo conteste de la importancia estratégica del Mercosur. Su participación al frente de la Secretaría Internacional de la CGT estuvo destinada a priorizar este objetivo y, hasta el dia de hoy, la Federación empuja las cuestiones vinculadas a las estrategias de integración. No obstante, siempre entendimos que la articulación entre las comisiones sectoriales de la Coordinadora y los Sindicatos Globales era absolutamente necesaria e imprescindible para aprovechar insumos, potenciar presencia sindical y generar retroalimentación en materia de crecimiento, membresía sindical y orientación focalizada de la acción sindical en la región sobre los sectores económicos.

Por esta razón, FAECYS impulsó con financiación propia y cooperación internacional la realización de actividades sindicales articuladas, en el sector comercio, en la subregión, entre la CESCOS y UNI-Americas Comercio. La Oficina de UNI-Americas, en Panamá, se comprometió con esta visión y desde entonces se ha avanzado en estrategias conjuntas que han determinado el crecimiento de UNI-Americas Comercio en la subregión. También ha ayudado en este sentido el apego a una visión de articulación entre las Coordinadoras subregionales y la nueva Confederación Sindical de las Américas en relación con los procesos de integración.

El trabajo sectorial se ha focalizado en las principales multinacionales del sector en la subregión, particularmente en Cencosud, Ripley, Carrefour, Wal-Mart, Casino, entre otras. La Federación ha impulsado la creación de redes sindicales por multinacional, en acuerdo y fiel cumplimiento de los objetivos de su Sindicato Global, la UNI. El fomento del diálogo y la negociación a escala regional y global es el instrumento por excelencia para lograr mejorar las condiciones laborales de los trabajadores de la región. Aprovechando su presencia y gestión sindical en la Argentina, FAECYS ha sido factor determinante en la estructuración de estas redes sindicales y en la regularización del diálogo con las empresas para lograr firmar algún instrumento de compromiso con estas multilatinas y multinacionales.

Al mismo tiempo FAECYS impulsa el diálogo social subregional con las Cámaras de Comercio de la región. Es nuestro objetivo que UNI-Cono Sur sea parte efectiva del Foro Consultivo Económico Social del Mercosur y también lograr algún acuerdo de diálogo social con los representantes empresarios del comercio de la subregión.

Bibliografia

- *FAECYS: un presente con historia.* Publicación de la Secretaría de Asuntos Internacionales de FAECYS. 2002.
- Constitución Nacional.
- *Ley de Asociaciones Sindicales* N° 23.551.
- *El Derecho Colectivo del Trabajo.* Autores Varios. Editorial La Ley.
- Estatuto de FAECYS
- Convenio Colectivo de Trabajo 130/75 y sus complementos de Empleados de Comercio.
- Cuaderno Institucional, Actas Fundacionales y Memoria y Balance 2005 de OSECAC
- Publicaciones Internacionales de CGT y FAECYS.

Capítulo 4. UNI: sindicato global

A) Nuevos impulsos en la organización sindical internacional: el caso de la UNI-Sindicato Global del sector servicios.

A la luz de las distintas etapas de la globalización, instalada en la década del 90 y la actual situación generada a partir de la crisis del 2008, en la que, en rasgos generales, queda demostrado el alto costo social a pagar cuando, como lo venía advirtiendo el movimiento sindical internacional, la racionalidad económica impera por sobre la política, al imponer modelos de direccionalidad de la globalización vinculados con formulaciones huecas, sin tener en cuenta la necesidad de estructurar modelos económicos de desarrollo sostenible, trabajo decente y cuidado del medio ambiente, el sindicalismo internacional ha ingresado en un escenario de mayor presencia global y visibilidad.

Esta crisis deja al desnudo las debilidades intrínsecas de un modelo de crecimiento basado en la financiarización de la economía en perjuicio de la economía de desarrollo productivo y complementariedad; deja también al desnudo las consecuencias de un capitalismo des regulado, local y globalmente, al permitir libremente, el juego de las asimetrías en materia de costos, que las grandes cadenas multinacionales y la especulación financiera a escala global, a través de fondos especulativos, aprovechan, perforando derechos de todo tipo e incumpliendo obligaciones fiscales de cualquier naturaleza. Precisamente el G20 en su última reunión de Londres ha iniciado, en este sentido, un camino correcto, aunque aún insuficiente.

El planeta se ha convertido en un gran casino en el que las empresas y los fondos especulativos se mueven a sus anchas en busca de mejores niveles de competitividad en el mercado global, ámbito éste que se desentiende de las cuestiones de la sociedad de trabajo, como la elevación de la calidad de vida y la cohesión social.

Las organizaciones sindicales internacionales están llamadas a jugar un rol activo y preponderante en este escenario de crisis. Tarde o temprano, de una crisis se sale. El problema es dirimir hacia qué tendencias generales se dirige la salida, cuál va a ser el escenario planteado transcurrido un lapso de tiempo determinado. ¿Estará el sindicalismo, en sus distintos niveles, fortalecido como interlocutor, con capacidad de incidencia en la nueva realidad; será consultado y su opinión evaluada a la hora de la toma de las grandes decisiones globales?

La existencia y funcionamiento de las Federaciones Sindicales Internacionales (FSI's), llamadas hoy Sindicatos Globales, agrega un condimento estratégico al redespliegue sindical internacional. Estos sindicatos, de carácter sectorial, son incluso de existencia previa a la organización del sindicalismo internacional en centrales mundiales y, en las diversas etapas históricas, las FSI's, otrora denominadas Secretariados Profesionales Internacionales, interactuaron, con menor o mayor intensidad con la o las centrales mundiales existentes.

No es ajeno a esta descripción cierto debate de tipo político y hasta con algunas aristas ideológicas entre las centrales mundiales y las FSI's respecto a la incidencia del papel de unas y otras en el escenario del mundo del trabajo global. Mientras las primeras se han caracterizado básicamente en posicionar al movimiento sindical internacional frente a las grandes tendencias políticas, económicas y sociales de cada época, las FSI's se han ocupado de organizar y dar respuesta a los trabajadores por sector económico, haciéndose cargo de las problemáticas específicas de cada sector, por cierto muy disímiles e impactadas de manera diferenciada por los cambios económicos y productivos y por las mutaciones operadas en la matriz del capital.

Surge de suyo que la *generalidad* de temas abarcados por la política de las centrales mundiales aparece como ubicada en andariveles relativamente distintos a la *especificidad* de temas a los que se abocan las FSI's. De alguna manera, se reproduce globalmente lo que a niveles nacionales sucede en general entre la o las centrales nacionales y sus sindicatos sectoriales. La primera fotografía deja ver al sindicato sectorial resolviendo prioritariamente cuestiones muy puntuales del sector (conflicto, negociación colectiva, representaciones y problemáticas en la base, etc.) y la o las centrales nacionales ocupándose del posicionamiento político y de las representaciones macro del movimiento sindical (la ubicación de la central en el escenario político económico general, las representaciones frente al estado y los gobiernos, los posicionamientos frente a acontecimientos que impactan en la totalidad del mercado de trabajo, etc.). En realidad, lo racional es la imbricación e interactuación profunda entre ambos tipos de organizaciones.

Esta racionalidad ha sido corriente, aunque no sin debate, en el relacionamiento de la ex CIOSL y las FSI's, de tal suerte que, al promediar el proceso formal de unificación en el año 2006, ya se estudiaba bajo que formas los Sindicatos Globales se comprometerían con el proceso en ciernes. Lo que finalmente surgió fue la constitución de un denominado Consejo de los Sindicatos Globales, presidido por el secretario general de la nueva Confederación Sindical Internacional, con un responsable de las tareas de coordinación y funcionamiento del Consejo y un coordinador proveniente de los Sindicatos Globales, designado por las propias organizaciones sectoriales en forma rotativa. En este esquema, aunque se despliega un escenario de mayor coordinación y colaboración, las FSI's conservan, como antes, su autonomía respecto de la central mundial.

Existen dos importantes antecedentes de unificación sindical internacional previos a la creación de la Confederación Sindical Internacional en el 2006. Por un lado, la fusión producida entre las organizaciones del sector construcción y madera, en diciembre de 2005, integrándose los sindicatos de origen cristiano (la FMTCM) y los enrolados en la mayoritaria FITCM (Federación Internacional de Trabajadores de la Construcción y la Madera), dando nacimiento a la ICM (Internacional de la Construcción y la Madera), y por otro lado, la creación de la UNI (Union Network International o Red Sindical Internacional) en el 1° de enero de 2000. En este último caso, se trata de la generación de una nueva organización a través de la fusión de cuatro organizaciones preexistentes: la Internacional de las Comunicaciones (IC), la Federación Gráfica Internacional (IG), la Federación Internacional de Empleados y Técnicos (FIET) y la Internacional de Medios y Espectáculos (MEI). De esta manera, los sectores involucrados en el encuadramiento de la UNI son: comercio, finanzas, energía, gráficos y embalaje, juegos de azar, limpieza y seguridad, medios de comunicación espectáculos y artes, peluqueros y esteticistas, postal y logística, seguros sociales y sanidad, telecomunicaciones, tecnologías informativas, trabajo temporal y turismo.

Asimismo, desde la creación de la UNI-Sindicato Global, se han incorporado a la misma sindicatos que, en algunos casos, tienen una vinculación difusa con algunas de las actividades representativas de las internacionales preexistentes, aunque pertenecientes al sector de servicios. Al mismo tiempo, UNI organiza sectores que tradicionalmente se transversalizan en el seno de distintas organizaciones sindicales, como por ejemplo los profesionales o los trabajadores de las nuevas tecnologías de la información o los trabajadores de agencias de empleo temporal.

Como se ve, la UNI es una organización sindical multisectorial con articulaciones organizativas complejas. En primer término, al ser representativa de sectores nucleados otrora en organizaciones preexistentes, si bien, al producirse la fusión, dichas organizaciones desaparecieron como tales, conservan aún una representación institucional en los órganos de conducción ejecutiva. En segundo término, cada sector tiene su propia directiva, esto es, cada sector tiene su presidente y sus vicepresidentes globales, sus órganos ejecutivos globales, sus conferencias mundiales. Para graficar con un ejemplo: el denominado UNI-Comercio Sindicato Global (tal su denominación genérica), que aglutina todas las organizaciones del sector comercio afiliadas a UNI-Global, tiene su Conferencia Global cada 4 años, elige su Presidente Global y los integrantes del Comité Global del sector. A esto hay que sumar que la Oficina central de la UNI-Global con sede en Nyon (Suiza) instala un denominado Cabeza de Sector (Head of Department) o Director, con categoría de Funcionario, para el sector.

Esta metodología organizativa se reproduce en cada región o continente: América, Asia-Pacífico, Europa y África. Ahora bien, tratándose de las regiones, éstas, en forma paralela a los sectores, o más bien yuxtapuestas a los sectores, tienen su organización específica. Cada región tiene su Conferencia Regional, la que a su vez elige al presidente y vicepresidentes de la región y su Comité Ejecutivo Regional.

UNI también organiza, en forma paralela a su estructura ejecutiva, a los jóvenes y a las mujeres, que tienen sus propios órganos de dirección los que a su vez se integran a los de la UNI-global y regionales.

En relación con la ubicación de las oficinas de la UNI, estas se encuentran en los cuatro continentes. Sin embargo, también hay algunas oficinas consideradas estratégicas en términos de objetivos puntuales: hay una oficina en Rusia, una en Colombia, una en el Cono Sur de América Latina y 4 oficinas en India, entre otras. Todas ellas instaladas con objetivos específicos. Se comprenderá, por las características de los lugares mencionados, a qué nos referimos. Sin ánimo de redundar, es conveniente señalar que Rusia constituye, en sí misma, casi un continente, por lo que resultaba importante estar presente allí con una oficina. Colombia se ha convertido en la meca de las violaciones a los derechos humanos y sindicales y del asesinato de dirigentes sindicales, entre los cuales se encuentran dirigentes de organizaciones de la UNI. En el Cono Sur de América Latina se encuentra la mayor densidad de afiliación y acción sindical de UNI en las Americas. Tanto Brasil, como la Argentina, Chile y recientemente Uruguay, con sus diferencias, presentan un alto grado de adhesión a la UNI en los sindicatos del sector servicios. En la India, UNI tiene enormes perspectivas de desarrollo sindical del sector servicios habida cuenta de las transformaciones en la economía de ese país, que se está procesando en estos últimos años, con un fuerte crecimiento del sector servicios y con enormes inversiones de las empresas multinacionales del sector.

Si bien UNI es un sindicato global, tiene un componente organizativo a niveles nacionales. Las organizaciones sindicales miembros de UNI de cada país se organizan en los denominados Consejos de Enlace. Éstos no existen en todos los países porque su constitución depende de múltiples elementos y las características de su constitución difieren en cada realidad nacional. En nuestra región son activos los Consejos de Enlace de la Argentina, Brasil, Chile, Perú y Colombia. Los Consejos de Enlace son la representación de la UNI a nivel nacional, pero además, su actividad y formato de funcionamiento depende en gran medida del grado de compromiso de las distintas organizaciones sindicales miembros y de las características de cada país. Hay casos en los que el Consejo de Enlace resulta útil para generar espacios de unidad sindical entre miembros de la UNI que pertenecen a centrales sindicales nacionales distintas. También ha sido útil para generar interacciones entre los miembros del Consejo de Enlace a los efectos de avanzar hacia nuevas estructuras nacionales del sector, como por ejemplo la constitución de confederaciones de servicios, etcétera.

UNI establece como prioridades las de organizar sindicatos allí donde estos no existan y fortalecer la presencia de aquellas organizaciones sindicales que operan en las empresas multinacionales o globales. UNI entiende que en este mundo global es necesario establecer, frente al despliegue de nuevo tipo de las multinacionales, un fuerte sujeto sindical internacional para su sector, que sea capaz de generar ámbitos de negociación con el objetivo de lograr la firma de los llamados Acuerdos Marcos Globales. Estos acuerdos constituyen herramientas para establecer una relación entre el Sindicato Global y la multinacional, que posibilite acordar aspectos vinculados con el entorno laboral en el seno de la empresa, allí donde la misma opera. Suelen ser sus contenidos el compromiso por el respeto a los principios fundamentales del trabajo de la Declaración de la OIT del año 98 y, por supuesto todos aquellos aspectos que puedan ser motivo de consenso entre la multinacional y el sindicato global. De ser bien aprovechados por ambas partes, estos instrumentos por un lado empoderan a la organización sindical, no sólo la global, que de esta manera se convierte en un interlocutor internacional frente a las empresas, sino también a las locales que pueden utilizar el acuerdo como complemento de las estrategias de negociación en los respectivos países e, incluso, sacar provecho del compromiso asumido, en realidades en las que los convenios no se encuentran ratificados o que en la práctica no se cumplen sus enunciados; las empresas que firman este tipo de acuerdos, por otra parte, tienen la posibilidad de mostrar un componente, para nosotros central, a la hora de reconocer una empresa como socialmente responsable, que es el de negociar colectivamente.

Actualmente UNI tiene firmados 36 acuerdos marcos globales con multinacionales de las distintas actividades que engloban al sector servicios y se propone tener firmados, para el 2011, cerca de 50. La organización ha promocionado, en la mayoría de estas multinacionales, la creación de Redes Sindicales por multinacional para desarrollar un trabajo de largo aliento hacia la consecución del acuerdo marco global y, una vez conseguido el mismo, para hacer el seguimiento, junto a la empresa.

UNI es una organización a la vez compleja y dinámica. Hace uso de los últimos avances de las tecnologías de la información y la comunicación. Así, a través de e-UNI se puede acceder a la utilización de las más modernas herramientas informáticas: uni blogs, uni facebook, uni flickr, uni rss, uni second life, uni twitter y uni you tube.

UNI integra el Consejo de Sindicatos Globales, descrito precedentemente, juntamente con la Confederación Sindical Internacional (CSI). A través de sus relaciones con la CSI, participa en los eventos y actividades del conjunto del movimiento sindical internacional: las tareas atinentes al diálogo con la instituciones financieras internacionales, el seguimiento de la actividad de la Organización Mundial de Comercio (OMC), los temas vinculados al Medio Ambiente y el Cambio Climático, las reuniones del G20 Sindical, etcétera.

De esta manera, 15.000.000 millones de trabajadores (4.500.000 de ellos en América), organizados en 900 sindicatos alrededor del planeta, se encuentran interrelacionados en red, para avanzar en un nuevo internacionalismo sindical que avance, con el conjunto del movimiento obrero mundial, hacia una globalización democrática con desarrollo sostenible, trabajo decente para todos, protección social y medio ambiente protegido.

B) Objetivos, principios y valores de UNI-Sindicato Global

Nuestra misión como UNI Sindicato Global:

Desarrollar y fortalecer a los sindicatos afiliados y a UNI Sindicato Global con el fin de mejorar la vida de los/las trabajadores(as) de servicios.

Nuestros valores y principios como UNI Sindicato Global:

En nuestro trabajo nos atenemos a los valores y principios siguientes:

Reforma de la globalización cambiante: Un Sindicato Global para dar un rostro humano a la globalización.

Trabajos con justicia: Una participación justa en la riqueza del mundo a través de empleos y condiciones de trabajo decentes.

Organización del sector de servicios: El compromiso de crear las condiciones necesarias al desarrollo de sindicatos y conferir una dimensión global al reclutamiento en sindicatos.

Libres de temor: El compromiso para con los derechos humanos y sindicales en todas las naciones y por parte de todas las empresas y de fomentar la solidaridad con los/las que estén necesitados o en lucha.

Igualdad: Igualdad de derechos e igualdad de oportunidades para todos en los sindicatos, en las empresas y en la sociedad.

Comunidad de acción: Soluciones colectivas a las necesidades humanas.

Nuestros cinco objetivos estratégicos clave como UNI Sindicato Global

Nuestro enfoque integrado está destinado a reforzar todos los componentes de UNI Sindicato Global. Los retos globales y regionales exigen acción unida. A través de las estructuras decisorias de UNI Sindicato Global, se desarrollarán planes articulados alrededor de los cinco objetivos que se citan a continuación. Los miembros de UNI son parte integrante para poner en acción estos planes. En todas partes las afiliadas deben tener un papel activo. La reunión anual del Comité Ejecutivo Mundial considerará los logros, los objetivos y los planes, al igual que cada Comité Ejecutivo Regional, Sindicato Global Sectorial y Grupo Interprofesional.

1. Empresas globales

Objetivo estratégico: Desarrollar una fuerza sindical en las empresas globales con actividades en nuestros sectores y negociar acuerdos globales y regionales.

2. Organización y desarrollo de capacidades

Objetivo estratégico: Obtener el reconocimiento sindical en los ramos de actividades de los sectores de UNI y seguir facilitando el desarrollo sindical, cimentando la capacidad de apoyar campañas de organización a nivel mundial.

3. Trabajos con justicia

Objetivo estratégico: Elevar las normas laborales en el sector de servicios.

4. Influencia política y normativa

Objetivo estratégico: Cambiar los procesos de integración globales y regionales y los marcos normativos y ser un interlocutor reconocido en estos procesos.

5. UNI como organización innovadora e integradora

Objetivo estratégico: Llevar una UNI Sindicato Global eficaz, innovadora y bien dirigida y asegurar la participación activa de todas las afiliadas y de sus trabajadores(as) en nuestras actividades.

1. Empresas globales

Objetivo estratégico: Desarrollar fuerza sindical en las empresas globales con actividades en nuestros sectores y negociar acuerdos globales y regionales.

1.1) Emprender *investigación orientada hacia la acción* de gran calidad con respecto a las operaciones y prácticas de empleo de empresas globales seleccionadas dentro de los sectores de UNI. Animar a las afiliadas a que compartan los resultados de sus propias encuestas, v.g. a través de las alianzas sindicales globales.

1.2) Crear *alianzas sindicales* entre las afiliadas y redes de apoyo en lo concerniente a empresas globales individuales, con el fin de incrementar la capacidad de organización en sindicatos, para mejorar normas en materia de empleo en el grupo en su conjunto y desarrollar el diálogo con las empresas.

1.3) Obrar por la firma de *Acuerdos Globales nuevos* en empresas globales, utilizando el desarrollo de las alianzas sindicales globales y del proceso de negociación como herramienta para reforzar la capacidad de organización en sindicatos y mejorar el empleo a través de toda la empresa. El objetivo es llegar a firmar de 100 de estos acuerdos hasta el Congreso Mundial de Ciudad del Cabo en 2014.

1.4) Desarrollar *herramientas de comunicación* para garantizar que nuestro trabajo alcance a los miembros sindicales en su lugar de trabajo en las empresas globales. Queremos que estén informados, comprometidos e involucrados en nuestro trabajo.

1.5) Trabajar en partenariado como alianza sindical con empresas que *ya tengan Acuerdos Globales;* supervisar su cumplimiento; difundir en la mayor medida posible los términos de los Acuerdos Globales, para que estos acuerdos tengan un valor real en cuanto a elevar las normas de empleo; organizar reuniones de enlace regulares con la empresas, y volver a negociar los Acuerdos Globales cuando sea indicado.

1.6) Colaborar con los representantes ante *los Comités de Empresa europeos y de los comités de empresa globales,* para ayudar a UNI a alcanzar sus objetivos estratégicos.

1.7) Hacer campaña por *marcos normativos internacionales eficaces y vinculantes sobre los derechos laborales* para las empresas globales; colaboraremos con el Pacto Mundial de las Naciones Unidas, la Declaración Tripartita de la OIT y las Líneas Directrices de la OCDE para las Empresas Multinacionales y la campaña por las Inversiones Socialmente Responsables (SRI por su sigla inglesa) y las iniciativas RSE, donde éstos pueden contribuir a alcanzar los objetivos estratégicos de UNI.

1.8) Obrar por que *la OIT integre los Acuerdos Globales* en su trabajo; insistir en que la OIT tenga un papel mucho más activo en asegurar que la empresa respete las normas del trabajo fundamentales.

2. Organización en sindicatos y desarrollo de capacidades

Objetivo estratégico: Obtener el reconocimiento sindical en los ramos de actividades de los sectores de UNI y seguir facilitando el desarrollo sindical, cimentando la capacidad de apoyar campañas de organización a nivel mundial.

2.1) Colaborar con las afiliadas para *obtener los derechos de reconocimiento sindical e incrementar la fuerza de los sindicatos* a niveles global, regional, nacional y sectorial en el sector de servicios, que hoy en día es por sí solo la fuente de empleos más grande el mundo.

2.2) *Incluir la organización* en cada componente de UNI y organizar las actividades de desarrollo, concentrándose los planes en actividades que aumenten el acceso, el reclutamiento y los servicios sindicales.

2.3) Incluir *la organización como un punto del orden del día permanente* en las reuniones del Comité Ejecutivo Mundial, de los Comités Ejecutivos Regionales y de las reuniones sectoriales

2.4) Dotar a las afiliadas y al personal de UNI Sindicato Global de *la capacidad de desarrollar aptitudes de organización y campañas*

2.5) Ofrecer un *Foro de organizadores de UNI Sindicato Global* anual como plataforma para intercambiar experiencias y elementos innovadores en lo concerniente a campañas y técnicas de organización y transformarse en un centro de excelencia para mantener a los sindicatos al día de las tendencias en materia de organización.

2.6) Crear un *fondo de organización de UNI Sindicato Global* para ayudar a las afiliadas y a los sectores a levantar el reto de la organización, con una presentación de informes por separado y un informe anual sobre las actividades y su financiación.

3. Trabajos con justicia

Objetivo estratégico: Elevar las normas laborales en el sector de servicios.

3.1) Emprender una *investigación orientada hacia la acción* de gran calidad, con el fin de comprender mejor las tendencias en las prácticas de empleo en los sectores y las regiones de UNI y el desarrollo de nuevas maneras de trabajar. Animar a las afiliadas a compartir los resultados de su propia investigación.

3.2) *Identificar y llevar a cabo campañas para elevar las normas laborales,* incluyendo campañas intersectoriales, donde tales campañas favorezcan la labor de organización de las afiliadas y ayuden a UNI a alcanzar sus objetivos estratégicos.

3.3) Luchar por el reconocimiento sindical, desarrollar fuerza de negociación colectiva y divulgar experiencias y conocimientos de negociación colectiva para *extender el alcance de la negociación colectiva a todos los/las trabajadores(as) del sector de servicios.*

3.4) Centrar el trabajo de UNI en *la igualdad de oportunidades,* de manera que ayude a las afiliadas a organizar y captar a las trabajadoras y a los y las que son víctimas de discriminación en el lugar de trabajo. Centrar el trabajo de UNI para la Juventud de manera que ayude a las afiliadas a organizar y captar a los/las trabajadores(as) más jóvenes.

3.5) Investigar y hacer campaña con respecto a cuestiones en materia de *fuentes de abastecimiento global de trabajo,* de prácticas de deslocalización y del aumento del déficit de capacidades, con el fin de proseguir el desarrollo de una respuesta sindical global que refuerce a los sindicatos y a los/las trabajadores(as) de todos los países afectados.

3.6) Investigar y organizar campañas con respecto a cuestiones relativas a la *migración de trabajadores(as)* internacional en el sector de servicios, con el fin de ayudar a proteger los derechos de los/las trabajadores(as) y los derechos humanos.

3.7) Apoyar a las afiliadas ofreciéndoles los conocimientos y las capacidades que necesiten para organizar a los *trabajadores y trabajadoras atípicos*, incluidos los/las trabajadores(as) independientes y los/las que están en situaciones de trabajo precario. Buscar la ratificación global del Convenio 181 de la OIT (agencias de empleo privadas).

4. Influencia política y normativa

Objetivo estratégico: Cambiar los procesos de integración globales y regionales y los marcos normativos y ser un interlocutor reconocido en estos procesos.

4.1) *Intervenir ante instituciones y foros globales* (v.g. el G8, el G20, el FMI, el Banco Mundial, el Consejo de Estabilidad Financiera, Davos) para dar a conocer mejor lo que es UNI, con el fin de promover una dimensión social en la globalización, que proteja los derechos humanos y cree trabajos con justicia.

4.2) *Colaborar estrechamente con la OIT* para tratar de reforzar su influencia y eficacia con el fin de logar empleos decentes para todos los/las trabajadores(as) de servicios.

4.3) Representar los intereses de los/las trabajadores(as) y de los sindicatos en las *instituciones económicas regionales* a través del mundo, con el objetivo unido de desarrollar un África social, unas Américas sociales, un Asia-Pacífico social y una Europa social.

4.4) Representar los intereses de los sindicatos y de los/las trabajadores(as) en *otras organizaciones sectoriales y normativas* de relevancia directa para los sectores de UNI; por ejemplo, maximizar el valor de la posición de UNI Postal en la UPU, defender los derechos de los trabajadores creadores en el marco de la OMPI.

4.5) *Promover el concepto de utilidad pública* en los servicios, tales como los servicios postales universales, los servicios de radio-televisión y el suministro de banda ancha.

4.6) Buscar *alianzas estratégicas con otras organizaciones que obran por la justicia social,* tales como ONG y campañas de tema único, cuando puedan contribuir a alcanzar los objetivos estratégicos de UNI.

4.7) Tratar de obtener el *compromiso con los derechos humanos y sindicales* de todas las naciones y de todas las empresas y, a través de la campaña de UNI "Libres de Temor", utilizar la solidaridad internacional en defensa de los activistas de derechos sindicales y humanos en países de alto riesgo.

4.8) Seguir desarrollando y promoviendo, a través de UNI Finanzas, *un sistema financiero* que defienda los derechos de los trabajadores y que funcione en beneficio de la gente y de la economía real.

4.9) Seguir haciendo campaña contra *el capital-inversión y las estructuras de capital,* que destruyen los empleos, los derechos de los trabajadores y el valor de los activos de las empresas.

4.10) Participar en el debate global para *combatir el cambio climático,* apoyando la creación de empleos "verdes", que también ofrezcan derechos y condiciones de empleo buenos, y el desarrollo de nuevas tecnologías sostenibles.

4.11) *Comunicar el trabajo de UNI* eficazmente a los miembros, a los medios de información y al público en general, para construir un movimiento sindical unido más fuerte.

5. UNI como organización innovadora e integradora

Objetivo estratégico: Operar una UNI Sindicato Global eficaz, innovadora y bien dirigida y asegurar la participación activa de todas las afiliadas y de sus trabajadores(as) en nuestras actividades.

5.1) Para mantener nuestra relevancia y nuestra credibilidad procuraremos que *nuestras reuniones y conferencias sean estimulantes y orientadas a tomar acción,* lo que ayudará a UNI alcanzar sus objetivos estratégicos y aportará valor a las afiliadas.

5.2) Desarrollar métodos de trabajo para que los *sectores de UNI cooperen más estrechamente* unos con otros, permitiendo compartir los conocimientos, la experiencia y las campañas a través de los sectores y que las afiliadas se beneficien de esta sinergia.

5.3) Basarnos en nuestra *estructura integrada a niveles global y regional*, de manera que estemos unidos en nuestro esfuerzo para aplicar nuestros planes estratégicos.

5.4) Desarrollar y obrar por *planes estratégicos en cada uno de los sectores y cada una de las regiones* para alcanzar los objetivos estratégicos de UNI Sindicato Global.

5.5) *Utilizar las nuevas tecnologías de manera imaginativa y creativa* para maximizar el valor de las páginas web de UNI. Asegurar que las comunicaciones de UNI sean vívidas y eficaces. Desarrollar herramientas para permitir que los miembros del personal comuniquen unos con otros y con los miembros de manera fácil y directa.

5.6) Desarrollar el *Departamento UNI Campañas Estratégicas y Organización* para impulsar el trabajo de organización y de campañas de UNI y contribuir a alcanzar los objetivos estratégicos de UNI.

5.7) Asegurar que UNI siga *operando financieramente de manera prudente y eficaz*. Obrar por desarrollar el Fondo de Organización, Solidaridad y Educación y alinear sus actividades con los objetivos estratégicos de UNI.

5.8) *Desarrollar la visibilidad y la fuerza* de UNI mediante una mayor participación y compromiso de los miembros de UNI y aumentar el número de sindicatos afiliados.

5.9) Buscar una *mejor representación de las mujeres* en todas las estructuras decisorias de UNI, con el objetivo de por lo menos 40% de representación de mujeres, y fomentar la igualdad en todas las estrategias de UNI.

5.10) Seguir **reforzando a los Sindicatos Globales** desarrollando la cooperación con el Consejo Global Unions, con nuestras Federaciones Sindicales Internacionales hermanas y con la Confederación Sindical Internacional (CSI) y sus organizaciones regionales.

C) Prioridades Estratégicas para UNI Américas – Plan de Acción 2010-2011

La estrategia de acción de UNI Global Union de Nagasaki a Ciudad del Cabo establece cinco objetivos estratégicos con miras a desarrollar y reforzar a los sindicatos afiliados y que UNI Global Union mejore la vida de los trabajadores de servicios.

En base a estos 5 Objetivos Estratégicos de UNI, UNI Américas ha identificado las prioridades y los objetivos siguientes.

Estas prioridades estratégicas y sus objetivos correspondientes formarán la base de una acción estratégica para UNI Américas a lo largo de los próximos cuatro años.

Se desarrolla a continuación de los objetivos previstos para el período 2010- 2014, el Plan de Acción para el 2010.

1. Empresas globales y regionales

UNI Américas colaborará estrechamente con los Sindicatos Globales Sectoriales de UNI para garantizar los derechos sindicales y el trabajo decente en empresas globales específicas.

Objetivos:

Investigación orientada a la acción

· Participar activamente en la investigación profundizada sectorial de UNI en empresas globales y la recopilación de información pertinente y apoyarla

· Emprender investigación detallada de empresas regionales y crear una base de datos sobre empresas regionales, que contenga información sobre cuestiones empresariales, organización sindical, convenios colectivos, relaciones de trabajo, puntos de influencia, oportunidad de organización, etcétera.

Plan de Acción UNI Américas 2010

· Realizar un mapeo de las Multinacionales en el sector Comercio, en UNI Telepostales y Gráficos.

· Desarrollar un Observatorio de Multinacionales de UNI Comercio; este objetivo está en una etapa avanzada de elaboración del proyecto y de establecimiento de alianzas estratégicas para su desarrollo durante el 2010.

Alianzas sindicales

· Apoyar a los Sindicatos Globales Sectoriales para crear alianzas sindicales globales involucrando a afiliadas de UNI y a los sindicatos recién reclutados de UNI Américas.

· Crear alianzas sindicales regionales en las empresas regionales en estrecha cooperación con los Sindicatos Globales Sectoriales de UNI.

· Desarrollar, con el apoyo de UNI Campañas Estratégicas, Organización, Investigación y Educación (UNI SCORE), actividades de organización en países individuales y allende fronteras para reforzar el poder sindical en las campañas de los Sindicatos Globales Sectoriales de UNI, a saber DHL, Carrefour, Endesa, AES, Securitas, BBVA, Banco Santander y Cencosud.

Plan de Acción para UNI América 2010.

· En el sector Comercio, alcanzar los objetivos de Acuerdos Marco con Cencosud y Ripley. Asimismo se prevé realizar acciones con dicha orientación en Wal Mart y Carrefour.

· En el sector telecomunicaciones, alcanzar una Alianza Global en Telefónica (reunión en Colombia) e iniciar el proceso con Telmex.

· En el sector Gráficos, habiéndose alcanzado ya hace cuatro años el Acuerdo con Conlatingraf, y dos acuerdos específicos, es necesario apoyar un tercer acuerdo en dimensiones tales como cambio climático, responsabilidad social empresaria, entre otros.

· En el sector Finanzas, Promover la conformación de Alianzas por banco, priorizando HSBC y Santander Firmar AMG con Banco do Brasil.

· *MEI:* Identificar EMN del sector pra AMI (Disney Ch, ESPN).

· *Electricidad:* resulta necesario fortalecer la red de Endesa.

Acuerdos globales y regionales existentes y nuevos

· Colaborar con los Sindicatos Globales Sectoriales para supervisar y asegurar la aplicación de los acuerdos globales y regionales, así como apoyar campañas para nuevos acuerdos en la región

· Desarrollar un programa de educación para diseminar las políticas e instrumentos de la OIT y de UNI en relación con la protección con la protección de los derechos laborales y sindicales en multinacionales y para promover los Acuerdos Globales.

2. Prioridades en materia de organización y de desarrollo de capacidades

UNI Américas obrará por la obtención del reconocimiento sindical en las ramas en las que operan los sectores de UNI y para seguir facilitando el crecimiento sindical al desarrollar la capacidad de apoyar campañas de organización a nivel mundial.

Objetivos:

Obtener los derechos de reconocimiento sindical y desarrollar la fuerza de los sindicatos
- Colaborar con los Sindicatos Globales Sectoriales para llevar a cabo campañas de organización en empresas globales específicas en la región, a saber Telefónica, Abilit, Icomon, Tel Telecomncacacoes Ltda., Carrefour, G4S y Quebecor, con las que UNI ha firmado acuerdos globales.
- Llevar a cabo un programa de educación para desarrollar poder sindicales, promover procesos de unidad, fortalecer las alianzas sindicales y debatir y crear consenso con respecto a cuestiones de género.
- Diseminar las políticas y los instrumentos de la OCDE, las Naciones Unidas y UNI en relación con la protección de los derechos laborales y sindicales en multinacionales.
- Colaborar con los Sindicatos Globales Sectoriales de UNI, los grupos interprofesionales y UNI SCORE para aumentar la densidad y la representación de mujeres, jóvenes y profesionales y empoderarlos en los sindicatos de la región.

Desarrollo de capacidades de organización
- Colaborar con los Sindicatos Globales Sectoriales de UNI y con UNI SCORE para desarrollar programas y proyectos para apoyar las campañas de organización.

Promoción de la organización
- Proveer al Ejecutivo de UNI Américas informes regulares sobre la relación de los esfuerzos de organización para revisar/evaluar el progreso.
- Proveer al Comité Ejecutivo Mundial de UNI y a los comités de los Sindicatos Globales Sectoriales de UNI informes sobre el progreso realizado.

Capacidades de desarrollar capacidades de organización y campañas
- Colaborar con los Sindicatos Globales Sectoriales de UNI y con UNI SCORE para formar reclutadores, organizados y formados de las afiliadas de UNI Américas.
- Colaborar con UNI SOCRE para desarrollar capacidades de organización y campañas entre el personal de UNI Américas.

Foro de organizadores de UNI

- Colaborar con UNI SCORE para garantizar pericia y participación activas de UNI Américas.

Plan de Acción para UNI América 2010.

- *Consejos de enlace:* Durante el 2010, UNI desarrollará tareas tendientes a la creación de Consejos de Enlace allí, donde aún no se lograron instalar.

- *Consejos de enlace Comercio de funcionamiento irregular:* UNI establecerá en su plan un seguimiento y acción para regularizar los Consejos de Enlace de Chile, Paraguay y Perú. Es necesario asimismo retomar los contactos con las afiliadas de Ecuador y Venezuela.

- *Finanzas:* Fortalecimiento del sector bancario en Chile, Perú, Paraguay y Colombia; inicio de trabajo sindical en sector bancario en EE.UU. (SEIU).

- *MEI:* Organizar sindicatos del sector en los países donde no hay.

3. Trabajos con Justicia

Objetivos:

Ampliar el alcance de la negociación colectiva a todos los trabajadores de la región

- Junto con los Sindicatos Globales Sectoriales de UNI llevar a cabo investigación con respecto a los derechos laborales y sindicales y la negociación colectiva en las multinacionales America Móvil, Telmex, Ability, Icomon, Tel Telecomunicacacoes Ltda., DHL, Endesa, AES, Iderdrola, Union Fenosa, Securitas, Banco do Brazil, BBVA, Banco de Santander, Cencosud, Carefour, Kimberly Clark, Donnelly, Quebecor y Ripley.

- Llevar a cabo campañas sobre el trabajo decentes y la negociación colectiva.

- Recabar y compartir mejores prácticas.

Plan de Acción para UNI América 2010

El plan de acción de UNI-A para el período 2010-2011 se orienta a promover la unidad sindical de los trabajadores del sector y el diálogo social y la negociación colectiva en una región, en la que los sindicatos son muy débiles, se encuentran fragmentados y el diálogo social y la negociación colectiva están ausentes de la mayor parte de muchos de nuestros países.

Los sindicatos de UNI Américas realizarán en dicho sentido:

· Campaña para la libertad sindical y la extensión de la negociación colectiva, habida cuenta que en América Latina la negociación colectiva existe como tal sólo en los países del Cono Sur.

· Apoyar los puntos nacionales de contacto en materia de denuncias sobre la aplicación de las Directrices de la OCDE. El objetivo consiste en ayudar al fortalecimiento de los puntos nacionales de contacto y colaborar con las denuncias en materia de violación de los derechos del trabajo.

· Habiendo realizado el Consejo de Administración de OIT una nueva metodología en materia del seguimiento de la Declaración Tripartita sobre Multinacionales, y que ella ahora se realizará a través de los sectores, promover la Declaración y su utilización como instrumento internacional para los sectores gráficos, finanzas, comercio, telepostales, telecomunicaciones y MEI.

4. Influencia política y normativa

UNI Américas obrará por cambiar los procesos globales y regionales de integración y los marcos normativos y por ser un interlocutor reconocido en estos procesos.

Objetivos Globales:

Instituciones y foros económicos

· Cabildear a las Instituciones Financieras Internacionales, la OEA, los gobiernos y las empresas para promover la responsabilidad social empresarial y el dialogo social

· Supervisar el proceso en las áreas de libre comercio de Mercosur, la Comunidad Andina, el TLC, el CAFTA y el CARICOM.

Un compromiso con los derechos humanos y sindicales

- Constituir un observatorio de los derechos humanos para seguir y denunciar todo abuso contra los trabajadores y los sindicatos.

- Desarrollar campañas y programas de solidaridad destinados a proteger los derechos humanos a través de la región, especialmente en los países de alto riesgo, como Colombia y Guatemala.

- Llevar a cabo y supervisar campañas de derechos humanos en países seleccionados.

- Cabildear en la OEA los Puntos de Contacto del Pacto Mundial de las Nacionales Unidas y la TUAC-CSC/OCDE para evitar la violación de los derechos fundamentales y garantizar la protección de los derechos sindicales.

Plan de Acción para UNI América 2010

En América Latina resulta imprescindible fortalecer la democracia. El golpe de Estado en Honduras ha puesto de manifiesto las amenazas. UNI-A actúa con las agencias regionales de la OIT regional, la OEA (Conferencia Interamericana y COSATE) y mantiene relaciones activas con los gobiernos progresistas. Los ejes de la acción de UNI-A en este campo son el respeto de los derechos humanos laborales y el diálogo social.

5. UNI como organización innovadora e integradora

- Coordinación: mejorar la coordinación de los proyectos y las actividades sectoriales.

Plan de Acción para UNI América 2010

Objetivos por país:

- EE.UU. y Canadá. Inicio de trabajo sindical en sector bancario en EE.UU. (SEIU): Dos/tres misiones al año.

- México: Telmex y diseño de una estrategia sindical específica para México.

- Centroamérica. Dos misiones por año, junto con parte de América Central y Caribe.

- América del Sur: Chile (regularizar CE), Colombia (regularizar y fortalecer CE), Ecuador (retomar contactos con las afiliadas), Paraguay (regularizar CE), Perú (regularizar CE), Uruguay (crear CE), Venezuela (retomar contactos con las afiliadas).

Finanzas. Pago de la cuota comprometida, aumento escalonado de cantidad de afiliados declarados, y objetivo de incorporar cada 6 meses un sindicato nuevo por país.